朱王王张黄龙向李余周
瑞彬福　登世继新绍
虹来彬贵勇高陵凯忠明

霁光人文演讲录
（第三辑）

黄志繁 主编
邹锦良 执行主编

江西人民出版社

图书在版编目（CIP）数据

霁光人文演讲录.第三辑/黄志繁主编.--南昌：江西人民出版社，2023.12
ISBN 978-7-210-14547-9

Ⅰ.①霁… Ⅱ.①黄… Ⅲ.①社会科学－文集 Ⅳ.①C53

中国国家版本馆CIP数据核字（2023）第020686号

霁光人文演讲录（第三辑）
JIGUANG RENWEN YANJIANG LU（DI SAN JI）

黄志繁　主编

责任编辑：李月华　李鉴和
装帧设计：同异文化传媒

 江西人民出版社 出版发行
Jiangxi People's Publishing House
全国百佳出版社

地　　　址	：江西省南昌市三经路47号附1号（330006）
网　　　址	：www.jxpph.com
电子信箱	：jxpph@tom.com
编辑部电话	：0791-86892125
发行部电话	：0791-86898815
承　印　厂	：南昌市红星印刷有限公司
经　　　销	：各地新华书店

开　　本	：710毫米×1000毫米　1/16
印　　张	：15.75
字　　数	：216千字
版　　次	：2023年12月第1版
印　　次	：2023年12月第1次印刷
书　　号	：ISBN 978-7-210-14547-9
定　　价	：78.00元

赣版权登字-01-2023-276

版权所有　侵权必究
赣人版图书凡属印刷、装订错误，请随时与江西人民出版社联系调换。
服务电话：0791-86898820

目录

第二十一讲	Joseph McDermott（周绍明）：徽州地区农村社会的变化：从北宋到明末	001
第二十二讲	余新忠：现代的"金箍"：中国卫生防疫的历史与近代性格	013
第二十三讲	李继凯：说不尽的"文化磨合"与现代文学	035
第二十四讲	向世陵：（儒家）博爱观念的起源与蕴含	053
第二十五讲	龙登高：地权制度与中国传统经济	083
第二十六讲	黄勇：美德与自我中心：朱熹如何回应对当代美德伦理学的一个批评	105
第二十七讲	张福贵：回答近年鲁迅研究的几个问题	131
第二十八讲	王彬彬：《风波》百年：鲁迅的辫子记忆与民国意识	163
第二十九讲	王瑞来：宋元变革视域下的江南儒学	183
第三十讲	朱虹：人文江西的历史脉络	203

第二十一讲 徽州地区农村社会的变化：从北宋到明末

主讲嘉宾：Joseph McDermott（周绍明）（1945—2022）

嘉宾简介：Joseph McDermott（周绍明），1945年生，1978年于剑桥大学获得中国史博士学位。曾先后在纽约圣约翰大学、加州大学伯克利分校、东京国际基督教大学、剑桥大学圣约翰学院等高校任教。生前为剑桥大学圣约翰学院教授、《亚洲研究国际杂志》（*International Journal of Asian Studies*）区域编辑、东洋文库荣誉馆长、东京大学东方文化学院外部评审委员会委员、中国香港高等教育研究评估委员会委员，还是东京大学、东京大学东方文化学院、普林斯顿高等教育学院、新加坡国立大学、加州大学伯克利分校历史系等院校的客座教授，布拉格大学蒋经国基金会客座讲师等。研究方向为中国社会经济史。主要著作有《华南新乡村秩序的形成（卷2）：1500—1720年徽州的商人、宗族和商业组织》（即将出版）、《东亚和欧洲的书籍世界》（2015）、《华南新乡村秩序的形成（卷1）：900—1600年徽州的乡村、土地和宗族》（2013）、《书籍的社会史：中华帝国晚期的书籍与士人文化》（2006），主编《中国的国家与宫廷礼仪》（1999，编著）、《东亚的文化与政治》（1990）等。

讲座时间：2020年1月2日

主持人：各位同学，2020年刚开始周教授就来到这里，给我们送了一份大礼，这是新年的礼物。霁光讲坛致力于邀请全球知名的人文专家和学者给大家传递人文精神，今天是霁光讲坛的第21讲，我们非常荣幸地邀请到了剑桥大学圣约翰学院的周绍明教授！

周教授主要的研究方向为中国社会经济史，同时我们讲到书籍史，特别是文化史这一块必然要提到周绍明教授。周教授是个中国通，他日语说得可能比中文更流利，因为他太太是日本人，但是我想，他对中国历史文化的了解应该是比（对）日本（历史文化的了解）深的，因为他研究的是中国史。今天我们非常荣幸地邀请到周教授给我们做一个讲座，题目是"徽州地区农村社会的变化：从北宋到明末"。

希望大家仔细聆听，感谢周教授。

周绍明教授：非常感谢黄老师的介绍。在这个大学开讲座，谈对徽州地区历史的看法，这是很宝贵的经历，谢谢。我决定今天晚上专门用中文来讲，如果我讲的中文不是你们理解的中文，或者你们听不懂我讲的话，可以纠正我讲的话，或者要求我讲英文。

我今天晚上讲课的题目是"徽州的祠堂"，这是晚上我告诉刘老师的题目，与我告诉黄老师的题目有差别，本来要讲的是社会史的变化，现在我是要说徽州地区的祠堂，如果你们要了解我对这个祠堂一般的看法，你可以关注我有关的徽州研究。研究徽州祠堂一般是看在房子里有什么活动，一般说来我们上祠堂的目的是祭祀先祖，祠堂是聚集很多很多族人的地方，共同的活动也可以提高他们儒教道德的水平。所以这样的房子是学校，是讲课和传授礼仪的地方。宗族用这个房子制定规矩，也可以说他们用这个宗族的祠堂提高自己宗族的名声，就是说他们要更大地、更"高化"自己的祠堂，显示自己的实力。但是今天晚上我的问题不是那样的，我要问你们，每个祠堂的关联（是什么？），用祠堂干什么？就是说这个祠堂也具有主动性。今天晚上听了我讲的课，大家会了解到祠堂也有一个经济方面的作用，可以说是一个好像银行一样的（地方）。

这里有非常气派的祠堂，跟徽州地区的民俗有明显的关系，祠堂组织和计划也发挥了很重要的作用。所以我要先说这个，说不定你们都认识这个地方，可以说这是世界上很重要的地图，是一个韩国人在元朝的时候画的从欧洲来杭州的世界地图。在这里有徽州，这是世界上第一次其他国家（的人）谈及徽州。一般说来，欧洲人不知道这是什么（地方），可是说不定元朝的汉族到了中东以后，他们第一次在这边有什么信息，所以我说你们不知道这个地图，我要介绍，这是那个时代的比较开放的（地图）。

这是明代的地图，徽州在这里，离杭州不太远，离南昌也不太远，江西的婺源县也在这里，这个是20世纪造的祠堂，这个也是明末的很有名的祠堂。如果你到徽州去，你必然会到这个祠堂去看一看，这是那个地区最

具有代表性的祠堂。这个从东边是看不见的,这个是内院,有三间,两间非常大,在这里也有很古老的石雕,所以可以说是非常具有代表性的,也是比较有名的。可以说这样的房子是祠堂文化的起源,是那个地区很正统的、很传统的文化所造就的。

祠堂是那个地方儒教的代表,祠堂的宗族他们有很长(时间)的繁华。唐宋以后,这个地方最有势力的组织才能建他们的祠堂。大概从明代中期以后,有时也是很普遍的现象,比方说宋代的时候,他们来的时候一般同族人不多,就算南宋的时候他们的宗族发展了,但也没有那么大的宗族。他们的势力没有发展很快,别人家的势力越来越大了。比方说佛教寺庙有很多的田地,当时徽州的义庄不多,但民间宗教的庙很多,比祠堂多得多。北宋或者南宋时期,宗族不太明显,如果你有很多很多的钱,就有很多很多的宗族人。说不定你要形成一个大家庭,一个大家庭的宗族与小家庭的宗族有很大的区别。所以1200年以后,大家庭的办法就是建立宗族的义庄。

宗族的家族、宗族的其他活动慢慢地被其他地方有钱的大家族影响，他们几个大家族在分家了以后也要细化。一般来说他们每个家有自己家的家常，但还是留在共同的义庄。这样的义庄在明代前期越来越多，可是宋代不多。如果我们要比较这些农村社会组织的势力，说不定觉得宗族没那么有势力，他们对自己宗族的控制并不厉害。但明代以后社会变化很大，宗族的地位比较高，宗族的控制也比较强，为什么？

有这么一个说法，明代前期社会和政府有很大的变化，政府帮助这些宗族控制自己族人的活动。第二个原因是宗族的人口越来越多，南宋的时候说不定他们都兴起了尊卑秩序。到后来他们的人口慢慢增加，他们有人口优势。明代前期很乱，有些家有很多的田地，明代晚期以后，这些人可以说是大地主。虽然说是大地主，但是一般说来他们的钱不是共同的钱，他们的家有自己的房子，有共同的水、田、山、地。永乐以后，这样的大地主就分家，每个家的水田山地就分少了，越来越多人做买卖，这样可以在自己的宗族建自己的祠堂。

这个是很简单的说明，1500年到1800年间祠堂还很多，有6000个左右，祁门县1502年有11个祠堂，到了1566年大概是213个祠堂。1693年婺源有大概202个祠堂，到了1787年，大概有401个祠堂。一般说来，徽州那个时间段内大概有6000个祠堂以上。祠堂一般来说不大，比较小的祠堂更多，也可能有用佛家寺庙作为祠堂，所以可以说没有钱。徽州地区的祠堂也有很有意思的地方，如果我问徽州以外的中国人，你的农村有几个祠堂，说不定你告诉我，我们有4个，有3个，这个是很普遍的现象。徽州不同地方不同姓之间也不一样，比如说在黟县的一个孙姓宗族孤竹村有71个，婺源县的董姓宗族玉山有23个，靖安县明末的时候，他们有15个或是18个。为什么一个农村有那么多祠堂呢？如果他们用祠堂作为学校，当然没有那么多，这是我开始做这个研究时非常疑惑的一个问题。我今天晚上告诉大家我的研究。

一般来说，我们建祠堂是为祭奠先祖。那些宗族周边的资料，有时候他们写自己祠堂的历史、位置，说房支，我们就是看不懂。这些祠堂的管理人或者说是有势力的人，他们对族内的稳定、族内的势力有更大的兴趣。比方说他们的人口多了三五百人，统治这些人不容易，每个房设有自己的领导，每个房有自己所谓的奴隶，如果要控制全部的族人，他们常常建议建立新的祠堂，或者做自己的祠堂。就是说，其他宗族的人不能来我们的祠堂，不能参加我们的活动。有时候反对这个看法的人，说不定是两个、三个房支一起反对另外的。明代中期以后祠堂虽然越来越多，但建的一般是综合性的祠堂，以前每个房本来都有自己的祠堂。

我想也有他们自己很有意思的目的。在南宋的时候，如果一个房发展得好，或者其中一个房发财，他们常常要维持自己的义庄。明代中期以后，一般来说他们达到了设义庄的目的，建设了自己的祠堂，他们不管农业管商业。他们建设这个祠堂以前，必须先收集建设费，建设费从哪里来呢？有的时候从很有钱的商人（那里）来，一般来说祠堂的源头是老百姓，就是一般的人捐点钱。为什么他们要这个钱？说不定他们有这个原因，一个原因是建设费，建设费很贵。比如说呈坎罗族（1604 年）建祠要 4577 两，晚明最高要 8000 两，这个钱从哪儿来？怎么收集？有时候是大盐商给的钱，不同人给不同的钱额，但是怎么劝族人贡献？两个例子：1.1270—1550 年之间试一试联合的不动产。2.1447—1587 年之间 9 次买土地，然后才开始建设祠堂。所以他们花了很多的钱建设这个祠堂，不是一个时间，不是一个时代，不是一个年号。如果你们是宗族人，如果我进你们家，一般来说徽州的宗族有很强的回应，他们说没有兴趣，还有就是我们必须掏钱，创造更好的条件，有时候我们更希望比较便宜的条件，有时候说我们需要更高的、更贵的条件。为什么有这个条件？我一会儿说明。有的人说不要，回应经过差不多 50 年、100 年，所以他们不要花这个钱，这些人也有另外的办法，他们说现在我不给钱，我们要建设自己的钱会，这个钱会是什么意思？如果我要建钱会，我请我的朋友和亲戚来参加钱会。比方说我要设宴，就要让祠堂管理人收集长期利益然后增加钱会建设资格的资本，用这个办法经过十年二十年（就会有钱）。比方今年，比较便宜的钱会，他们的钱会用2%。有时候他们会把收集的钱先藏在自己的钱会里面，不给宗族人借钱，为什么？问题太多，有时候给外族借钱的利息更高，给族内人借钱利息不高。但是给族外人、陌生人借钱，根据明代和清代的法律，最高的利息大概是30%。如果你借这个钱，你可以用这个钱随便借给你的朋友，或者你不知道的人，可以接受30%的利息的人。所以用这个利，常常可以举办这个钱会，这个钱会在徽州是很普遍的做法。

有人说你们入祠堂费用太便宜，为什么他们说太便宜？为什么他们要更大的更高的？其实也可以说是他们想跟有钱的人一块儿投资，那些贫穷的人可能有很多的问题不能保证钱会。我们用钱会控制其他的股东，说不定有钱的人，有很多钱的人，用这个办法使他们提高入会费。万安吴氏，他们长期说我们不要祠堂，我们要更贵的，他们的办法不一样，他们是很普遍的办法。我们要便宜的，这个也是徽州地区的特色，如果我进入一个祠堂，我要给他们钱，但我也可以参加其他的祠堂，就是说我可以两次、三次投资，没有什么问题，用这个办法你可以找到比较安全的投资。所以这个回应比较复杂。

这个回应可以说是原始否定，但是在三四十年后时他们竟然同意了。这里有两个比较有名的徽州祠堂的例子。罗应鹤写了很有意思的《庙事志》，以前研讨的时候，他们本来有一个建议，要建设自己的祠堂，他们建设了小的祠堂，但现在他们有很多的钱，所以他们建议用这个钱新造一个祠堂。如果你们要加入他的计划，必须要给很多的钱，一般的宗族人没有那么多的钱，当时他们的入祠堂费大概是100两。使用这样的说明现在不太清楚，好像是妻跟妾的关系不好，所以他们讲，说不定这个妾有阴谋，要控制这个祠堂。可以说宗族的关系非常复杂，他们听说很多人不满意，他们决定明天开始建设，根据那个祠堂议事，他们收集的木头都被烧了，他们知道族内对此批评很严重。万历晚期的时候，他们坚持新造祠堂，这在其他的宗族也是很普遍的问题。所以万历时代，80%的宗族人交了进入费，为什么？因为进入费变少了，从100两到5两，他们也有变化，他们让很多很多的房支（的人），两个房支三个房支的人参加。

所以如果祠堂的计划成功了，就是说80%的族人参加了建设计划。这个祠堂也有经费的问题，为什么？中国的房子一般是按照二三十年使用年数去修建，如果你们要管理这个老房子，必须准备修理费。那怎么修理？如果有很多的人反对你怎么办？所以他们有几个办法：如果你要使他们记得你的名字，使他们记得你的成功，你必须给钱，你的子孙可能会想，我的祖父可能就在这个祠堂里，如果你科举成功当官了，说不定你可以有财。但是一般来说，这些宗族的成绩依靠自己的贡献。比如说你到徽州地区的徽州文化博物馆去，他们有这个资料，这是神主票，这个是道光年间的，这是万历年间的。给了钱之后，他们都说你可以留在祠堂。如果你给的钱多，说不定你可以有更高的地位、更长的名字，说不定你可以比其他的人占比较重要的地方，他们在这个地方可以收很多的钱。结婚时，你有小孩子出生，你的小孩子入宗族的学校，你的弱冠礼日，你科举的成功，你家必须给宗族钱，提高他们的财产。每个宗族有自己的规矩，比方说一个人的进入费大概是5两，你给我们100两，所以你先祖三个人的名声就可以进入这个祠堂，可以说他们用祠堂来收集这些人的钱。

他们说这个是修理费，当然他们也用这个钱做修理。比方说徽州有些家没有那么多的钱，那个祠堂就要想办法收集钱修理。所以用这样一个办法，他们可以借钱回老家（修理祠堂），他们也可以用这个钱建很多的祠堂。所以如果你是普通的人，你到外地去以前，可以有几个祠堂的祠牌。明代中期，我们举个例子，用50两到山东去做买卖的商人，他们回来了有大成功，说不定他们的资产增加到1000两，这可能是他们找到了好的投资。

所以我们可以说这个祠堂虽然不是普通的"银行",不是普通的钱庄或者常人所说的"银行",但可以说这个是徽州地区所谓资本主义的萌芽。有两个、三个家的人,他们在外地用这个钱做买卖,明代中期这样的例子不少。比方说这个很有意思的例子,程氏东里祠,万历年间,有第一个祠堂,他们搬来三个宗族人。本来他们的进入费非常贵,很多的人不来,祠堂的钱会破产以后,他说你可以参加我新建的钱会,对宗族以外的老百姓借钱,我们的钱会利息大概是30%,用担保的方法借钱。他们可以拿着这些钱建自己的祠堂,这个祠堂好像一间商铺一样,拿钱做担保抵押。万历年间,很多人把这样的祠堂当铺子,他们把这个钱用于自己的家庭和宗族义务,也可以说把欠款当作了商业投资。

它起到了银行的作用,刚才介绍了祠堂作为银行的办法。以前这些农村有没有当铺?好像没有那么多。徽州地区有明代以前的当铺,用佛教寺庙当祠堂,宋代这样的办法很普遍。所以我们可以说,祠堂具有佛教寺庙的作用,成为农村社会所谓的"银行"。你要参加,每一年给你儿子经费,用这个关系,你可以维持自己一个家庭的生活。有的时候你哥哥或者弟弟,可以投资在外亲戚的一些活动,也可以说是生财的办法,是中国人的尝试,这个是很自然的尝试。很多国家的人,他们的农村只知道农业,不知道赚钱的办法,特别是用这个钱增加那个钱,这个是银行的尝试,也可以说是徽州地区农家的尝试。这个地区最重要的理念,是一个长期的生产,每年的一次两次收获,不管多少年,20年,30年。

所以元朝以后,一些商人发现了另外的办法,他们在投资买地的时候,不只买土地,还买林、买木头,当然价值更贵。所以很多的徽州商人发展商业以前就习惯了市场,他们用银行的办法,也用做买卖的办法。在外地,虽然他们的资本不太多,但也喜欢市场的风俗,用宗族的钱比较便宜,可以找好机会。

谢谢!

主持人：好，谢谢周教授的演讲，可能大家对基本的背景不是很了解，实际上他是在讲从北宋到明朝末年，徽州地区的祠堂越来越多，为什么有这么多的祠堂？实际上与农村的经济有非常大的关系。祠堂起一个联系作用，可以看作是原始银行，就是早期银行，用这个词可能好一点，（用祠堂）去做一些经济上的事情，解决各种各样的问题，通过乡村中的"银行"来处理一些事情。我不知道这样讲对不对，实际上在日本也有类似的现象，但是它表现的情况是不一样的。我提醒一些比较关键的，实质上你们知道，在很多地方祠堂放那个牌位进去是要收钱的，并不是免费的，也不管你的血缘有多重要，他是要收费的。还有很多乡村单位做一些会。什么叫"会"？就是我们10个人凑一点钱，这个钱哪个人出得多，他就要负责这个会，他要得的利息就会更多，这样轮流转，这就是钱会的组织。乡村这方面的组织、活动还是比较多的，特别是在徽州地区比较发达。

周绍明教授：我必须说，这样的祠堂，在徽州非常多，在江西和广东也找得到这样的办法，说不定将来在南方的其他农村也找得到一样的方法。

主持人：我有一个很小的问题，前面统计祠堂的数据，从宋朝到明朝，资料是从哪里借鉴的？这个统计的依据是什么？

周绍明教授：地方志。

主持人：我印象中地方志很少记载祠堂，那么这个资料到底怎么统计？

周绍明教授：徽州地方志。

主持人：我们江西的地方志都很少说祠堂。

周绍明教授：好像每个村建有祠。

主持人：我们看江西的地方志很少有祠堂的记载，庙会记载，庙是公共建筑，私人祠堂不会记数量，只会记我们每个村都有祠堂。

周绍明教授：我自己感觉北方人的祠堂，他们用寺庙，也用庙的钱会，让庙人使用捐钱。

第二十二讲 现代的『金箍』：中国卫生防疫的历史与近代性格

主讲嘉宾：余新忠

嘉宾简介：余新忠，浙江临安人，南开大学历史学博士，日本京都大学博士后。现任南开大学历史学院"英才教授"兼院长，首届教育部"长江学者"奖励计划青年学者，兼任中国社会史学会副会长兼秘书长等职。主要从事中国医疗社会文化史和明清社会史研究。著有《清代江南的瘟疫与社会》《清代卫生防疫机制及其近代演变》等著作，在《历史研究》、Chinese Studies in History、《东洋史研究》等刊物上发表中英日文论文90余篇。主持国家社科重大项目"宋元以来中医知识的演进与现代'中医'的形成研究"。入选国家"百千万人才工程"等多个国家级人才项目，获全国优秀博士论文奖、全国高等学校科学研究优秀成果奖（人文社会科学）一等奖1项（合作）、二等奖1项等多项奖项。

讲座时间：2020年6月16日

黄志繁：今天我们非常荣幸邀请到余新忠教授做讲座。余新忠老师是著名的医学社会文化史研究专家，是南开大学历史学博士，日本京都大学博士后。目前为南开大学历史学院英才教授兼副院长，首届教育部"长江学者"奖励计划青年学者，兼任中国社会史学会副会长兼秘书长等职。他的主要研究领域是中国医疗社会文化史和明清社会史。博士论文《清代江南的瘟疫与社会》曾获得过全国百优博士学位论文，是一部非常优秀的学术专著。余老师曾在日本留学，发表了很多关于瘟疫与社会史相关的著作，入选过多个人才工程，这些我们先不多做介绍了。今天这个演讲也是一个巧合，我在安排这个演讲的时候并未想到会暴发如此严重的疫情，我们只是一直想请新忠教授过来做演讲，就安排了这个时间。疫情肯定是一个不好的事情，但与演讲主题却非常巧合，前几天北京就暴发了严重疫情，再次引发全世界关注。同时，也让我们对当下一些社会问题进行思考，若能起到这个作用，我们作为主办方是非常欣慰的。现在我们有请新忠教授做报告。

一、前言

余新忠：感谢黄老师，黄老师是我的好朋友。受老朋友抬举，参加这个讲座我受之有愧，甚至有点诚惶诚恐。今天讲座的主题是"现代的'金箍'：中国卫生防疫的历史与近代性格"，主要是跟大家分享我近期的思考和观察。这个题目是对《清代卫生防疫机制及其近代演变》一书的重新思考。该书出版的时候，我曾在北师大图书馆做过一次演讲。今天讲座的内容也主要是根据现实的观察所展开的重新思考。当前，新冠疫情无论是对中国还是对整个世界而言都是巨大的灾难。但我们也要认识到，这一病毒是与人类共存的，尽管我们不喜欢它，但它是跟我们如影随形的，我们没有办法彻底把它消除掉。疫情已经发生，它是一个客观的存在，而且是不可避免的存在。我们应该意识到，疫情的暴发也是推动我们人类生活方式、人类道德观念、人类的价值体系发展的契机。经常有人说瘟疫是人类的灾难，同时也是历史的推手。为什么瘟疫能够成为历史推手？这是因为人类是具有理性的。在理性的驱使下，人类会不断地反思自己的行为，从而推动社会的发展。结合当下的现实，现在回头看看我之前做的报告，我发现因为这样不幸的灾难让我有机会重新对以往的研究进行审视，也促进我做出一些新的思考。这对我们学者而言也是一种激励，能够促进我们做新的探究和思考。

今天报告的主要内容有四个部分：一是前面已经提到的引言；二是探讨卫生的历史；三是探讨卫生防疫的近代性格；四是本次报告的结语。需要说明的是，虽然我也关注其他地区的相关研究，但仍以对中国的关注为主。接下来我们进入今天报告的主要内容。

二、卫生防疫的历史

今天我们谈到卫生，总会给我们带来一种美好的印象，如干净整洁、绿色环保、文明健康等。PPT上展示的图片是我从网上下载的，这些图片都在向我们表达卫生的温馨、健康、文明的感受。当我们谈到卫生时，都会将其作为正面的东西来理解。我们今天"讲卫生"大家都会理解为干净，这在西方也是一样的。"卫生"是一个古老的概念，它有一个近代演变的过程。卫生的概念在中国能够具有今天的内涵，是近代西方公共卫生机制和观念引入中国，并与中国传统观念契合形成的，日本在这一过程中起到了很大的作用。现代概念的"卫生"一词是从日本引进的，也可以说是中国和日本同时使用现代卫生的概念。中国近代卫生概念的形成与医学传教士有关，而日本近代卫生的概念则是时任日本医务局局长长与专斋之发明。在考察西方社会后，长与氏认为西方卫生系统是东方世界所需要的。回国后，长与专斋组建了卫生局，"卫生"一词即为长与氏引据《庄子》中具有养生内涵之"卫生"翻译 hygiene 所创，这是学界所公认的观点。中国人在卫生方面普遍缺乏自信，比如中国人到了日本都会认为日本非常干净，日本是一个非常文明卫生的国家，而到了欧、美这些发达国家，大家也都会对这些国家有卫生整洁的印象。在很长的一段时间里，中国人不讲卫生似乎已成了标签。就像"东亚病夫"一样，这种标签是想象的，但又并非完全是想象的。近代确实有很多外国人认为中国人不讲卫生，特别是日本人。晚清时有位日本学者来到中国，认为中国人"果然是肮脏的民族"。在对中国人"不讲卫生"的他者认知的影响下，中国人也认为"不讲卫生"是被外国人瞧不起的民族陋习，甚至是我们整个国家，整个民族习惯的缺点。

前几年网上有一则新闻，盘点国内几大陋习，其中就有不讲卫生。不够文明、不够清洁已经成为让国人感到耻辱或者羞愧的标签了，这个情形跟我们刚才看到的图景，是可以联系的。由此也形成了一种社会共识，即认为卫生是好的，而不讲卫生则是不好，卫生也因此成了现代化重要的内容和象征。因此我们追求国家和社会的现代化，就要讲卫生，追求卫生的现代化，这同样也是我们需要孜孜以求的东西。

刚才我提到，卫生观念不是现在才有的，在晚清甚至更早的时候，我们也讲清洁，但是也有很多人不讲究卫生。比如白居易说他经常不洗澡；王安石也经常不洗澡，有一次上朝，有一只虱子爬到（他的）衣服上，还被皇帝看到了。古代人有人喜欢整洁，也有人不喜欢整洁，但这个事情并不受人在意。到了近代就不一样了，梁启超在 20 世纪初的旅美游记中提到旧金山的卫生罚款制度，认为这种制度是旧金山街头"贵洁"的重要原因，梁启超对于施行严格的制度、强制性的举措以实现卫生的整洁十分赞赏。其实这样的想法也与今人对卫生的追求相类似，且他对这种强制性的卫生罚款制度并未有异议。在梁启超看来，中国是一个"凌乱污浊"的国家。梁启超这样的言论，若看在此前以"华夷观念"来看待中国文化或近日急欲倡扬中国传统文化的人士眼中，或许不无自诬的意味，不过无论将其置于当时的历史情境中，还是放在今日大多数读者的面前，似乎都会让人感到十分自然。显然，梁的"自诬"事出有因。那就是，在当时，"华人不讲卫生"已经成为广为接受的普遍意象，而且时至今日，这一意象仍然颇具活力。虽然我们的现代化已经取得了一定的成果，但是仍有很多人觉得我们国民的素质仍有很大的提升空间。

在我收集到的近代报刊中，也有有关卫生问题之讨论的内容。其中有个观点提到，卫生的不整洁与人种有关，白种人最整洁，社会的整洁与否还与社会发展程度有关。在今天，我们会认为这一说法是赤裸裸的种族主义论，是不正确的言论，但此类言论在当时却是得到普遍认可的。在当时特殊的历史背景下，不卫生被等同于落后，所以改革必须从整洁开始。我们中国人之所以落后就是因为我们不讲卫生，我们卫生状况不行，所以我们的国家衰落，种族和卫生之间被关联起来。卫生现代性，或者说卫生的象征性意涵在这一过程中得到了凸显，也被神圣化了，不卫生也成了不现代、不文明、不健康的代名词。这实际上是因为中西文明巨大的落差所导致的，是当时落后国家的知识分子们在追求国家现代化的过程中产生的一种认识，一种普遍性的观念，即便在今天这样的认识与观念仍有市场。

曾在中国生活过四十余年的美国传教士丁韪良（*William Alexander Parsons Martin*）在其有关中国的回忆录中写道："中国人丝毫不像受压迫的民族，世界上再没有比他们更不受官方干扰的了。"丁韪良在做这一叙述时其心理，不同的人会有不同的解读，至今已难有确论。不过时至今日，恐怕已经不会有人就此认为以往的中国人生活在自由的世界中，而大抵会相反地觉得，那其实是中国人缺乏文明规范的表现。丁韪良的描述是符合当时历史情境的，在近代许多史料中，有关乱扔垃圾、街边随地便溺的现象的记叙也颇为常见，甚至成了中国近代城市中十分常见的现象。很多人会认为，这是国人文明低下的表现，进而得出中国人是一个落后的、不文明的民族的结论。但实际上，这是当时社会的运转逻辑，这些"不卫生"行为虽然给我们带来诸多不便，也会对社会造成一定的负面影响，但中国社会有自身运转的系统，整个社会对待这种行为的态度也具有其合理性。我举这个例子并未想对此类现象做判断，也不赞同乱扔垃圾就是一种自由，更不认为将卫生与民族品质相挂钩是对的。我想表达的是，从不同的角度、不同的认知层面出发，可能会对同一事物产生不一样的认识。大家都认为"讲卫生"是一种很好的行为，但如果我们从不同的角度去看待这个问题，可能卫生背后还有许多值得我们思考和反省的东西。学术研究就是要努力从一些普遍形成的共识里找缺口，然后对其进一步地思考与挖掘。虽然会存在自找麻烦之嫌，但我们所处的世界就是要不断地思考和批评才能进步。

今天汇报的主题主要围绕的是近代的卫生防疫政策，如医政管理、疫苗、日常健康等规章制度的设立等等，都是在卫生范围之内，卫生在早期是与防疫相联系的。历史时期的公共卫生防疫政策并不统一，但通过史料的梳理，我们还是能对其特点进行总结，从而了解其内在的逻辑与特征。传统时期的卫生防疫政策主要是国家行为，所有卫生防疫活动都是在国家统一管理之下展开的。虽然传统时期的国家力量可能没有现在这么强，但在卫生防疫上，国家力量仍占据着很大的分量。我们在较早的典籍中也能看到相关记载，如《周礼》中有关医官的记载就涉及有防疫之司职规定。在传统时期，国家虽然没有特别的法律制度规定，但传统国家专制集权的统治，要求朝廷要努力把自己当成天下父母，作为"父母"就要显示对"子女"臣民的关心，要有仁爱、爱民之心。尽管和其他灾难相比，传统时期的国家对疫灾的救济非常有限，但在史料中我们仍能窥见一二。如在《汉书》中载元始二年（公元2年）青州大旱后，瘟疫流行，大量人口染疫。朝廷将染疫人口集中起来，统一安置在朝廷专辟的隔离场所，并施药救治，出资殓葬死亡人口。这是一种慈善性的救济，是国家为展现仁爱而施行的救治方案。唐代对瘟疫的处置也是如此。在唐代，瘟疫会被视为上天对朝政的警示，此时需要统治者进行自省。相应地，统治者还会采取必要的措施进行救济，派官员巡查受灾区，在疫区采取施药给粮、减免赋税等政策，到了明清时期此类救济举措仍然存在。国家对瘟疫关注最多的是宋代，虽然明清两代对瘟疫救济也较为关注，但相对而言没有宋代的关注度高，原因有很多方面，其中最突出的可能是宋代统治者为了彰显自己对百姓关注及爱民之心，以显示自身政权的合法性。而随着明清以后人口的增加，由于官方医药卫生机构设置有限，诸如中央太医府、各地的医学等机构较少，且力量较为薄弱，在防疫上多有捉襟见肘之尴尬。如果是饥荒给粮，还能勉强负担。但如果发生了瘟疫，施给药物就显得十分困难，所以明清依靠国家施行瘟疫救治十分困难。但此时国家仍会采取一些象征性的措施，尤其是当皇帝知晓后，往往会发布抚谕宣抚天下，以表示其悲悯天下之情。

  我长期关注历代各种官方文献，在阅读历代官方文献中关于如何开展疫病救治的内容时，我有这样一个感受：官方在有关赈灾救济的用语上，宋以后与宋以前存在一定的差异。在宋以前的相关论述中，更多强调的是"休憩"安民，并要求统治者及各级官员警示自省；而到了南宋之后，尤其是明清时期，在有关诏书中则更多是展现皇帝对百姓的仁爱。这与宋明理学万物一体观念的形成有关：在宋以前的皇帝诏书中强调的是自省，是为了表现统治者的自我反省态度；而宋以后则强调对百姓关心，是为了展现统治者的道德形象。我认为这样一个转换与宋明理学发展变化有一定的关联。

  在道光元年（1821），曾暴发过一次大规模的霍乱疫情，此次霍乱大流行的源头在东南亚地区，其后传到中国。先在广东、福建暴发，其后沿着长江和黄河传遍整个中国。霍乱是一种传染病，夏天为高发期，入冬后逐渐消逝。此次江南的霍乱疫情始于嘉庆二十五年（1820）秋，到了道光元年达到高潮，秋冬后逐渐由盛转衰。同年7月15日至20日北京的霍乱疫情也十分严峻，许多人感染了霍乱，因为缺乏药物导致大量人口死亡。霍乱最明显的症状是上吐下泻及脱水，如果得不到及时治疗，死亡率至少在一半以上。今天治疗霍乱主要靠的是抗生素，虽然今天有有效的治疗手段，但在非洲一些国家霍乱仍十分流行。同年的 7 月 24 日，道光皇帝发布谕旨下令地方施药，收治病患，并殓葬死者。此时道光皇帝展现出了对瘟疫的重视，这似乎是理所当然，但我们也要注意到，实际上道光皇帝发布的谕令针对仅是作为都城的北京，而霍乱最严重的地区并不是北京，而是江南以南的上海、杭州、苏州等地。霍乱通过河流更容易传播，故河流密布的江南地区霍乱疫情更为严重，但我们并未看到道光皇帝有针对江南霍乱疫情的相关指令。道光皇帝发布的谕令并无实际的针对性，仅是为了表现其仁政爱民之心而已。再如，1894 年鼠疫流行期间，朝廷也要求地方官员严肃审判，避免形成冤案、错案，结合施药、殓葬、赈济等举措，其目的也是为了体现仁政。

传统时期的疫病救治除了慈善性的救济外，也有强制性防疫的措施。在今天，如果感染了具有较强传播性的病毒，就要接受政府的管控隔离，如果拒不服从管控则将会被视为破坏公共安全。我们也能看到，在瘟疫发生之后隔离、清洁、洗消等都变成了强制性的举措。此类举措在古代很少有，但古代也有一些强制性的防疫举措。如传统时期有麻风病的流行，虽然麻风病的传染性并不高，但由于病态可怕，染病者多受歧视，这种疾病也被污名化了。相应地，针对这种疾病政府会采取一些强制性措施，会建立麻风院将麻风病患者隔离起来。又如清代对天花的防治。由于入关前满族人长期在出天花概率很小的东北生活，相比关内的汉民，关外的满族人缺少抵御天花的免疫力。天花是由天花病毒引起的传染性呼吸道疾病，相较于今天流行的新冠病毒，天花病毒的更易防治，通过天花疫苗就可以防治这一疾病。相反，由于新冠病毒变异较强，所以疫苗的开发比较难，当新的新冠疫苗开发出来后，又发现新冠病毒产生变异，疫苗的研发速度落后于病毒的变异速度。在传统时期，我国在防治天花上已积累了较为丰厚的经验，我们很早就有了人痘接种术，后来又引入了牛痘接种术，直到天花疫苗研发出来后，天花病毒才得以消灭。顺治二年（1645）出台了一项针对天花疫情的政策，将出痘者隔离在城外 40 里的指定村落内。但这一政策在执行的过程中出现了许多纰漏，许多有相似症状的非染疫者也被赶了出去，造成诸多问题，后来通过调整政策才有所缓和。这一政策是清初针对天花的特殊政策，后来随着满洲人逐渐适应了内地的疾病环境后，这一政策便不再适用了。

我们可以看到，古代的卫生防疫举措主要由慈善性治疗及强制性的防治措施组成，但具体的防治实践仍以慈善性的治疗方式为主。在早期史料中相关记载较少，这是因为唐中期以前官方的慈善救疗行为很少，到了宋代官方的慈善性救疗逐渐兴起，但相关史料的记载并不多。到了明清以后，官方的慈善性救疗已然成熟，相关的史料也较为丰富。在各类史料中，都可以找到有关慈善性救疗的记载。如在各类史料中，我们经常能看到有关"施医送药"的慈善性救疗行为的记载。"施医送药"的救济方式早已存在，到了明清时期更为普遍，也更加制度化。明清时期在民间成立了一批医药局，起初其职能主要是施医送药，后来民间医药局的职能逐渐转为治病救人，便成了民间的常设机构。医药局内的医生也开始收取号金，医药局由原来救治慈善性的机构，慢慢就转变为民间的医疗性的机构，由名转利，这与民间社会力量瘟疫救济行为密切相关。在医疗救济活动中，民间社会力量的救济活动占据着相对重要的地位。在清代中后期，此类常设性的医疗机构开始逐渐增多，与此同时，西方传教士也将西式医院传进了中国。值得注意的是，在传统时期也存在个人防疫举措，如有的节日风俗与卫生防疫也有密切的联系。清洁环境、保持个人卫生等，此类举措未必是防疫行为，但实际上也起到一定防疫的作用，此类个人防疫举措的相关史料也十分常见。

现有的研究往往认为，三千余年的历史说明中国是个善于抗击疫病的国度，有着战胜各种传染病的传统，这是一个很高的评价。我们是不是真的战胜了传染病？这一评价是否有点言过其实了呢？前面谈到传统时期的防疫举措，反复强调的主要是慈善性的救治，也就是施医送药，其后是殓葬伤亡。这些举措虽然能够在一定程度上减缓瘟疫的损害，但光凭这些举措把疫情控制住是不可能的。传统时期对传染病防治并不像今天能够以医药或疫苗控制，在古代也不太可能有这种医疗手段，所以要真正实现人为的控制或战胜疫情，其实是不可能的事。传统时期的抗疫主要靠的是群体免疫，即便是今天的新冠疫情，我们也看到了疫苗并未能完全阻断新冠病毒的传播，疫苗的研发速度甚至赶不上新冠病毒的变异速度。而在传统社会实现群体免疫的过程中，一旦死亡率较高就会引起社会恐慌，并产生诸多社会问题。抗击瘟疫离不开特效药，也离不开疫苗。事实上，在没有特效药也没有疫苗的情况下，对瘟疫进行有效的防控，最主要还是采取简易隔离的方式，但我们也看到古代很少有相关方面的制度性规定，也很少看到真正的隔离举措。因此，我们传统时期战胜过许多疫情的说法是言过其实的。

历朝历代对于灾害的救治非常尽心，水旱、虫灾、地震等自然灾害都有相应的制度性规定，比如报灾、勘灾、发赈、补赈等，都形成了体系化的制度性规定。但其中较少有涉及制度化的防疫制度，因为疫灾从来都不是传统时期国家的关注重点。中国政法大学的林乾老师于2020年5月发表过一篇有关清代疫灾奏报与防治的文章，作者通过对清代有关疫灾防治奏折的分析，认为清朝对疫灾的防治已被纳入法律体系中。文章虽然没有直接表述清代已然形成体系化的疫灾防治系统，但文章给人的整体观感好像清代已然形成制度化的疫灾救治制度。但实际上，如果我们了解清代疫灾救治史就会知道，清朝对疫灾的防治并未形成制度化。我原以为林老师在文章中运用到的资料会推翻我原先认为中国古代没有形成制度化的疫灾救治体系的观点，但看完他的文章后，我觉得更好印证了我的判断。实际上，疫灾并不是当时政府关注的重点。在许多相关论述中，人们会把许多不同时空背景的资料堆在一起，并以此得出传统时期我国存在制度化的防疫政策的观点，这些观点往往曲解了制度行为和偶意行为，二者是完全不一样的。在解读史料时，我们不能以单一资料论证某一观点，或者以偶然行为推论出普遍性结论，而是要尽全史料，避免孤证断论。

自我从事这一领域的研究以来，总会听到许多夸赞我们防疫意识的声音，但实际上，当直面疫情时大家表现出来更多的却是恐慌。在新冠病毒流行的今天，我们的防疫举措确实很好，这是在政府强有力的组织协调能力下实现的。但如果我们回顾历史，就会发现在相关的官方文书中并未体现出政府防治瘟疫的能力，而民间文献更多的则是描述民间面对瘟疫时的恐慌。从官方到民间都缺乏行之有效的瘟疫防控举措，当时的药物也不能真正地解决问题，只能起辅助性作用。相反，在控制传染源、切断传播途径、保护易感人群这三个防疫的关键问题上，在古代基本上没有相应的制度性规定，也没有就此采取切实的举措。有关的论述也主要是对瘟疫流行期间有违人伦的行为进行批判，国家对这个问题不仅没有积极的举措，关注更多的也只是瘟疫流行时社会存在的伦理问题。

总体来看，传统时期中国的疫病救治未能形成体系化的应对机制主要有以下三方面原因：

一是国家一直重视对疫病的救治，往往会根据实际情况作出应对，但由于技术和理念的落后等多方面的原因，并未对防疫作出具体而体系的制度性规定；

二是在长期的历史发展过程中，中国社会积累了丰富且值得肯定的疫病应对经验，但这些经验基本是零散、感性而片段的，缺乏系统的整合和总结，未能发展出体系性的疫病救治知识；

三是虽然传统时期也存在疫病防治的关键环节——检疫隔离措施，但大多出于直观的感知、本能反应以及某些特定的目的，出现了大量的避疫、隔离乃至检疫的行为和事例，但这样的做法并没有得到主流社会和思想的鼓励和支持，理论和实践上也无法得到发展。

在传统时期的疫病救治中，国家和社会在应对态度上的差异非常值得我们关注：在传统时期的疫病救治中，国家相对消极，地方力量则相对积极。

虽然民间积累了很多抗疫经验，但主流的国家意识对此并不提倡，甚至对其抵制。因此，传统时期的疫病救治长期处于有经验但没有体系、有行为但没有制度的状态。国家和社会之间有张力，民间经验和知识整理之间也存在一种张力。我们大概可以看到一种逻辑，国家对瘟疫并非完全不管，由于历史时期的疫病众多且复杂，许多疫病缺乏有效的治疗手段。在这种情况下，与其依赖于国家的统一规定，还不如任由民间社会发挥其力量。另一方面，在专制皇权的体制下，皇权是最核心的，历代王朝最关心的是其政权的稳固。而瘟疫本身并不会带来社会太大的动荡，在瘟疫流行的社会环境中，人们大多因为畏惧瘟疫避免开展群体性活动，不像饥民容易揭竿而起，瘟疫一般不会引起国家叛乱。在这种情况下，国家层面只会开展一些必要的救济举措，以展现爱民仁政，而"爱民仁政"也不过是爱江山的一个措辞，统治者其实关心的不是生命价值，他做这些事情其实是为了更好地稳住其政权的仁政爱民形象。

根据福柯的观念，传统的专制权力具有使人死和让人活的权力，活着是皇权对你的恩赐，死则是"君要臣死臣不得不死"的皇权。作为统治者的皇帝，掌握万民的生杀大权。而近代以降，现代民主政治制度的发展催生了"生命政治"的诞生，新的统治权力从原来的"使人死或让人活"的权力逐步转变为"使人活和让人死的权力"。而这种新的"生命政治"因为负有对民众生命和健康等的责任而推动了近代公共卫生机制的产生和发展，同时也让政权获得干预生命的合法权力。在医史研究中，我们关注更多的是现代公共卫生与经济有关系，但公共卫生与生命政治、生命权利观念的变化也有密切的联系。晚清以来随着国门洞开和民族危机日渐深重，中国社会开始不断追求以西方文明为标准的现代化发展。在强国保种这一内驱力及近代瘟疫频发等因素促动下，逐步引入并创建了由国家主导，立足于使国家强盛的现代卫生防疫机制。在这一过程中我们可以看作国家政治的现代化，而在国家政治现代化的过程中我们一定要意识一点，西方生命权利在这一过程中在国内同时也得到了发展。但由于中国引入西方社会制度后，并没有时间和空间去思考个人权利的问题。因此我国的现代卫生防疫机制，实际上是建立了一种强制性的机制，是一种强暴性的防疫举措，与此相对应的个人权利的保障没有得到应有的重视。我们在引入现代西方卫生防疫制度时，更多是把外在的东西引进来了，这对国家对发展起到了一个促进的作用，也让社会职能进一步国家化和专业化。与此同时，也带来了其他的问题，在行使公共卫生管理权力时，对国家权力扩张的制约存在着明显的缺陷。

具体来看，中国卫生防疫现代化过程大概经历了以下三个阶段：首先，是 19 世纪末 20 世纪初对日本卫生制度的引入，这一阶段中国的卫生防疫制度是对日本卫生防疫制度的复制，至少到晚清时已具备相应的制度性，但是这些卫生防疫政策是否完全落实还存在很大的争议；其次，是 20 世纪 20 年代以后西方卫生科学引入。一直到 20 世纪七八十年代，我们都在引入西方的卫生制度，以科学的名义来推行技术性的卫生制度的建设，但除了科学本身、医学与公共卫生学之外，其他方面的专业介入是相对比较少的。南京曾有位在县里当过几十年基层防疫员的疾病卫生中心专家，在一次会议中我们有过交流。他谈到在他几十年的防疫工作中，感触最深的是疾病防控不是医学和卫生能够解决的，还需要许多领域的介入。第三个阶段则是 20 世纪 80 年代以后，随着艾滋病等这样一些更具有社会性和文化性的疫病的出现，以及国家对疫病的防控力度的加强，人们越来越注意到疾病的社会文化内涵，大家意识到疫病不光是生理现象，同时也是一种社会文化现象。到了 21 世纪，人们意识到卫生防疫是需要多方面介入的问题，不是光靠专业的建设就能够解决的问题。我们要加强疾病防控建设，不能依赖于体制机制的建设。

三、卫生防疫的近代性格

前面主要讨论的是传统时期的防疫政策，接下来我主要讨论一下近代卫生防疫的性格。

近代卫生防疫主要基于公共系统，具有一定的外在性。卫生本身是为了民众的健康，防疫也是为了民众的健康。晚清、民国时期引进的公共卫生制度，主要针对的是急性的传染病。这些急性传染病在当时死亡比例其实是非常小的，近代公共卫生建设过程中，对这些疾病的侧重关注，受舆论的影响更多。

近代一些卫生事件本身就是政治事件。如1911年的鼠疫大流行，历史时期鼠疫造成的死亡人口并不多，传统时期对瘟疫死亡人数的概念与现在的概念不一样，过去死几万人并不会产生多大影响，现代要是万人的瘟疫流行就会造成社会恐慌。在清末东北鼠疫中，清政府为防疫倾力而为，最初的目的主要是因为国际舆论压力和为防止列强侵蚀国家主权，这其中牵涉到了德国人和日本人在东北的利益。鼠疫发生后，清政府虽第一次采用西式的防疫方法，同时也聘请了华人医生伍连德开展相关救治，其目的就是为维护国家主权。列强为了扩大自身的利益，往往会以防疫为借口扩展自己的权力范围。这一事件虽然是一个公共卫生事件，但有明显的政治性。血吸虫病的防治也是一个政治性事件。血吸虫病并非传染病，它是一种长期存在的疾病。通过运动式的防疫手段，这种疾病的防治也与政治产生了联系。

在晚清的变革中，20世纪中国现代化过程中展现出的"卫生"性格也被展露无遗。具体来看，卫生防疫的近代性格主要有以下三个方面：

首先是具有国家性。早期西方卫生制度的引入，主要有两个作用：一为民生，二为壮国家。但实际上，民生为次，"壮国家"则为当时引入西方卫生制度的首要目的。虽然西方卫生制度的引入首先关注的是个人的健康，但其最终目的是为了强国保种，追求国家的民族富强。

其次是具有科学与技术性。前面已经提到，近代的卫生制度对疫病本身的社会文化性往往是缺乏关注的，近代对西方卫生防疫制度的引入更多的是关注于传统时期缺少的科学理论及技术，这使得疫病社会文化性被淹没其中。

最后，近代的卫生防疫具有急迫应对性。西方近代卫生制度的建立来源于其现代化过程的需要。在西方国家现代化的过程中，由于城市卫生状况差，容易影响民众的健康，缺乏健康的身体不利于个体劳动力的提升，对经济发展不利。对于资本家而言，劳动者健康状况不良，就意味着能榨取的剩余价值变少，这是西方国家开展公共卫生工作最初的原动力。而随着人们对生命政治、生命权利逐渐关注，现代卫生的进步也得以推动。中国引进西方卫生制度之后，主要强调的是卫生防疫的强制性，对其文化层面的关注较少。当时中国更需要以建设强壮的国家来洗刷近代所带来的耻辱，在这一过程中会把一些表面的东西直接引入，从而对其内在合理性缺乏思考。

四、总结

通过对卫生现代化问题的讨论，我们可以看到，中国的卫生现代化实际上也是政权现代化、卫生现代化的过程，也是实现现代政权职能化、具体化的一个表现。借助生命政治，我们身体被国家化了，国家对我们身体的控制合理合法化，环境也因此卫生化，环境改造与卫生关联在一起，民众的身体也因此变得更加健康。

百余年来，中国社会对近代卫生的接受和追求，似乎就像是孙悟空在不明就里的情况下，稀里糊涂就主动戴上了让自己最终修成正果的"金箍"。孙悟空在没有金箍之前是自由的，但戴上金箍之后孙悟空就没有那么潇洒了。或许是孙悟空机灵顽皮的性格过于讨喜，而会念紧箍咒的唐僧又过于呆板迂腐，所以人们在谈到"金箍"时想到的往往是其背后令人讨厌的"紧箍咒"

对人之自由的拘束，而很少会去想金箍的闪闪金光，以及金箍对孙悟空最后修成正果的重要意义。实际上，卫生也是规训我们身体的"金箍"。我们经常会从个人角度出发，只关注于事物的某一方面，对于金箍我们只看到了它不好的一面，对于卫生我们则可能只看到其好的一面。但如果深入剖析，我们会发现卫生本身也是利弊共存的。而我们最需要关注的是，如何更好化弊为利，使卫生的利弊能实现一种平衡。如在防疫过程中，人与防疫之间如何实现一个平衡，是我们最需要思考和探讨的问题。如果在防疫过程中个人权利得不到保障，其后果就是会让很多人变成无辜者，这需要我们用科学专业的方式来尽可能地达到一种平衡，唯有此时卫生防疫机制的运行才可能达到更好的效果。

《定位医学史》（*Locating Medical History*）一书中的一篇文章曾谈到了18世纪西方社会尤其是家庭的医学化运动，提到健康维护将医学转化为一种旨在保持国家劳动力的社会控制力。但随着1942年《贝弗里奇报告》在英国出版，这一目标发生了转变。《贝弗里奇报告》概述了福利国家的首个模式，即国家应被用于服务个人的健康，强调国家与个体之间不是绝对对立的，国家天生就是为老百姓谋福利的，这也为我带来了许多思考。但需要注意的是，福利国家也存在很多的问题。如弱势群众在现代化过程中被牺牲，福利国家的建设满足的是中产阶级的利益，很多弱势群体在这样的生活环境中得不到应有的生存保障，对他们而言福利并没有什么意义。卫生资源公平分配的问题和社会机制的问题都需要我们去关注，而在现代卫生制度的推行过程中也会存在类似的问题。

卫生的现代性问题需要我们思考和警醒。我无意否认公共卫生建设对中国社会的价值和意义，做这样的批判和省思，不仅是希望藉此打破目前国内卫生史研究中普遍的现代化叙事模式，同时也想通过这一省思，对中国当下和未来卫生建设对补偏救弊提供可资借鉴的历史资源，因为只有这样才能更好地让卫生为人民和国家的现代化服务。最后我亦希望表明，过于强调发展和强盛，而忽视民众权利的保障，长远来看，可能未必是中华民族未来发展的福音。以上便是我今天的报告，谢谢大家。

黄志繁：感谢新忠教授精彩演讲。新忠教授在演讲中，从中国传统国家的卫生理念出发，指出了中国传统国家缺少近代卫生的理念，几乎没有制度性的防疫规定，积极性防控比较少，虽然有一些防控的经验，但缺乏系统性，社会依赖性较强。到了近代，我们建立的近代防疫制度，具有公共性、急迫性和应对性，这种能保护国家权益，但是同时也会强化对人的规训。近代卫生制度看起来好像是一个科学的东西，实际上它背后隐含着国家权力和个人权益的张力，这种观点是非常有启发性的，对我们思考当前防疫制度，特别是新冠疫情的防控制度都有非常深刻的启发，我个人受益匪浅。接下来把时间交给大家，欢迎大家提问。

提问1：请问现代医学体系相比中国古代传统中医药在面对疫病的时候，是否显得更加力不从心？是否有史料表明中国中医药在面对疫情的时候有更大的作用？是否有降低死亡率的作用？

余新忠：首先，中医在治疗疾病上的作用是不能否定的，这是肯定的。中医具有疗效，也是肯定的。但是中医在瘟疫的具体应对方面，我觉得还是介于有效和无效之间。虽然有数据说明中医历史时期的抗疫成效，但这些数据并不完全科学。中医在抗疫会有疗效，但有多少疗效，我们今天也说不清楚。在今天，中医一般用于治疗慢性病或者养生，急性病的治疗及外科治疗还是要靠西医。从历史上看，在过去中医针治传染病确实有一定的成效，但今天的传染病跟传统时期的传染病有很大的区别。在传统时期，经常会将流行病与传染病混为一谈。但在现代，流行病和传染病是两个不同概念。我们也能看到，以论述瘟疫治疗为主的《瘟疫论》以及温病四大家，都与瘟疫的治疗有关，但到近代以后却逐渐退出历史的舞台，很大程度上是因为现代医学的诊疗机制是建立在病原体学说之上的，这使得现代医学在治疗过程中具有很明显的针对性。抗生素的治疗极大提升了疾病的治疗效率，在这一过程中西医的优势就被凸显了出来，这极大地压缩了中医的生存空间。西医对于传染病的发病机理和病毒的测序溯源具有明显的优势，可以说西医就是建立在西方生物科学发展的基础之上的。相比之下，中医对瘟疫的治疗大多是理论性的，今天中医针治瘟疫的理论跟明清时期的中医并没有太大差异。中医是充满智慧的医学，也是一种经验医学，我觉得中医在当下仍有很大的发展空间。但觉得现在中医的情况可能不是那么乐观，这需要中医从业者不断地去突破、创新，将现代科技与传统中医很好地结合起来，但不是简单科学化，而是利用现代科技文明智慧重新寻求突破的机会。所以，虽然在现代西方医学日益兴炽的背景下，中医的处境十分堪忧，但它的历史作用是无法抹灭的，作为一门能治愈疾病的医学，我们更不能说中医或中医药在面对疫情时没有作用。

提问 2：在唐宋时期，医、巫在瘟疫救治过程中都会齐上场吗？

余新忠：总的来讲医和巫分离还是比较明显。战国时期，扁鹊是医，但当时也有许多巫存在。《左传》中讲过一个晋侯的故事，成公十年（公元前581年）春，晋侯做了个梦，梦到厉鬼作祟，醒来后找来一个叫桑田的巫解梦，桑田巫告诉他，将吃不到今年的新麦了。之后便病了，于是晋侯就到秦国请医生。秦桓公派医缓前往诊治。医缓还没有到达，晋侯又梦见两个小儿在讨论如何逃避名医的治疗，说就待在肓的上边、膏的下边，医药也拿我们没办法。医缓到了看完病说："这个病治不了了，病在肓的上边、膏的下边，药物的力量也无法达到。"后来到了夏天，晋侯晋景公想吃新麦子，让管食物的人献麦，并把桑田巫人找来，把煮好的新麦给他看，然后杀了他。景公将要进食，突然肚子发胀，上厕所，跌进厕所里死掉了。这就是今天病入膏肓的出典。从这一故事，我们可以看到巫、医早已分离。不过尽管如此，每当发生瘟疫后，在疫病应对中巫医同上场的情况肯定还是大量存在的，就是今天可能也未必完全能避免。需要补充的是，尽管现代医学已然很发达，但我们在对人类疾病比如瘟疫时，再发达的科技也难以完全解决问题。我们还需要以人类智慧寻找解决的办法，因为人的因素有时是超脱于科学及技术之外的。

提问3：请多谈谈清政府当时在东北的得和失。

余新忠：我认为清末在东北的鼠疫防治，对于我们近代卫生防疫机制的引进是有好处的。虽然这个问题很难用三言两语完全说清，但它起的效果还是值得肯定的，清末在东北的鼠疫防治也赢得了世界的尊重。包括在东北设立了东三省防疫站，由伍连德担任处长等举措，都极大地促进了近代卫生防疫事业的发展，对于中国卫生现代化有着积极的意义，这是"得"的方面。当然，有得必有失，清末东北鼠疫防治最大的"失"就是人道主义关怀的缺失。比如当时清政府将旧火车车厢作为隔离病所，当时天气很冷，而且有时大量人口同时集中隔离，由于缺乏有效的检查，很多健康者都被关进去了。在这一过程中，德国人曾提供了很多人道主义帮助，但这一点大多被人们所忽略了。

提问4：对于本科生而言，如何进行医疗的实体研究？如何更好地将医疗史的研究方法与中医史文献结合起来？

余新忠：我觉得如何落手不太好说，你对这个问题感兴趣很好。不管怎么说，医疗也是历史的一部分，它研究的理论、研究方法与其史学研究理论、方法并不存在太大差距。医疗史研究的对象是历史时期的疾病与医疗实践，研究这样的问题需要有跨学科的意识和理念。不同的人从事不同的研究都有不同的研究方法。对于本科生而言，从事这一领域的研究需要从理论的掌握开始，在开展研究时还需要确定自身的具体研究方向，同时对学术史的梳理也十分必要。进行医史研究最关键的，还需要了解一定的医学知识。如果是研究中医史，还需要了解中医的基本理论知识。不要求你能实践，但基础的知识还是需要具备的。

提问5：现代社会的防疫主要是基层层面，还是制度层面的制度？

余新忠：防疫本身就是一个政治的事件，作为政治的组成部分，如何防止防疫过程政治化是需要我们思考的问题。如美国前总统特朗普，他领导下美国的防疫机制，基本是出于政治考量的，而不是从专业的角度进行抗疫，所以造成负面的防疫效果。我国卫生防疫制度本身就是政治制度的一个部分，因此我们能够集中力量办大事。传统时期，社会力量在防疫过程中比较重要。但民国以后，社会层面的慈善传统慢慢被消除掉了，民间的力量也逐渐萎缩，因而有现代政府在防疫过程的强势介入。但政府不是万能的，民间社会也不是万能的，这两个层面都有优势，需要相互配合才能更好落实防疫。

提问6：请谈谈清政府在东北的防疫主权。

余新忠：具体来看当时的情况，吉林也属于俄罗斯的势力范围，大连则是日本的势力范围。由于当时日俄是以铁路划分势力范围的，但铁路并不能无限扩展。为了拓展各自的势力范围，日俄开始关注东北的防疫权，企图以防疫的名义将自己的势力伸到中国的领土，防疫也成了日俄权利的角逐。这引起了清政府的警觉。清政府维护东北的卫生权益的契机是东北的鼠疫大流行。在东北鼠疫流行期间，造成了许多社会问题，诸如种族歧视、阶级歧视、地域歧视等等，随处可见。于是清政府呼吁各国合作抗疫，并召开了奉天国际鼠疫大会，邀请了11个国家参与，从而确定了清政府在东北的卫生防疫权益，并以此来消除日俄在东北的势力扩张。

黄志繁：提问时间到此结束。余老师今天辛苦了，今天的讲座就到这里，非常感谢余老师精彩演讲，同时也希望有机会能在南昌大学与余老师线下交流。

推荐书单：

1.余新忠、杜丽红主编：《医疗、社会与文化读本》，北京大学出版社2013年版。

2.［美］麦克尼尔著，余新忠、毕会成译：《瘟疫与人》，中信出版社2018年版。

3. 杨念群：《再造"病人"——中西医冲突下的空间政治（1832—1985）》，中国人民大学出版社2006年版。

4. 张大庆：《中国近代疾病社会史（1912—1937）》，山东教育出版社2006年版。

5.［美］罗芙芸著，向磊译：《卫生的现代性：中国通商口岸卫生与疾病的含义》，江苏人民出版社2007年版。

6. 梁其姿：《面对疾病——传统中国社会的医疗观念与组织》，中国人民大学出版社2012年版。

7. 梁其姿著，朱慧颖译：《麻风：一种疾病的医疗社会史》，商务印书馆2013年版。

8. 余新忠：《清代江南的瘟疫与社会——一项医疗社会史的研究》（修订版），北京师范大学出版社2013年版。

9. 余新忠：《清代卫生防疫机制及其近代演变》，北京师范大学出版社2016年版。

10.［日］饭岛涉著，朴彦等译：《鼠疫与近代中国：卫生的制度化和社会变迁》，社会科学文献出版社2019年版。

第二十三讲 说不尽的"文化磨合"与现代文学

主讲嘉宾：李继凯

嘉宾简介：陕西师范大学教授，博士生导师，陕西师范大学人文社会科学高等研究院院长，享受国务院政府特殊津贴专家，国家社科基金学科评审组专家。兼任中国鲁迅研究会副会长、东亚汉学研究学会会长、《文化中国学刊》中方主编。主要从事中国现当代文学及文学文化学研究，主持国家社科基金重大项目"陕甘宁文艺文献的整理与研究"、国家社科规划项目"20世纪中国文学的文化创造"等多项；主要著作有《新文学的心理分析》《民族魂与中国人》《秦地小说与"三秦文化"》《全人视境中的观照——鲁迅与茅盾比较论》《20世纪中国文学的文化创造》等多部；在《中国社会科学》《文艺研究》《文学评论》《中国现代文学研究丛刊》《鲁迅研究月刊》《社会科学战线》等刊物发表学术论文200余篇，50余篇论文被《新华文摘》《中国社会科学文摘》《人大复印报刊资料》等转载或复印；曾获全国首届青年社会科学优秀论文奖、第六届高等学校科学研究优秀成果奖二等奖、陕西省社科优秀成果一、二等奖、陕西省高校人文社科优秀成果奖等。

讲座时间：2020年6月22日

李洪华：各位同学、各位老师，我们今天非常荣幸邀请到了著名学者李继凯先生为大家做精彩的讲座，因为疫情的原因，我们不能请李先生到场，大家也只能在线一睹李老师的风采，以后有机会再请李老师当面交流。李老师带来的题目是《说不尽的"文化磨合"与现代文学》。李老师是陕西师范大学教授，博士生导师，陕西师范大学人文社会科学高等研究院院长，享受国务院政府特殊津贴专家，国家社科基金评审专家，兼任中国鲁迅研究会副会长、东亚汉学研究会会长、《文化中国学刊》中方主编，主要从事中国现代文学及文学文化学研究，主持国家社科基金重大项目"陕甘宁文艺文献的整理与研究"、国家社科规划项目"20世纪中国文学的文化创造"等多项，主要著作有《新文学的心理分析》《民族魂与中国人》《秦地小说与"三秦文化"》《全人视镜中的观照——鲁迅与茅盾比较论》《20世纪中国文学的文化创造》等多部，在《鲁迅研究月刊》《社会科学战线》等刊物发表学术论文200余篇，50余篇论文被《新华文摘》《中国社会科学文摘》《人大复印报刊资料》等转载或复印，曾获全国首届青年社会科学优秀论文奖，第六届高等学校科学研究优秀成果奖二等奖、陕西省社会优秀成果一、二等奖，陕西省高校人文社科优秀成果奖等。李老师在我们现代文学研究界享有很高的声誉，今天晚上非常难得，李老师在繁忙的情况下抽出时间给大家带来精彩的讲座，下面以热烈的掌声欢迎李老师为我们进行精彩的讲座，有请李老师。

李继凯：谢谢洪华老师！我们都是同行，比较熟悉各自的情况，我今天跟大家汇报一下两年来思考文学与文化方面的问题，讲完之后，希望同学提问题。

非常荣幸有这样的机会，给大家说说这样一个话题：说不尽的"文化磨合"与现代文学。所谓说不尽的莎士比亚，说不尽的鲁迅，都是大家非常感兴趣的话题，我认为"文化磨合"也是非常重要的，也是值得整天琢磨的话题。在一定意义上讲，现代文学可以跟古代文学相提并论，这是两个历史阶段的文学。当然，我们现代文学仍然在建构和发展的过程中，是"后古代"文学。

我要谢谢洪华教授的邀请，使我有机会和南昌大学的同仁同学有交流的机会，我的硕士导师黎风就是江西吉安人，他年轻时跟邵燕祥一起离开江西，到了东北，又到了北京，当年也是迎接解放军进北京的学生运动的骨干人物，后来在北师大当老师，也曾是三院系的党支部书记，黎风与胡风有过通信，要出版一本他本人的诗集。后来我主要帮他抄写多份申诉书，因为他从北师大被发配到大西北，后来便留在了陕西师大。当时也有一个说法是，实际上同期还有西北联大，都是校友，后来都散了，我的导师黎风从江西吉安流浪到很多地方，跟我讲了他求学的故事和从事革命工作的故事，后来他也终于恢复了党籍，但是再没有回北京，因为年事已高。他先后招了三个研究生，一个是我，一个是阎晶明，还有一个是史志谨，三个研究生都很努力。我们也觉得自己的导师很不容易，从江西吉安冲出来，历经坎坷。他对我有引导和教导之恩，对我学业学术、人生道路都产生了重要的影响，甚至是决定性的影响。我此前还没有在公开的场合讲过我的导师，今天也算是我汇报的一个内容吧，说明我跟江西人，不光是洪华教授，还有我的导师及其他一些朋友都是有缘分的。

我也曾经短期在井冈山受训，受过教育（参加中央党校的培训有此项目），使我进一步了解了中国革命文化，也让我有了相关的思考。后来我也花了好多的精力研究红色文化，做红色文学重要作家作品研究。我们陕西师大算是教育部的直属高校，却也是发展比较滞后的学校。我们陕西师大比较好的学科就是中文学科，它算是发展比较好的学科，进入了国家"一流学科"建设名单。因为是师范大学，跟综合大学不一样，它主要是教学型的高校，科学研究学科发展都比较滞后，我是从1995年开始，跟洪华教授现在一样，管一些行政方面的事情，主要是忙博士点和学科建设的工作，也抓科研工作。在这个过程当中，我们争取的第一个国家社科基金重大招标项目就是"延安文艺与20世纪中国文学研究"，那时还是答辩制，竞争相当激烈，与现在基本上是网上通讯评审的方式不同。从2011年我们中文学科有了第一个重大招标项目，促进作用很明显。后来我们文学院争重大项目就比较自觉，也包括我本人，后来也牵头申报成新的国家社科基金重大招标项目"陕甘宁文艺文献的整理与研究"（16&ZDA187）。目前该项目进展顺利，其间阶段性成果多，且获得了国家的滚动资助。重大项目对学科建设的发展是有重要促进作用的，对此我是有亲身体会的。当我们现代文学学科拿了文学院的第一个重大项目，文艺学学科、语言学学科都坐不住了，都特别积极。我们文学院迄今已经有了十多个国家重大招标项目，现在中文学科应该是比较有实力的，被教育部列入一流学科建设榜单就是明证。

我今天要汇报的题目大家已经见到漂亮的广告了，此题所涉及的内容其实很多，我这里只想"顺流而下"，介绍几点我最想表达的内容，不一定连贯，但肯定都与"文化磨合"及大视野中的现代文学有关。

一、倡导"文化磨合论"

近期我发表了一篇旨在倡导"文化磨合论"的论文，题为《"文化磨合思潮"与"大现代"中国文学》，此文引起了一些关注，如美国英文杂志《东西方思想杂志》（*Journal of East-West Thought*）2019年春季号有评介文章，加拿大《文化中国》杂志在百期专号上转载拙文并同期发表两篇讨论文化磨合的文章，《中国社会科学文摘》也转载了这篇论文，在多次学术会议和讲座中我都会结合不同话题贯穿"文化磨合"这一命题。且都引起了较大的关注，获了省社科一等奖，有些论文也在引用。在《文化中国学刊》《文艺争鸣》等期刊上有新的讨论。

我讲的这种相当通俗化的"文化磨合"之说，却可以和人类命运，和我们关心的所有文化哲学方面的命题联系起来进行一些相关思考。我今天在有限的时间里面，只能说我理解的若干方面，做一些提示，肯定还会有一些疑问，包括说得不太清楚的问题。我认为人文学科有一个很大的特点就是混沌，就是模糊，就是边界往往不那么清楚，却很有张力，很有想象空间，这跟理工科强调确定性很不一样。或者我们说人文学科最大的优势可能跟审美判断多元、情感心理活动多样这些方面的话题都是密切相关的，甚至是因人而异的，由此体现出它的不确定性，话语也往往有所迁移和变化，这是今天要特别说明的，因为有一些基本概念也不是一下两下就能说清楚的。今天不管我发挥到哪个方面去，都要说到"文化磨合"，以及它与我们现代文学内在的关联。人间有说不尽的磨合，说不尽的文化磨合，说不尽的现代文学，说不尽的地域文化，或者还有说不尽的江西和陕西，都是我们关切的说不尽的话题。

说到"文化磨合"，在这里我要提及一个人，他就是加拿大《文化中国》原执行总编子夜先生，他原名张志业，原来在北京工作，后来定居加拿大，他几十年一直从事《文化中国》期刊的编辑工作，年事已高退下来之后又跟陕西师大人文社科高研院合作，创办了《文化中国学刊》。他特别看重我不断申论的"文化磨合"话题，他觉得这是一个特别重要的命题，思考它可以理解现在的文化冲突、文化斗争等方方面面的一些问题。也包括人类命运共同体这样宏大的命题。他在跟我讨论，我们对话里面也多次强调了这个意思：中国经济正在崛起，它的走向一定会伴随着中国特色文化的兴起。这种特色文化是在"古今中外文化磨合"格局中逐渐形成的，这种文化磨合也带有"综合创新"的特征。长期在国外工作并努力传播中国文化的子夜先生看多了"文化磨合"的现象。他认为：不同文化尤其是跨国文化交流肯定绕不开文化磨合这个门槛，无论是跨国企业合作，还是贸易谈判，向金融、投资、市场进军等，经常在法律合同纠纷等方面出现问题，相当一部分的原因其实是文化的差异、文化价值观念的不同所造成的。由于涉及到国家与国家的利益关系,或者意识形态所形成的偏见,往往会形成情绪化的对立和纷争。这在中美的复杂关系中就有相当充分的体现,值得深思和反思的文化问题也不少。从长远发展的角度看,大国之间的"斗而不破"其实也是一种"磨合"。显然,磨合不是要制造灾难,而是要化解灾难,斗争是普遍的,差异是普遍的,想办法怎么做到斗而不破,怎么走向高级阶段的和谐双赢,这样就能进入人类命运共同体。

我认为:近现代中国实际形成了一种具有总体性、综合性和持续性的"文化磨合思潮"。而这种"文化磨合思潮"也对中国"大现代"文学的发生发展产生了深切而又重要的影响。从文化哲学层面上看,"文化磨合"折射了理想文化与现实文化的矛盾与冲突、对立与统一。异质文化之间只有不断地进行广泛的文化交流才能被刺激、激活,才能变则通、通则畅、畅则达、达则显,从而升华到新的文化境界,达到新的文化发展阶段。这也就是说,新文化/新文学的期待与现实的矛盾恰好是民族文化/文学发展的动力所在,必然会推动本民族文化在原有基础上多方借鉴并不断向前发展。文化"矛盾"的化解就是文化"磨合",矛盾运动是过程,磨合融合是目的。尤其在现代文化语境中,我们要强调古今中外化成现代的文化磨合,不要再搞你死我活的文化斗争,文化磨合堪称"正道"和"大道",是从"古代文化"转型为"现代文化"的"大势"。顺此大道所至和大势所趋,讲求的就是对文化冲突、斗争的化解,而在化解方式上则需要坚持多对话、不对抗、不互灭,并由此增进文化共识共存,各美其美,和而不同,切实促进世界各民族文化也当然包括中国文化/文学的发展和复兴。

近些年来,从文化视野观照文学成了学术界的一个重要范式,从文化思潮以及文艺思潮角度观照文艺的发展变化,也成了一种行之有效的学术途径。人们通常言说的文化思潮如文化激进主义与文化保守主义,文艺思潮如现实主义、浪漫主义和现代主义等,其实在这些思潮的深处都涌动着"文化磨合思潮"的潜流,文化人士不论信奉什么"主义",骨子里都期望着通过不同文化的对话、互动、融合、会通或衬托,来实现自己心中的文化愿景。而在文学创作领域,作家们从各自的出发点也都走进了"现代"中国的门户,并将笔触伸进了现代中国人所能感受到的时代生活与现实人生之中。而他们采用的语言、题材及思想资源,都"与古有异",莫不与时俱进,既与国民同在相关,也为众生忧怀多虑,且都与"古今中外化成现代"的"大现代"特征相契合。虽然他们的文化选择或文化"配方"存在差异,但他们作为"现代文化人"的文化身份却无法改变,因为他们同处于现代文化生态环境中,在不同向度、不同程度上也都提供了经历"文化磨合"的经验及相关思考。

二、"文化磨合思潮"的形成和体现

现代中国文化是在现代时空中的中外文化逐步"磨合"而来的。于是,我们看到了从"文化碰撞"走向"文化磨合"的现代中国文学演进过程。在这个过程中,以《新青年》创刊为标志,百余年来的文化思潮在初期便显示了"文化磨合思潮"的凝聚和外溢,其中,"五四"前后旨在"拿来"的"文化习语"倾向尤其令人难忘,由此我们真正踏上了从事"大现代"中国的文化创造之路。在初期,这个"文化习语"过程本身就相当痛苦。有学者曾用"文化碰撞"来形容,其间便深含着某种"灾难性"的感受。但这又是历史文化演进的必然选择,显现出从"文化习语"到"文化创语"的规律和要求。同时也表明,主要向西方现代文化进行学习、借鉴的这一历史性选择,包括对人道主义、马克思主义、科学主义等学说的学习和评介,总是与国人的现实生存与发展需求息息相关,而百余年中国文学的现实感之强烈,恰恰表明从清末民初与"五四"以来,作家们始终将中西"磨合"的现代文化,努力"复活"在繁复多样的"文本"里。

从文化创造角度看,这种磨合而成的"新文学传统"便是对"现代民族文化"的积极建构,直到新时期以来的文学,仍然深受其影响。从文艺社团流派看，文化团队也积极参与了文化习语和文化创造，仅从文化思想角度看就可以领受其创造性的贡献。如《新青年》团体的宏观性新文化创造意识，文研会的改造社会人生意识，创造社的"创生"意识，"左联"的革命和大众意识，延安"鲁艺"为代表的"延安文艺派"的"人民解放"意识，新时期文学的新启蒙意识和后新时期文学的多元化文化创造意识等，都对相应的文学创作现象产生了非常深刻的影响。其中，文化名家和文学大师们在文化创造中更是发挥了突出的作用。尤其是我们的新文化先驱包括革命领袖进行了世界化与民族化复合性的文化选择，表现出了难能可贵的明智和练达。即使是文化保守主义者，也有其"新思路"，也在某些方面竭力去从事"会通中西"（如著名的学衡派和桐城派），并获得了真正意义上的文化磨合与文化创造。

如何才能有效地改造不能适应现实发展需要的文化现状，是"五四"以来一代代文化人共同面对的严峻问题，不同的文化派别都会给出不同的改进方案或文化策略。而这些方案或策略大都会保持或包含"接触"与"磨合"的要素，其区别只在于特定时空中如何措置传统与"西化"之关系即究竟以何种文化为主导。而这样的问题迄今为止仍是具有争议性的大问题，也是困扰人们的重点和难点问题。事实上，一种文化与另一种文化相遇，一定会有其历史的机缘，也一定会有一个磨合期，这其实是一种非常正常的现象。正如人们熟悉的"车磨合"那样，经过磨合才可能谐和、顺畅，才可能避免车碰撞而酿成灾难。现代生活、现代外交以及现代大学和期刊等建构了一个又一个文化相遇相交相融的文化平台，它们也是文化磨合的"高效平台"，昭示和引领着民族文化发生创造性的转化。

有些人总是热衷于强调文化的对立、冲突和碰撞，并在此基础上进行文化决策，且一定要给出非此即彼的单一文化价值判断。事实上，从文化层面上看，文化磨合的前提就是不同文化形态之间的差异和冲突，而之所以需要"磨合"也恰恰反映了文化理念与文化环境的冲突。由历史积淀而形成的每一种文化都有自己独特之处，其文化特点往往不能与另外的文化所兼容，甚至容易陷入二元对立状态，形成敌对关系。文化征服与军事征服相携而至，于是文化帝国主义和军事帝国主义成为20世纪极为突出的现象。与此同时，"不打不相识"，中外文化由此相遇了，伟大而又艰难的"文化磨合"历程开始了。在中国，在"帝国主义"打击式唤醒的同时，"五四"时期其他众多"主义"也给国人带来了极为丰富的文化启示。

"五四"各种文化派别的所思所虑各有其具体的针对性与合理性，客观上又相互构成了互补或"磨合"的关系。从客观效果上看，磨合中的探索和反思恰恰极大地促进了中国封建文化体系的解构和中国现代文化体系的建构，这种文化功绩毕竟是主要的方面，已经有很多专门史著及论文进行了阐述。但近些年始终有一些非议"五四"的声音此起彼伏需要予以积极回应。因为其中意在彻底否定"五四"新文化的声音尤其尖锐刺耳。这种声音背后的意图虽然复杂，却也有对复古的同情和对文化暴力的反思值得关注。但我们知道，总体而言，"五四"新文化本身就是古今中外的文化交汇、磨合的结果，其中有文化冲突、摩擦，也有文化互动、激活，出现了空前的百家争鸣的文化场景。在"五四"时期，即使是我国最为古老的文化遗产，也有可能被重新改造或建构，成为"在场"的亦古亦今的实存文化，并成为"五四文化生态圈"中的一个有机部分。

"五四"新文化除了须与西方文化的磨合之外，也有与传统文化磨合的问题。中国传统文化也在顺应时代生活过程中被人们有意识地进行置换和化用。如中国书法文化的转型就体现了这种新的发展趋势。"五四"作家一方面没有放弃传统的书写工具和书写方式，另一方面也在逐渐适应时代发展对书写活动提出的变革要求，开始对"硬笔"书法有所接触和适应。"五四"作家的文学文本（手稿）也体现了这种文化磨合的特征，由此创作的"新文学"，从内容和形式上看，也都是在中国与世界的"磨合"特别是"文化磨合"中诞生的文化产物。再如，"五四"新文化先驱和守成派学者都对"文化创语"有巨大的热情。新文化派在文学革命亦即创造新文学的追求中，充分地体现出了新文化运动的启蒙主义的精神特征。由此也构成了一次相当彻底的对旧文化、旧文学的变革，并凝炼成为新语词、新话语和新语法，"现代汉语书写"由此成为文化潮流，现代文化形态逐渐置换了古代文化形态。

尽管理论与实践有时候会脱节甚至背反，尽管中国文化与外国文化的磨合之路向来曲曲折折，但时至今日却也已经大有成效：世界文化进入中国、中国文化走向世界业已成为越来越正常和经常性发生的文化现象，企求文化交流与磨合的意识也更加自觉，"弱国无外交"的中国变身为"强国多外交"，并越来越有文化磨合能力及文化自信，在世界上的多方面影响力也越来越大。同时，"文化磨合"说也逐渐置换了曾经流行甚广的"文化碰撞"说，从隐在的文化追求上升为一种理论的、文化的高度自觉。

"文化磨合"在国内外很多领域包括文学领域都存在，且都会带来一些要思考的问题，我本人近年来除了写论文讨论相关问题，在讨论其他话题的时候也会绕到"文化磨合"这个话题，比如参加丝路学会议，参加澳门大学"文化自信"主题会议，我都会跟"文化磨合"命题结合起来谈，而且居然也都能够打通。即使在一些讲座和与朋友的对话中，我也会说起"文化磨合"，认定"文化磨合"是可以和世界包括文学世界展开对话的课题。从中可以讨论人类思想史的演进、可以讨论二元对立思维、讨论"度"的哲学、"度"的把握以及"适度"的智慧等，说不尽的"文化磨合"由此得以彰显。

三、持续在"文化磨合"中建构"大现代"文学

这种"文化磨合思潮"也对中国大现代文学的发生发展产生了深刻而又重要的影响。从文化哲学层面上看，"文化磨合"折射了理想文化与现实文化的矛盾与冲突、对立与统一。异质文化只有不断地进行广泛的文化交流才能被刺激、激活，才能变则通、通则畅、畅则达、达则显，从而升华到新的文化境界，达到新的文化发展阶段。辩证唯物主义认为，存在的矛

盾是事物发展的根本动力。这也就是说，新文化的期待与现实的矛盾恰好是民族文化发展的动力所在，必然会推动本民族文化在原有基础上多方借鉴并不断向前发展。但文化"矛盾"的化解就是文化"磨合"，矛盾运动是过程，磨合融合是目的。尤其在现代文化语境中，强调文化磨合而非强调文化碰撞更为重要，文化磨合堪称"正道"和"大道"，是从"古代文化"转型为"现代文化"的"大势"。顺此大道所至和大势所趋，讲求的就是对文化碰撞、冲突的化解，而在化解方式上则需要坚持多对话、不对抗、不互灭，并由此增进文化共识共存，各美其美，和而不同，切实促进世界各民族文化的发展和复兴。

唯有"大磨合"，才有"大现代"。在中国，时间性的所谓"大现代"是相对于学界通常所说的"小现代"即"现代三十年"而言的。而"大现代"则是指从晚清民初直至当前仍在延续的现代，这是一个历史更长久的中国现代化进程。如众所知，在中国致力于现代化的"大现代"建构是非常困难的。致力于"大现代"的建构至今似乎仍是一个远未完成的历史使命。比如民主主义文化和文学的建构，就是迄今仍未完成的且具有最可期待前景的一项任务，与此密切相关的人民本位文化观、文学观的理论建构和创作实践，也都存在着起伏变化，迄今仍远未真正实现原来许诺的"革命现实主义"和"革命浪漫主义"的崇高目标。再比如，自古而来的丝路文学，在"现代转换"过程中又迎来了一个新的阶段。在中外文化磨合中使丝路文化、文艺的创新性发展，这是历史现象，也是当代丝路文学发展的文化背景。在当今时代背景及文化语境中来观照和讨论"丝路文学与丝路文化"这一话题，显然会发现无论古代的丝路文学，还是现代丝路文学，都尚缺乏一种文学自觉，都需要当今文人尤其是丝路沿线的作家和批评家给予更多的关注和"创造"。

其实，百余年以来中国与世界的"磨合"尽管艰难异常，却也已经创造和正在创造着人间奇迹和文化盛景。这也就是说，百余年来中国文学的文化创造是在中西文化的"磨合"中发生的，这种趋势在相应的历史时空中，早已成为非常突出的文化现象。这种"磨合"中的文化创造，也通过"新文学"显示出永恒的魅力，这魅力主要体现为对"文化创造精神"的强烈认同和大力弘扬。在"大现代"的文化视野和文学格局中，必然会出现越来越多的丰富而又复杂的文化现象，比如中外文化的磨合融合，文艺界便出现了各显异彩的众多流派风格，而这些流派的"文化配方"不同或主义不同，也会造就各种不同特色的文化形态，于是从"五四"时期的兼容并包到晚近的多元文化，就体现了历史文化的丰富和发展，唯此，才有了新时期、新世纪的中国文学和文化盛景。古今中外化成现代，这个现代必然是大现代，这个现代必然是基于"现代文化"立场的多元文化建构。"大现代"也必然是"大包容"，涵容多种多样的文化形态。

长期以来，我们经常处在"西化"与"国粹"两难的抉择中，忽东忽西，忽左忽右。探析新文学作家的心魂与文本时，总想分析哪些是西来的，哪些是本土的东西，结果却往往忽略了蕴藏于众多现当代文学名著文本中"磨合"生成的创造物，这种合金型的创造物是无论哪一个外国作家作品或中国作家作品（包括古代中国最杰出的作家作品）都无法取代的。这种由文化磨合而来的文化创造才是最值得我们珍视的。我们还曾经常性地陷入某种文化自卑中，不是说新文学不及外国文学，就是说新文学不及古代文学，将我们的总体创造行为仅仅看成幼儿式的模仿，致使鄙视自我和哀悼不已的言论在学术界相当流行，这理应引起我们的反思。不过，在比较文化视野里，我们还特别注意到"文化磨合"中也可能产生负面的东西。如百余年来的曾经发生的军事暴力、政治高压导致的文化暴力以及暴力语言，就对各相关文学现象产生了不可忽视的深刻影响，出现了相应的呼唤暴力、崇尚暴力的文学取向，这也在较大程度上"局限"或"规范"了文学图景与文学主题，遂导致真正"反暴反战"的文学杰作相当罕见。还有文化上的颓废病毒、过度物化的精神取向等，也都产生了消极影响。

从"文化磨合"角度也可以考察中国新世纪文学的发展。进入21世纪以来，伴随着"文化磨合思潮"的深入发展和渐入佳境，更具兼容性和多样性的多元文化，使我国"新世纪文学"呈现出多元多样的文学形态，在体现出有容乃大的文化气度、文化自觉以及文学和文化创新等方面，呈现出了新的气象，但同时也难以避免地出现了二元对立的文化思潮，倾向"传统"与坚持"解构"的思潮各持一端，与文化磨合思潮形成某种对峙状态，这种趋向极端且意在抵御"文化磨合"的思潮不仅妨害着现代文化创造，也对文学创作产生了消极影响。新世纪中国文学展示了新的气象，也显示了更为丰富的文化价值，那种"厚古薄今"或"崇洋贬中"的妄断，以及基于所谓"纯文学"立场而产生的悲观其实是不必要的。近些年来，学术界对诸多文化现象都仍在争论不休，莫衷一是，其贯穿的二元对立思维模式依然根深蒂固，影响深巨。尤其是"复古派"的言论特别风行，导致了新的思想误区，将理所当然的文化自信引向了盲目的"文化自大"。这就需要拥有历史唯物主义的实事求是精神和辩证唯物主义的明智来把握"文化磨合"的"度"。百余年来的中国历史证明，我们不仅需要讲求"适者生存"的大道理，更要讲求"适者适度"的硬道理。

最后，我还要强调几点：

其一，在进入新世纪以来的文化追求过程中，国内众多学者对文化研究可谓情有独钟，已经展开了多方面的探讨，特别是对百余年来中国文学及作家文化方面的研究也取得了新的进展，但在如何看待百余年来中国文学的成就及价值方面,仍存在较多的分歧。或者多从政治视角进行阐释和划线，或者多从西方艺术观出发给予贬斥，嘲弄其为模仿的赝品，严重者更有当代文学垃圾说、文学死亡说等说法的流行，网民也多附和。即使当莫言于2012年获得诺贝尔文学奖之后，这些质疑的声音仍然存在，同时也出现了某种盲目乐观甚至自夸、炫耀的倾向，仍然缺少对"大现代"即"后古代"中国文学的文化创造的实事求是的深入研究。我相信"文化磨合"也是有积累的，中国新世纪文化、文学也发展到了足可自信的阶段，包括年轻的网络文学也不断推出了有创造力的优秀作家。

其二，我们还要强调新世纪中国文学的深入发展，有效强化了学科建设意识和学科地位。我曾开玩笑说，我们中国现当代文学在世界其他发达国家学科架构里面没有，有东方文明系之类的称谓，独独没有"中国现当代文学"这个说法。我们对这个学科要有认识，随着学术的发展，我们认为相关的学术文化观念也在"磨合"之中。会有越来越多的学者认同：可以将"中国现当代文学"改为"中国现代文学"，把"当"字去掉。中国有古代文学，也有现代文学，简洁明了。中国现代文学作为一个独立研究价值的学科，我们认为还是有它的存在价值。所以在这里要强调这样一点，即我们要有学科自信，尤其是研究生们，要有这样的自信。

其三，在社会文化实践层面，人们的文化主张固然可以不同，但对"文化磨合论"及文化创造的期待与追求才是最根本、最核心、最关键的，因为无论古今，只要有真正的文化传承和创新就可以磨合而成真金，化成文化创造的硕果。正所谓，磨合磨合，流派纷呈，各显异彩，"配方"不同，主义各异，并包兼容，由此才会有中国新时期、新世纪文学和文化的盛景呈现。如今，对文学文化、现实社会说东道西的依然很多，从不同角度确实都能看出"严重问题"，尤其是新冠病毒带来的一系列问题，但同时也体现了"文化磨合"形成的现代社会与文化所拥有的承受力，甚至彰显了"古今中外化成现代"的中国所具有的文化（包括精神文化、物质文化和制度文化）优势。

其四，还是要再次强调一下今天要表达的核心观点，即百余年来百川汇集的文化磨合思潮，已经浩浩荡荡，蔚为大观，并将继续造福中华，不断建构更具特色的中国"大现代"文化和文学，而恰恰是"文化磨合思潮"在新的时期、新的时代持续建构了改革开放和命运共同体的思想体系，从文化建设、文学发展角度来讲，也必将继续启人深思，励志前行，在文化创造和文学创作上取得更加辉煌的成就，这一点是应该值得坚信不疑的。

其五,东方"和而不同"的思想很伟大,更倾向于集体本位;西方"异而有同"的思想也很伟大,更倾向于个体本位。而二者的斗而不破、切磋互补,就有磨合成功、相偕同行的希望。我本人比任何时候都感受到了"文化磨合"的重要性,也比任何时候都感受到了"文化磨合"的艰巨性。在当下新冠病毒肆虐的时候,我们业已特别感受到"文化磨合"的重要性和艰巨性。"文化磨合"既是潮流,也是事业,可以诱发我们思考许多关乎个人、家庭、民族、人类的问题。

最后祝大家天天快乐,谢谢大家!现在同学可以提问题了。

李洪华:非常感谢李老师给我们带来的演讲,给同学一点时间,提一两个问题,我先简单对李老师的精彩演讲做一点总结。

李洪华:下次有机会当面向李老师请教,我简单对李老师精彩讲座,谈一点自己的感受。李老师非常儒雅,又给我们带来一场非常难得的学术盛宴,我没想到李老师跟我们江西这么有渊源,他和江西的结缘一下拉近了我们的距离,他的导师是我们江西人,我此前都不了解,李老师也没有说过,其实江西和陕西是非常有缘分的,不光是名字有"西"字,而且都是红土地,这是非常重要的两个地方,希望李老师有机会亲临指导。今天晚上我们讲座总体印象,我觉得李老师的视野非常开阔,他在一个很大的架构上提出他的命题,基本上以现代作为中心,作为基础,伸向古代和当代又伸向西方和东方把它连接起来,提出了很多启发性的命题,大现代观,大历史观,视野是非常开阔的,特别是给研究生的同学们非常好的启发。其次,李老师学识渊博让我们非常感叹,他在谈"文化磨合"和现代文学问题的时候,他非常自如,古今中外的文学典籍文化信手拈来,他也非常时尚,从经典文学到网络文学,到现在流行的时尚文化,乃至于科幻小说,我觉得李老师给我们带来一些非常创造性的启发。

一、李老师提出了非常新颖的概念,新的命题、新的思路、新的方法。

关于"文化磨合"，我以前看过李老师的文章，没有深入地理解这个问题，磨合的确与我们以前提出的融合、冲突、碰撞截然不一样，他消解和颠覆二元对立的方式，给我新的观点，比如提出新的文学思潮这个非常有启发性。

二、它提出所构建大文学观也非常有启发性，打通了现代的壁垒。

三、李老师对新世纪的文学也作出了判断，另外用自己的观察从文化自信、文学自信，尤其是关于现当代文学研究二级研究、学术研究的问题，这些都需要我们同学去好好消化，去思考，这些有启迪性的观点对大家的影响是深远的。非常感谢李老师，欢迎李老师亲临江西来指导，由于在线的原因我代表大家感谢李老师，非常欢迎。

李继凯：有两人提出了两个问题。我认为这两个问题比较有代表性，时间关系，我简单回应一下。

提问1：在中国古典文化转化中，我们如何看待"文化磨合"？中国文化与外国文化如何进行更好的对话和沟通？

提问2：乡土文学与城市文学该和何种文化磨合？

李继凯：（回答提问1）这个问题非常宏大，我整个讲座也在实际回应了这个说法。古典文化如何与现代文化磨合，具体问题要具体分析。比如古代人文的转化有很多精彩的话题，比如说"意境"，比如"通变"，比如"文以载道"，这些都是古代文论的术语，在现代文艺评论中也有对应的引用和化用。我经常说"古今中外化成现代"，古代优秀文化也会被建构为现代文化。比如兵马俑既是古代的，也是现代的，是现代旅游文化、文博文化中的品牌。古代的很多东西尤其是经典文化都活在当下，也将活在未来。请这位同学查看一些相关的文章，实际上很多学者都通过自己的论著解释了这个问题。多年前我在西安就策划、承办召开了一次"古代文论的现代转换"方面的会议，还出版了相关的会议论文集，你可以去查一下这本书，大家也都可以去看一下。在"文化磨合"过程中，我们要更积极一点、更耐心一点、更平等一点、更从容一点。

（回答提问2）我想说要么城市人，要么乡下人，要么穿行于城市和农村之间，中国人的生存与城乡及其文化环境密不可分。我们都知道路遥，路遥是很多年轻人喜欢的作家，尤其是许多穷苦出身、来自农村或者城市平民家庭的人，对路遥很认同。他把乡土生活（文化）和城市的糅合在一起写，他尤其擅长写城乡交叉地带。事实上现在读书人，尤其是来自农村的向往城市，到城市去读书，他已经把乡土和城市的经验融合了，沟通起来了。文化磨合无处不在。我觉得文学创作应该是多元化的，比如沈从文的写作，特别理想化，他特别地唯美，他把现实丑恶的东西有时候也写得美，这是文学家的独具只眼，可以有其非常别致的表达。如果在新时代能够有人写出陶渊明式的"桃花源"，写出人生美好的东西，写出幸福感，也应该成为一种很好的文学选择。我们曾有新村主义，如今政府也在提出要建设新的乡村，实际上乡村要重建，而不是消灭，我们有很多乡土作家都在哀叹中国乡土的消失、荒漠化，这也是一种写法。还有洪华老师说我对时尚的东西比较关注，我现在确实在城市生活几十年了，我觉得无论写乡土还是城市，都各有各的价值，客观上都会触及城乡文化、中外文化的磨合。我认为，这种城乡文化、中外文化的磨合是统合，不是要把城市文化或乡村文化粗暴地消灭掉，那样就不是磨合，也无法磨合了。我的回答就到这里，谢谢。

李洪华：非常感谢李老师，这么辛苦，我们今天讲座就到此结束，谢谢各位老师和同学的聆听，希望李老师有机会到江西，把陕西和江西真正连接起来，谢谢。

推荐书单：

1. 汤志钧编：《梁启超卷》（中国近代思想家文库），中国人民大学出版社2014年版。

2. 鲁迅：《鲁迅全集》，人民文学出版社2005年版。

3. 茅盾：《茅盾全集》，人民文学出版社 1984—2006 年版。

4. 老舍：《老舍全集》，人民文学出版社 2013 年版。

5. 王德威：《抒情传统与中国现代性》，生活·读书·新知三联书店 2010 年版。

6. 王富仁：《中国需要鲁迅》，安徽大学出版社 2013 年版。

7. 赵园：《艰难的选择》，上海文艺出版社 1986 年版。

8. 张福贵：《活着的鲁迅：鲁迅文化选择的当代意义》，社会科学文献出版社 2010 年版。

9. 李继凯等：《20 世纪中国文学的文化创造》，中国社会科学出版社 2009 年版。

10. 李洪华：《生命意识与文化启蒙》，商务印书馆 2017 年版。

第二十四讲 （儒家）博爱观念的起源与蕴含

主讲嘉宾：向世陵

嘉宾简介：中国人民大学国学院教授，中国人民大学孔子研究院副院长，中国人民大学书报资料中心《中国哲学》月刊执行编委，中国政法大学国际儒学院兼职教授。近年来主要关注中国传统仁学、儒家博爱论、经学哲学等话题。兼任中国哲学史学会副会长、《中国哲学史》杂志副主编、世界儒学中心学术委员、中国孔子基金会学术委员、国际儒学联合会理事、中华孔子学会理事、中国实学研究会理事等职。著有《理气性心之间——宋明理学的分系与四系》《宋代经学哲学研究·基本理论卷》《理学与易学》《中国学术通史·魏晋南北朝卷》《中国哲学范畴精粹丛书·变》《善恶之上——胡宏·性学·理学》《儒家的天论》等学术专著，发表学术论文160多篇。先后获教育部、北京市和中国人民大学等多项优秀科研成果奖。目前作为首席专家承担2019年度国家社科基金重大项目《中国仁学发展史》（多卷本）。

讲座时间：2020年6月29日

主持人（张新国）：尊敬的向老师，尊敬的各位师友，我们今天非常荣幸能够请到向世陵教授为我们做"（儒家）博爱观念的起源与蕴含"的主题讲座。

首先我对讲坛简单说几句，在南昌大学人文学院原院长黄志繁教授的倡导下，成立南昌大学谷霁光高等人文研究院，他立足文史哲的沟通交流能够长期保持下去。机构主要有两种活动，一种就是教授和青年学者的驻访，还有就是霁光讲坛。谷霁光讲坛的特色就是在文史哲的某一领域邀请国内一流的专家、学者，为我们同行介绍自己研究的一点心得、成果。今天也特别荣幸邀请到向世陵教授，我简单介绍一下向世陵教授：

中国人民大学国学院教授，中国人民大学孔子研究院副院长，中国人民大学书报资料中心《中国哲学》月刊执行编委，中国政法大学国际儒学院兼职教授。近年来主要关注中国传统仁学、儒家博爱论等话题。兼任中国哲学史学会副会长、《中国哲学史》杂志副主编、世界儒学中心学术委员、中国孔子基金会学术委员、国际儒学联合会理事、中华孔子学会理事、中国实学研究会理事等职。著有《理气性心之间——宋明理学的分系与四系》《宋代经学哲学研究·基本理论卷》《中国学术通史·魏晋南北朝卷》《善恶之上——胡宏·性学·理学》《儒家的天论》等学术专著，发表学术论文160多篇。先后获教育部、北京市和中国人民大学等多项优秀科研成果奖。目前作为首席专家承担2019年度国家社科基金重大项目《中国仁学发展史》（多卷本），我们也非常期待老师的成果。

最近，我跟江西师范大学我的一个朋友，关于向老师的一些研究重点成果做了沟通。关于儒家博爱起源的研究是向老师近年的重要成果，非常具有代表性，我们也非常荣幸能请到向老师为我们做一个线上的讲座。

那我们现在欢迎向老师为我们做讲座。

向世陵：谢谢张教授的主持，南昌大学人文学院的老师们、同学们，大家好，在新冠疫情进入常态化管控的情势下，我非常有幸通过咱们的腾讯网络做一次学术交流。

今天我要讲的题目是"博爱观念的起源与蕴含"，侧重在儒家，但这也是一个比较大的范围，我就初期的、基础性的含义做一个讲解，至于后期的我就暂时不讲。

既然讲博爱，基点肯定是"爱"，爱无处不在，同学们从小学到大学，都是在爱的教育中长大的，爱祖国、爱人民、爱父母、爱同学、爱师长等等，今天我们把这个概念扩大了，爱祖国的山河，如果你家里养了宠物，你还会爱小猫小狗等等，不同的人和物也都可以被视为爱的对象。这刚好说明爱的突出特点就是普遍性，所以博爱刚好是它恰如其分的体现。按《汉语大词典》解释"爱"，它说广泛地爱一切，这显然是从孔子"泛爱众"蕴含而来的。事实上，孔子讲博爱就是泛爱众。所以说，爱是一种普遍意义的对人的关爱，但是从我们教科书来讲，同学们可能更熟悉的是讲人，的确这个没错，博爱也是以仁爱为母体，但是仁爱是一个三维的，它包括博爱，也包括大家所熟悉的差等之爱。但是我这里，着重讲博爱。

可以说从先秦汉唐到宋元明清，博爱的传统在我们的中国社会从来没有中断过，我们通常会说我们中华有五千年的文明史，我们都彼此感知，文明史中间也有很多不文明、灾难的部分比方说战争、剥削以及阶级压迫等等。但是不同的氏族部落能够合成一个中华民族的本身，就在一定程度上说明，我们的历史是先民们在相互尊重和互助互惠中创造出来的。

谈到博爱，就这个词来讲，同学们可能更熟悉的是源自西方的博爱观念，但是事实上博爱这个词本身孕育生长于中国文化的土壤，是我们自己用博爱这个词去翻译西方的词的，它纯粹是一种土特产。作为一种跨越血缘而抚慰人心的崇高情怀，"博爱"突出的是人与人相爱的美好境界，从它产生的那一刻起，就注定与中华民族精神及其生命智慧的生长绵延分不开。

一、爱在惠民怀仁

从现有文献的层面来说，博爱的观念在中国大致是以夏商周时期形成的保民爱民意识和人的观念的出现为标志。在这一时期，执政者已经认识到民在天下国家的地位和作用，而且以民是否感怀归顺作为保有王位的根本。按《尚书·皋陶谟》的记载，大禹在接任天子之位以后，与皋陶这位贤臣有一段关于如何治理天下的对话。这个时候，"仁"这个概念还没有出来。我们看看这段对话，大禹向皋陶讨教治理天下之策，皋陶说这个问题问得好，但是实际上问得很简单，就是两点，禹还是很感慨，他说如果像这样的话，尧也未必能真正实现。知人则哲，我们今天讲哲学的哲，哲就是智慧的意思，首先这个智慧表现在哪里？表现在知人上，今天讲知人是谓明智，也就是这个意思，你要知人就是认识到人，才有不同的德行，就把它恰当地安排在不同的职位上。民众能够心安，是因为执政者惠政，能够爱民，所以天下百姓都感怀他，既能明智，又能实现惠政，对于像驩兜、有苗这些野蛮之人就没有那么担心了。

从国家管理和社会治理的层面来说，惠民政治是由农业社会和农耕文明依赖于土地和劳作人口的多寡这一根本经济基础所决定的。也就是说，惠政落到实处，民众才可能归顺，国家才可能强盛，华夏社会也才有竞争力。这个首先就说明，爱民观念的兴起不是谁的德行有多高，它是治理天下的需要。后来在中国社会长期流行"父母官"的说法，今天在影视剧中也经常还有，当然你也可以说这是家长制下不平等地位的缩影，这个也没有错，但是我们也看到这个观念的兴起主要还是指树立百姓感恩天子之德教和养育，从而愿意归顺。这与执政者对作为国家依凭的人民的力量和地位的认识是相关联的，所以天子对于民众就要像父母对初生婴儿一样的非常爱惜，民众才能安心地接受你的治理。初生婴儿是很柔弱的，但是柔弱的不只是初生婴儿，还有穷独鳏寡这一类的弱势群体，"父母"对此也应当予以关照。在周初，周公要训诫成王就举了殷先王的事例，他说祖甲因为分布在民间而知晓民情，所以他继位之后能推行惠民政策。你看这个地方还是没有使用"仁"的概念，但是惠民政策体现了普遍之爱即博爱的精神，还是可以成立的。

在语词的层面，三代萌发的博爱或仁的意识，"惠"是一个重要的关节点，这可以贯穿我刚才讲的全部，因为它一开始表达的就是爱的情怀，从而容易解释，后来的经典注解都将"惠"释为"爱"或直接解释为"仁"。如《尔雅·释诂》称"惠，爱也"，《说文解字》云"惠，仁也"，便是如此。以惠、爱为仁，在中华后来的文明史中一直没有变动过。至于"仁"的概念本身，商周时期已经出现，但是最初出现的"仁"，一般在德行的意义上使用，并不是都与爱之情感发生关联。如像《尚书·金縢》篇的"予仁若考"，是周公自言其品格和德行（仁德）能顺从父辈祖辈，这跟爱没有直接关系。（《尚书》中）其他一些篇像《仲虺之诰》《太甲下》这些，确实是从关爱的立场上去解释的，虽然它们属于古文《尚书》，权威性不够，所以不将它们作为确定的资料使用，但考虑到上面仁爱观念的初起都与君主的德行和惠爱百姓相关联，所以作为参考还是可以的。

也就是说，今古文一致的地方，就在君主的德行、爱民的政治和民心的归顺联系在一起。如从《商书》的《太甲下》到《周书》的《蔡仲之命》，可以看到其对天子几乎同一的告诫，其中大家可能比较熟悉的就是皇天无亲，惟德是辅。上天的亲近扶助与民众的感怀归顺，这两者是融合在一起的，实际是同一个对象，即有德施仁和惠爱民众的君主，"天视自我民视，天听自我民听"这个话大家都比较熟悉，这说明民众的意志和民心的向背在最终的意义上决定着统治权力的未来，所以说君子对于民也是十分关注的。

因此，仁既是对君主的德行要求，又是爱民政治的需要。随着历史的推移，它已成为君与民双方共同维护的价值理念，当然后来又把刑法政治制度的方面补了进来。《吕刑》篇直接将"敬刑"和"成德"联系在了一起，孔子称述"君子怀德,小人怀土;君子怀刑,小人怀惠",这可看作是对这一传统的承接。虽然小民的怀土怀惠似乎不及君子的怀德怀刑高尚,但它却真实地反映了平民百姓对于乡土的依恋和盼望物质生活幸福的情怀。

二、仁与爱的关联与博爱的语词

进入春秋时期,仁和爱的概念之间已经开始互为训解,并从根本上呼应了普遍的人道关爱与和谐群体的中国社会发展需要。爱是什么?爱首先是一种厚重的情感,它的生发有"类"或血缘的基础。《礼记》中讲"凡生天地之间者,有血气之属必有知,有知之属莫不知爱其类"。落实到人之身,爱引出的是人内在的高级心理需要,这个可以翻看马斯洛的叙述。需要本身基于生理的驱动力,属于"类"的行为,如果进入价值领域,则表现为与德性层面的仁的直接联系,包括关切、责任感、尊重和了解等在内,并体现在爱老、敬长、恤孤的多重情感交流。用《礼记》的话来说,就是老有所终,壮有所用,幼有所长,鳏寡、孤独、废疾者皆有所养。

这本身也是差别(等差)之爱,但差别的实质在给不同人群尤其是老幼弱势的人群以各自所需的关爱,贯穿其中的是博爱的精神。这些由先人提出而历代受到推崇的爱的崇高境界,至今仍是激发人们由此去努力的永恒的驱动力,而用罗尔斯差别原则的语言来说,就是"它们应该有利于社会之最不利成员的最大利益",以呼应普遍的人道关爱需要。

回到经典,《诗经》中出现了"洵美且仁"和"其人美且仁"等诗句。春秋早期的这些"仁"说,一大特点是与"美"相连接,"美"的评价离不开对外貌的评价,但与"仁"相联系,在国人眼中仍是与德行分不开的,这可谓当时社会评价人的一个基本的标准。至于"仁"本身,可以理解为仁德,也可以从爱的意义去解释。郑玄注"其人美且仁"便是:"言人君能有美德,尽其仁爱,百姓欣而奉之,爱而乐之。"也就是说,他是以"仁爱"释"仁",并与美德相承接,人君由此而得到民众的爱戴。这可以说,这是在孔孟视域下的与民同乐的产物，但对更早一些的"洵美且仁"，他则以"言叔信美好而又仁"一语带过，可能是他认为美的外貌应当配以仁的内核。

后来，朱熹则解"洵美且仁"为"洵，信。美，好也。仁，爱人也"。共叔段虽不义，但毕竟得中而国人喜爱他，所以说他以"爱人"来释仁。这个地方，朱熹可以说是借鉴了汉以来经学家的见解，但他也有猜测，怀疑这不一定是针对君主，也可能是当时民间男女相悦之词。但不论是对共叔段还是民间男女，仁的含义是"爱人"，在朱熹（看来）是没有疑义的。

春秋后期，晋公子孙周（后来的晋悼公），这个时候他还是在周都侍奉周王卿士单襄公，这个时候他"言仁必及人"，而单襄公评价他亦是"爱人能仁"，并且预言孙周，因为他的德行非常完美，以后一定是晋国的新一任君主，后来当然也应验了。如此的评价出现在孔子出生前20多年，它披露了仁的规范在其孕育和发展中，开始具有了一般性的爱人或博爱的蕴含。联系到后来的孔子，我们很容易就想到孔子弟子"樊迟问人"，孔子以"爱人"作答。还有"节用而爱人""泛爱众而亲仁"等普遍性的爱人之说。虽然孔子所言仁爱或博爱具体针对的是个别的人，但任何个别都是一般，对个别具体之人的爱与对一般普遍的民众之爱，事实上不可能分隔开来。孔子讲爱人的时候是泛指，如果是特指的话就会讲，会加上一个限定词。弗洛姆他有一个观点认为："对个别人的爱怎么能与对一般人的泛爱分割开呢？如果你分隔开来，就变成了肤浅的、偶然性的爱，就必然会流于浅薄。"

也就是说，博爱观念的萌发，虽然源自对特定人士品行的评价和对善的治道的真诚期待，但它的出现和被提倡本身，却无疑具有一般性的普遍意义。所以，后来韦昭注《国语》的解释："博爱于人为仁"，"言爱人乃为仁也"。以博爱释仁，以爱人为仁，就是把博爱与仁德相关联，说明爱在满足心理需要的同时，也在根本上滋润着人的德性培育。《国语》及其《国语》注这些说法，表明孔子创建自己具有普遍意义的仁爱思想体系，是有深厚的历史底蕴的。

与博爱观念的产生相呼应,"博爱"这个词可能也在这一时期出现,陈荣捷有一个观点,他说"博爱"一词首见于《国语·周语下》,注云"博爱于人为仁,《孝经》亦用之"。但这个说法应该是不准确的,因为他实际上把三国吴时韦昭《国语》注的"博爱于人为仁"等同于《国语》本身了,所以战国后期成书的《孝经》亦用之说。与此不同,西汉刘向《说苑·君道》有这样一段话,讲晋平公问师旷:"人君之道如何?"那么可以看看师旷的回答"人君之道,清净无为,务在博爱,趋在任贤。"如果刘向的记载属实的话,"博爱"这个词在春秋后期就已产生,自然,在历史上,《说苑》的史料价值不是那么确定。从这一整段话的语气和词汇表达来说,有可能受到了汉初语言环境的影响,譬如"清净无为,务在博爱,趋在任贤"这一类话,放在儒、道、墨各家交融的汉初,不会感到很唐突。

但是,刘向作为西汉中后期最有盛名的学者,他之捡拾陈说"皆录遗闻轶事",的确保存了不少散佚的史料,况且,此条记载作为《说苑》全书之开篇,说明刘向对此十分重视,不应当是虚构无据之言。后来《四库总目提要》说"虽间有传闻异词,固不以微瑕累全璧矣",这一评价还是比较公允的。

同时,清净无为虽然是汉初政治的特点,但其思想本身在孔、老已经提倡,孔子便以"无为而治"去概括舜的政绩。舜所以能"恭己正南面而已",是因为他的孝顺和博爱的德行影响了感染了天下的臣民。而且,正是因为他的行为昭示了爱的本质——仁(人)的价值的创建。舍勒对爱的本质也有一番说法,正是这种世界之中和世界之上的营造行为和构建行为被我们规定为爱的本质。也就是说,爱是在营造和构建之中生存的,只是这种营造和构建在舍勒那里是通向上帝路上的一个个中途站,而在儒家的观念中却是圣贤借此感化和引导众民向善的催化剂。

可能正因为如此,爱在舜就不是表现为有力的施为,而是无言的教化,所以舜之治天下自然也就可用"无为"来评价。在这样一种氛围之下,师旷所答的务在博爱、趋在任贤、屡省考绩、以临臣下等对策，也是可以理解的。不过做学术还是要从严谨的意义上说，在严谨的意义上我们通常还是以《孝经》为"博爱"概念的首出者，因为它比较确定。《孝经·三才章》讲先王见教之可以化民也，是故先之以博爱，而民莫遗其亲。先王对民的教化，就是以博爱引导爱亲，并且期待由爱亲带来整个社会爱亲敬长的效应，也就是说，爱亲源于博爱教化，"亲亲"是后天的观念，在后来有深远的影响。

还是在汉初，主张"大一统"的董仲舒要求"明法度""一统纪"，这当然属于强制的部分，但是强制只是治国之策的一面，全面的治国方案，还必须辅之以博爱教化，这正是从《孝经》的"博爱"观引申而来。注意了，圣人之道，不能独以威势成政，必有教化。故曰：先之以博爱，教以仁也。也就是说，在汉代经学，并不认同父子基于血缘便有当然的亲爱。"爱亲"也好，"亲亲"也好，是不是天生的？这在儒家的典籍中是有不同看法的，父子不亲与大臣不和、百姓不安同属于为政者要应对的社会性问题，针对他们才有爱慈、敬顺、孝悌这些基本的德行规范，体现在圣人针对不同情况实施的教化之中。

董仲舒要求罢黜"异道"而独尊孔子之术和圣人之道，他的目的也在于弘扬他的博爱之道。他将"博爱"的内核植入到"威势"的强权之中，希望统治者能够关切民众的所需。这可以说是儒家的仁政理想在新的大一统架构下的理论再现，为"霸王道杂之"的汉家制度提供了重要的思想资源。

《孝经·天子章》又云："爱亲者不敢恶于人，敬亲者不敢慢于人。爱敬尽于事亲，而德教加于百姓，刑于四海。"从汉到唐，可以说都是号称以"孝"治天下，所以唐玄宗注重的是《孝经》，他给《孝经》所注："君行博爱广敬之道，使人皆不慢恶其亲，则德教加被天下，当为四夷之所法则也。"也就是说，唐玄宗是以"博爱"和"广敬"来解释"爱亲"和"敬亲"，并且推论人们的爱亲，是因为君主倡导和推行博爱而来，博爱的情感和不忍之心，已经成为德行教化和国家管理的理想手段。

三、爱的先人后己

博爱观念自其孕育和产生之日起，便逐渐生发出适应中国社会特点的丰富蕴含，并在社会国家管理及人与人关系的调节中发挥了十分重要的作用。我们要说一种观念的产生本身就是有意义的，不然它不会产生，博爱的观念带给我们的，便是普遍地爱人和对仁的价值的集中昭示。正因为如此，同作为爱的对象的他人与自己，因为他人对我来讲是一个相对的关系，我自身对他来讲也是一个关系，当双方同时存在并必选其一时，爱己与爱人谁优先就会成为问题。这一点在情感、动机和道德选择上都具有重要意义，并由此披露了后来儒家仁爱观的重要价值导向。《国语·晋语四》记载，晋公子重耳谋臣赵衰劝重耳娶怀嬴，并引《礼志》的一段话：将有请于人，必有先入焉。欲人之爱己也，必先爱人。欲人之从己也，必先从人。无德于人，而求用人，罪也。《国语》所引《礼志》乃已逸古礼书，礼学文献由于孔子对礼的重视，后来都收归于儒家，并成为儒家的基本典籍。前面我们讲的"爱人"与仁德相联系，孔子又申明"克己复礼为仁"，所以礼学文献关注仁就十分自然。

"将有请于人，必有先入焉"可以说是传统仁学中最初形态的推己及人观。人与己同样需要爱，但在实际操作中却有先后之分，"爱人"先于"爱己"。《礼志》所考虑的人己先后，是作为一般性的原则和礼的要求而呈现的，应当已具有一定的社会影响力，赵衰也才能以此来劝导重耳。不过，爱人虽然先于爱己，但爱己却有目的性的意义，爱人则是保证爱己目的的实现的基本手段。就是说，要实现爱己的目的，反而不能从己出发，必须从人出发，才可能收到良好的效果，否则只能适得其反。而且，要实现爱己的目的，使人能为我所用，必须先有德于人，爱的行为实际上是互惠的，后者也是引导社会形成友爱礼让的良好风气所必须。君子德行的示范意义及其有效性，是要通过回报和互爱来印证的。《礼志》的思想在战国时期的儒家文献中进一步得到了展示，《郭店楚墓竹简·成之闻之》言：反诸己而可以知人。是故欲人之爱己也，则必先爱人；欲人之敬己也，必先敬人。《郭店楚简》比《礼志》的话，对于"爱人"先于"爱己"观念的阐释又有扩展，即它将自我反省而知人作为了爱人敬人的前提，即"爱己"首先要"知己"，"知己"才能"知人"。在"知己""知人"的理性自觉下，就能通过先"爱人""敬人"的付出，收获"爱己""敬己"的效果。互惠的机制已实际发生作用，在这里，爱的情感层面已相对消退，意识自觉占据了主导地位。这说明，被爱的"己"与"人"不只有感性的需求，更是在互敬互爱基础上形成健全人格的理性的召唤。与此相关联，在中华文明发展中更具有普遍意义的"先人后己"观的孕育和成型，同样也离不开效用层面的考量。《礼记》引孔子之言说，"君子贵人而贱己，先人而后己，则民作让"。贵人贱己、先人后己不是对己不爱不尊重，而是为了在全社会形成"先人后己"的良好社会风尚。而在《礼志》作者的心目中，只要君子能践行"先人后己"的美德，对整个社会便具有根本的导向作用，最终也会收获民众的爱戴。

相较于中华的情况，西方基督教宣扬的博爱同样也在人己关系上打下了自己的烙印。但在那里，不是讲先后，而是讲同一，即强调"爱人如己"。"爱人如己"可以分拆开为他人与爱自己，或者叫他爱与自爱的一致性，在基督教的立场上，二者都统一于神爱之中，用舍勒的话就是说"正是在这个神爱之中，个体主义和普世主义的伦常基本价值、自身神圣化和爱邻人才完整地找到它们最终的、不可分割的有机统一"。"自身神圣化"的自爱与"爱邻人"的他爱虽共有原初性，但这个"原初"却是打引号的，因为它们都奠基于神爱之中，也只能在神爱中才能找到和实现它们最终的价值。这与中国传统中不论是爱人还是爱己，都是从亲情和社会需要出发相比，在道德根据上具有完全不同的性质。中国社会也有"爱人如己"的观念，墨子讲"视人之国若视其国，视人之家若视其家，视人之身若视其身"都是典型的代表，儒家的仁爱观可以说吸收了墨子的这一思想。《毛诗》有论"太王居豳"之义，郑玄注《礼记·哀公问》时发挥其爱民说,以为"是言百姓之身犹吾身也,百姓之妻、子犹吾妻、子也"。由此,"百姓之身犹吾身"的"爱人如己"的思想本身,可以在中西得到共同的呼应。但是就这句话的本身推论而言,"吾身"的标杆地位俨然已经确立,"爱吾身"成为默认的前提。即便在特定环境下,为了保全群体乃至国家民族利益,自己不得不做出牺牲,但如此"先人后己"之爱不等于排斥了自爱,而恰恰从反方向确认了自爱的基点价值。

四、爱人与自爱

仁者爱人又先人后己,可以说是博爱的典型特征。但是,"后己"不等于不爱己。爱己,或者说具有更鲜明的伦理色彩的"自爱",也是儒家仁爱观不可或缺的内涵。而且,在荀子它成了仁者的根本规定。《荀子·子道篇》记载了子路、子贡和颜渊三个人的回答来比较,孔子的问话是一样的:"知者若何?仁者若何?"子路回答:"知者使人知己,仁者使人爱己。"子贡回答:"知者知人,仁者爱人。"颜渊回答:"知者自知,仁者自爱。"《孔子家语》差不多。这两段话实际有细微的差别,在《荀子》的进阶是士、士君子、明君子,《孔子家语》的进阶则是士、士君子,但是比较起来,《荀子》的层次要较《孔子家语》分明。从思想层面来说,子路、子贡、颜渊在孔门四科十哲中,表现为从"政事""言语"到"德行"科的逐次提升,所以境界也相应有不同。但是对于孔子关于如何定义智者与仁者的提问,学生对"智者"都突出了"知"的智慧角色,而对"仁者",他们各自的规定都是以"爱"贯穿,所以说以爱言仁的孔子思想已有相当的把握。但限于各自境界的高低,所以他们对爱的理解却是有差异的。子路的使人爱己,重在通过自己的善行而赢得他人之爱,这是修身而有所成就的"士"的境界。子贡的仁者爱人,可以说比较忠实地继承了孔子的思想,重在推广泛爱众的情怀,这是已有学问且品德高尚的境界;到了颜渊的仁者自爱,爱的需要和自我实现的价值融合为一,这才是真正才德出众而光耀他人的明君子的境界。尽管他们三人对仁者的回答有层次之分，但孔子都给予了肯定的评价，当然，他最欣赏的还是颜渊的仁者自爱。

这样我们就必须来分析一下，什么叫作"自爱"？从文本的层面分析，"自爱"在这里与"自知"相关联，而二者最早也是联系在一起出现的，《老子·七十二章》讲述圣人的品行，应当是"自知不自见，自爱不自贵"。这里的"自"显然都是倒装，意味知自、见（现）己、爱自、贵自之意，意思就是说圣人知晓自己而不表现自己，珍爱自己但是不显贵自己。这一章在后来的河上公《注》中，题名直接就是《爱己》，显然，在河上公自爱就是爱己之意。再把《荀子》引进来，子路的"使人爱己"与颜渊的"自爱"目的都在"爱己"，但动机不一样，因而引起了不同的道德选择。但不论其如何选择，"自爱"是对自己的爱和尊重即"爱己"，在他们应当是共识。当然细致分殊，双方的自爱仍有差别，在《老子》主要出于客观冷静的理性，而在《荀子》，却更多带入了仁者爱心的情感在内。

从史实层面来说，荀子三为稷下学宫之长，在此道家大本营，他吸收老子的思想应当十分自然。反之，从时间的顺序来说，河上公多半也读到了荀子的著作。作为儒家的思想代表，荀子对自我人格完善的期待有了更高的要求，自爱处于一种极高道德素质映衬之下，对自己做到了真正充分的理解。将三子的认知和选择打通，从使人爱己、爱人到自爱作为仁者的情怀和内涵，可以说是不断丰富。事实上，一个对自己并不真正了解和尊重的人，也不可能真正了解和尊重他人，如此的道德要求深深地切入仁爱的规范和人格评价之中。距荀子两百多年后，扬雄在他的《法言·君子》中对"自爱"的观念作了进一步的发明，其曰：人必先作，然后人名之。自爱，仁之至也。自敬，礼之至也，未有不自爱敬而人爱敬之者也。在《荀子》中，"自爱"虽然是仁的最高境界，但还没有"仁之至"的绝对化规定。扬雄将自爱提到了仁的首位，意味着人若不自爱自敬，也就不可能得到他人的爱和敬，这句话倒过来也成立，人即是在爱他人的实践中，才真正体验到爱自己的价值。爱在这里，既有情感也有理性，即突出了对自我的尊重，但要尊重自我，就必须要关爱他人，爱己与爱人之间，形成前提和结果的关系。所以，自爱自敬在扬雄成了仁和礼的最高表现，这既有将心比心的意味，也表明中国传统社会期待的理想人格，是自爱与爱人的完美融合。用马斯洛的话概括："自爱与爱他人是协作性的，不是对抗性的。"完美的人格既知道自爱又有爱人或博爱的胸怀，在传统社会这是由尧、舜、禹、汤等圣人的典范现身说法的，就此意义而论，尧、舜之所以伟大，就在于他们是从爱天下百姓的善德之中实现了自身的价值和对自我的尊重的。因此，尧、舜在后来历代的统治者和百姓的眼中，永远是德行完善而人格高尚的典范，他们的人格事实上成为贯穿后来整个历史的道德评价的标准。

从文献的层面来说，扬雄这里表述的"自爱，仁之至也。自敬，礼之至也"很可能有所本。20世纪70年代初，甘肃省文物部门在汉代张掖郡肩水都尉遗址发掘了一批简牍，后来整理编成了《肩水金关汉简》，其中就有"子曰：自爱，仁之至也。自敬，知之至也"之语，该简的年代与扬雄生活的时代大致相仿，但文字上有细微的区别，一个是"礼之至"与"知之至"的区别，二则更加重要，即扬雄之语是自述，肩水汉简却是"子曰"。从义理上来分析，"敬"与"礼"之关联，在孔子已经如此，孔子曾有感叹曰："为礼不敬，临丧不哀，吾何以观之哉？"如果没有敬的诚心，礼则徒有虚名。但"敬"在孔子，主要是"敬事"，着眼点在以恭敬的心态对待自己的职守，相当于我们今天讲的敬业，而不在于对自我的尊重。事实上，在《论语》中既没有"自爱"，也没有"自敬"一说。至于肩水简的"知之至"，"知"者，智也，表明"自敬"是最高的智慧，结合"自爱"，我们可以说，把自我的爱和尊重放到了首位，就此而言，不能自爱自敬，则不能爱人敬事，人也不能爱我。

这个逻辑到底是怎样？我们可以说，在这些儒者的心中，爱人敬事就是自爱自敬的推广，按推己及人的路数，就是将爱我敬我之心推广到他人和一切事务活动，最终实现泛爱众的目的。在这样的顺序推广和往返之中，人爱我以及逻辑都蕴含于其内。如果说，仁和礼之间是内在之仁与表现与外的恰当之礼的关系，仁和智双方则可以归结于人自身的德行和智慧，意味着最高的仁德和智慧统一在对自我的爱和尊重之中。那么，由肩水简的仁智变为扬雄的仁礼，如果略过《孔子家语》，那么是不是可以认为重视仁礼关系的荀子影响了后来的扬雄呢？同时，作为"仁之至"的"自爱"则前后都没有变化，这或许说明，先秦、秦汉儒家对于自爱、自尊在仁爱思想体系中的地位有着高度自觉的要求。这样一种要求反映了思想家们对"自爱"意识的自觉，但在同时，它也是社会国家发展现实的再现。汉初"改秦之败"之后，从汉文帝、汉景帝到武帝初年，民众和国家比较富足，史称其时"人人自爱而重犯法，先行谊而黜愧辱焉"，就是人人都自爱自重，很难犯法，都是以行谊为先，而贬黜愧辱，就是说"自爱"作为对自身的珍爱和尊重，不仅体现在德行的自律，而且已延伸为一般的守法意识。这说明，在当时人们的心中，仁是含摄爱己与爱人双方在内的，所以只取爱己与爱人任何一面而不及其他，就不是完整的仁（当然我们这里不涉及"爱物"的方面）。二者之间，如果说爱人离不开理性的自觉，自爱则多半源于本能的情感，人作为理性的动物，他在现实生活中发生的情感，往往是需要理性来调节的。自爱上升到理性层面并对自己的身体和人格价值的尊重关爱，实际可以有两个不同方面的走向：一是正面的爱自己也爱他人，不爱自己也难以真正爱他人；二是反面的只爱自己而不爱他人。前者虽然是仁者所为，后者则根本背离了仁。那么，仁者的自爱与爱人就是一个问题的两面，它在人的日常交往之中，以不同的方式表现出来。

五、爱的互惠性

爱的情感是在人际交往的实践中孕育和滋长起来的，不论是自爱还是爱人，都离不开相互交往的关系。爱己与爱人，自爱与泛爱众，我爱人与人爱我，如此人己关系的社会良性互动，实际引出的是儒家博爱的又一层含义，即爱的互惠性，即爱贵在传递与施惠。

古尔德纳就有一个介绍，互惠是什么呢？人们应该帮助那些帮助过他们的人，而人们不应该伤害那些帮助过他们的人。互惠的规范可以被视作一种可以在所有价值体系中找到的尺度，而且，特别是作为普遍地出现在道德标准中的多种"首要成分"。爱作为一种普遍而深厚的情感，体现的是人内在的深层心理需要，如果说物质需要可因一定程度的满足而暂时中止，"譬如临河饮水，饱而自足"，而心理和精神需要则不同，它是持续以至终生的过程。而且，时间上的持续与空间上的不断往返传递相呼应的，用舍勒的话去解释甲对乙的爱、乙对丙的爱、丙对丁的爱，以此传递下去，这条河在道德宇宙中继续流淌，以至无穷。这种爱的不断流淌蔓延，不但促成了受惠者对爱的回报，而且在爱与被爱之间，体现了一种注重公平和换位思考的意识，孔子答仲弓"问仁"，有"己所不欲，勿施于人"，如果代入爱的内涵，可以表述成自己不想要他人不爱我，也就不要把自己的不爱施与他人，或正面的自己想要他人爱我，也就要把自己的爱施予他人。互爱既是互惠，它在博爱的实践中，表现为利他性、目的性和自觉性的统合。爱与施惠相关联，披露的是爱所具有的普遍价值。从实践的层面看，郑声公五年（公元前496年），郑国的宰相子产过世，郑人皆哭泣，悲之如亡亲戚。所以如此，据司马迁说，是因子产"仁爱人"和"侍君忠厚"。还是按司马迁自记载，孔子先前路过郑国时，曾与子产相交"如兄弟云"，兄弟之间，在孔子显然是以爱来维系的，所以听到子产去世，孔子哭之曰"古之遗爱也！""遗爱"中解释"爱，惠也"，"子产见爱，有古人遗风也"，就是子产身上正是体现了古人的仁德恩惠而被敬爱。在《论语》中我们可以看出来，孔子多次称赞子产，因为子产正是"养民也惠"，是"惠人"，显然，在孔子与子产二人心中，仁爱或博爱的观念实际上已经扎下根来。从这些"仁爱人""如兄弟"和"古之遗爱"的评价来看，"爱人"在这里已经转化为目的本身。子夏所"闻之"的"四海之内皆兄弟"也是讲兄弟，可以说是把孔子与子产相交"如兄弟"

的君子间的个别实践扩展到全天下之人。这样的推广之所以可能，正是建立在博爱的普遍情怀基础之上。那么，子产被郑人所爱戴，正是他的治国能够施惠于郑国民众，博爱表现为惠民的实践。

《礼记·中庸》有"仁者人也"之语，郑玄注以"相人偶"和"以人意相存问"为解，体现的是人与人相互间的亲爱、敬重和互相致意，即都可以从爱的互惠角度加以解释。所以，后来徐铉奉旨校订《说文》，补注"从人从二"时就说，"仁者兼爱，古从二"。显然，"从二"在他这里，就是人与人之间的兼爱互惠。因而，"爱人"不是单向度的，而是彼我双方的双向互动之爱。双向互惠之爱，从最初的意义来说应该是夫妻互惠。宋代理学家程颐讲："夫爱其内助，妇爱其刑家，交相爱也。"夫妇交相爱，以家庭及社会角色的分工为基础，并由此滋生出男主外女主内的传统家庭模式。程颐将此模式归结为交相爱，说明夫妻双方是建立在互助互补的亲爱关系上的，如此的双向互惠，反映了人类繁衍的客观需要，也孕育了男女欣慕相爱的主观追求。由此推开，双向互惠就既包括客观效果，也承载了主观的期待。孔子讲过"我欲仁，斯仁至异"，如果从亲爱关系或爱人出发释此"仁"，那么，我亲爱人，人也亲爱我。孔子在讲他志向的时候提过"老者安之，朋友信之，少者怀之"，这在人我之间贯穿的都是爱，仁正是在这样的交互行为中体现出来自身的价值。不过，舍勒对此并不认同，他虽然也承认"即便是被爱也作为爱而承载着爱的肯定的行为价值"，但毕竟他是从神爱出发，如果你爱我或敬重我，我便敬重你、爱你，这恰恰会甚至是明显地排斥掉真正的人格之爱与人格之敬重。其实，期待被爱者善的回应能否够得上"伟大而崇高"，固然牵涉到爱之动机问题，但更应该考虑到由此带来的正向的社会效益，以及在这个效应下生成和培育起来的善的人格，考虑到后者实际具有更高的价值，所以说期待回爱或善的报答的行为，也具有伟大而崇高的意义。

六、互惠与将心比心

在现实中，没有人不会遇到困难，事实上都需要他人的帮助，而自己帮助他人，可能正是自己遇到困难时曾经得到他人的帮助，从而促使人们认识到人际之间离不开爱和互助，互惠的机制也由此形成。相反，如果受助者没有给予回报，就明显违反了互惠的原则。在历史上，一个最明显的事例，就是孔子与弟子宰我的"三年之丧"的辩论。宰我问："三年之丧，期已久矣。君子三年不为礼，礼必坏；三年不为乐，乐必崩。旧谷既没，新谷既升，钻燧改火，期可已矣。"宰我坚持守丧一年，立足点在"天道"而非"人情"，可是"天地则已易矣，四时则已变矣，其在天地之中者未不更始焉，以是象之也"。天道循环一年一更始，人道效法天道，为父母守丧一年就是恰当的。可是孔子不是从"天道"出发，他是从"人道"出发的，他的"通丧"说和缅怀父母的"三年之爱"中可以得知，爱在孔子是以互惠为特色的。孔子之所以主张守丧"三年"，是基于子女对父母生养之情的回报，即孔子以出发点是人情、仁道，实际上都是相通的，这即意味着对父母的孝顺之爱不是只存在于父母的生前，在父母生前死后本来应一以贯之。《礼记·三年问》他在发掘三年之丧意义时说过："三年之丧，何也？曰：称情而立文，应以饰群，别亲疏贵贱之节，而弗可损益也。"是因为符合人情而立下这个文字，来调节我们这个社会，区别亲疏贵贱，所以这个是不应该加以改变的。"三年之丧"作为回报父母之情，它是作为一定的礼制，他虽然也要维护亲疏贵贱，但是同时体现了爱的情感流通与调节"群"的关系中不可或缺。按照孔子的看法，既然宰我在幼儿时享有父母的慈爱，父母怀抱了你三年，作为回报，你成年后就应当孝敬和感恩父母，也应该为父母守丧三年，宰我不愿意这样做，违背了爱的相互性即互惠的原则。所以，孔子以"不仁"即不爱人（不爱父母）作为对宰我的最后评价。

互惠在孔子，本来是理所当然的，他在回答"子张问仁"时，曾提出仁人需要践行恭、宽、信、敏、惠五种德，如果分开来讲，恭、宽、信、敏、惠是我之待人，不侮、得众、人任、有功和足以使人，则是人回报我。所以在人我之间体现的，既有爱的付出，也有互惠和受报的结果，当然我们也要看到，作为孔子的教诲和期待，如此的互惠不一定是真实发生，它可能只是一种主观心理的推度和志向性设想。譬如子贡所言及的"我不欲人之加诸我也，吾亦欲无加诸人"，这是他的志向，可是孔子认为他做不到。如果我们把子贡的话换作孔子自己的话，就是经典的"己所不欲，勿施于人"，也就是所谓的"恕"，这在后来也被称为金律或银律。德国的罗哲海提出："在西方汉学研究的文献中，'恕'字大多被译作 reciprocity，亦即互惠。"所以他（罗哲海）分析，无论是金律或银律，抑或积极或消极的形式，无论对自己或对他人，这些都不是最重要的，最重要的是在于彼此设身处地的考量，这种彼此设身处地的考虑是互惠的，我若施于人，人当回报我，我不想别人怎样对待我，我也就不应当这样对待人。

《孔子家语·三恕》也是讲恕道，"三恕"处理的，是儒家极为关注的君臣、父子、兄弟间的关系，儒者正身所依赖的恕道的根本，其实就是反求诸己的互惠原则，你自己不能尽的义务，也没有要求他人回报的权利，我与他之间，在义务与权利关系的两头是等值的，爱不能要求本不应有的权利。如此"恕"道，在孟子的"爱人者，人恒爱之；敬人者，人恒敬之"中得到了继续，敬人在这里也是爱人，只是更突出了尊重的意蕴。当然，互惠的预想和现实之间并不都是顺应的关系，而是可能存在一定的紧张，如我基于爱心践行恕道，可被爱之人却未必能像我期待的那样给予回报，甚至还可能做出对自己不友好的举动，那么，面对对方不尽爱的义务，也根本缺乏互惠考量的情形，孟子仍然是立足仁义内在和性善的立场作出解答，也就是自省。人不亲爱于我，反映的正是我之仁爱施行不足，就不是像孔子斥责宰我那样的以为对方不仁，而是引出主体的自我反省和道德的自律。所谓"有人于此，其待我以横逆，则君子必自反也：我必不仁也，必无礼也，此物奚宜至哉"。

所以说，互惠从主体的心理预期来说，生发于"将心比心"的德行的权衡，这在儒家是重要的价值立场，与孟子的思想相呼应。《礼记·大学》也是这样讲的，它也是一种道德的自省，但它之所以成立本身，乃是在儒家学者心中，有"心之所同然"的价值预设，就是相信对方和我一样，都会有相同的道德水准和自我反省的心理动力。《大学》之推导，是从"平天下在治其国"发挥而来的，"平"在这里是一个中心的考量，这也是后来理学家着力阐发之所在。那么，道德的自律，实际意味着我与人之间阻塞的打破，实现上下、前后的互通互爱。孟子讲"人人亲其亲、长其长而天下平"，就是讲这个意思，所以"平"是什么？是合内外、通彼我而已，也就是打通一切障蔽。《大学》论"絜矩之道"，有"乐只君子，民之父母"的感叹。即谓之民之父母，似乎有上下之别，但在吕大临这里，"天下瞻仰"只是因君首先做出了平通上下彼我的表率，在天下"一理"的基础上，殊途百虑、君民上下，都应当是平而无间。所以所谓"絜矩"，其实就是"举斯心以加诸彼，推而放诸四海而准，无往而非斯心也"。就是说从我至人、我心到天下之心都是一样的。

在吕大临之后，朱熹对"絜矩之道"又有进一步的阐释，按他所说"平天下，谓均平也。……譬如交代官相似"。"平"字本身，在我们今天看来有平均、平静、平安等意思，以亲爱之心待人，不但消融了可能的怨恨，产生正面的价值效应，这样来看"均平"，就不仅仅是一种政治经济主张，而是至关紧要的伦理原则。如此的伦理原则施之于前后左右、东西邻国，表现为不记仇怨的均平之爱，实际上带有以德报怨的色彩。朱熹将《大学》此义比喻为"交代官相似"，前后官员轮替交换，自己不要以前官对我的不善迁怒于后官。也就是说，如果你能够真正做到将心比心，结果便会是"各得其平"。

朱熹引出的实际是两方面的结果：一则虽然前官待我不善，但因为我不愿受到不善的对待，所以我就不能以不善去回报后官，即互惠推度的预期结果抑制了不善念头和行为的兴起；二则"吾毋以前官待我者待后官也"

的正面表述，则是我如果善待后官，必然会得到后官对我之善的良好回报，善德在这里正是彰显了恕道和爱人的情怀。在如此的自我推度进程中，前者对我的消极的经验，已经改变为我对他人的积极的行为，所谓民兴孝、行兴弟、民不倍都是对执政者爱老、敬长、恤孤的仁爱政治的善的回报，并从而带来了孝悌慈爱的普遍效应，推动了普遍之爱的落实。儒家文化支配下的社会教化，使得互惠和表达的意识在儿童时期就已经开始孕育，即便这一时刻可能来得很晚。但是传统上，我们一般都接受前人栽树后人乘凉的观念，相信仁爱和美德终究会有好报。换句话说，回报总是令人期待的，不过"积善之家，必有余庆；积不善之家，必有余殃"，扬善罚恶的价值导向仍是互惠的基本原则。用《红楼梦》的话来说，"爱银钱忘骨肉"的利益至上必然受到谴责，"劝人生，济困扶穷"才是为社会所提倡，博爱观念的传播和亲社会行为的弘扬可以说也正是建立在这一基础之上。

最后一点作为结语。清代初年，李毓秀编写《弟子规》，虽讲述了若干的"规矩"，但《论语》的"泛爱亲仁"仍是贯穿的红线，并表现出明显的兼爱或博爱色彩。所以他讲对父兄之爱，不是孟子式的由近及远的"老吾老以及人之老，幼吾幼以及人之幼"，而是普遍之爱式的"事诸父如事父，事诸兄如事兄"，倒了过来。"凡是人，皆须爱，天同覆，地同载。"我们可以说，这是从孔子的"泛爱"、墨子的"兼爱"到张载的"民胞物与"的一脉贯穿，这是中国传统的"爱人如己"，它与基督教的"爱人如己"在普遍之爱的意义上可以关联起来。

十九大报告强调全面建成小康社会，今年是关键之年，提出构建人类命运共同体和倡导"天下为公"，在理论上都属于对以儒家为主导的中国传统仁学及其博爱观的传承和弘扬。因此，我们应当正本清源以还原儒家博爱的本来面目，正确认知博爱精神深深地扎根于中华文明的沃土，不应该拱手将"博爱"的资源让给别人。自孔子讲"博施济众""泛爱众"和弟子概括的"四海之内皆兄弟"开始，到后来的"博爱之谓仁""民胞物与""仁者以天地万物为一体""一体之仁"和注重物资救助的"同善"关怀，博爱的精神一直为中华文化所固有，博爱的传统从不曾中断。传统博爱观念在其发展中，自身也在不断调整和推进，它经历了从朴素情感到理性把握的转向和升华，成为一道永不枯竭的浸润中华民族精神及其生命智慧的源头活水，在今天更展现出了它既独特又普遍的思想魅力。在当今国际交会对接的大背景下，博爱实际成为古今中外孔、墨、释、耶等各家的共同追求。

如果说，在过去的时代人们更多强调仁爱的等差而突出儒墨之异，今天则更多地看到共倡仁义的儒墨之同，着力发掘儒家仁学本有的博爱思想和普遍的人道关爱资源，以更好地适应今天的时代。

那么我的讲述就到这里，谢谢大家。

主持人：好，非常感谢向老师从六个方面包括结语，对儒家博爱观念的起源及其蕴含做了非常有广度和深度的梳理和阐释，说到了墨家、道家、现代西方文学以及相关的资源等等，总体上，我的体会是：儒家引领为主线，怎么建构以一种地方性、时间性的资源寻求它的具有普遍性的横向的现代价值。

刚才老师有提到仁和爱的关系，在谈到爱的时候提到自爱和爱人，很多是从新的维度（出发），爱人可能是在公共的空间里面把爱推广，自爱和爱人作为人的两个维度，比如说我在思考的时候，我可以爱，我自己凭什么去爱，或者说我爱的对象是什么？我想，一定跟人之为人或者人之应当为人的宗旨是相关的。当然跟这个理论不完全相同，因为荀子他主张是新的认知功能，这样来看，自爱和爱人包裹着人的观念里面，是不是可以有两种东西？或者说这两种东西是一个事物的两个方面？这样的话，老师讲的爱人确实可以跟西方的实践推理、实践智慧有相通之处。古代讲治人，很注重智，我们今天的主题是在"仁"上，就是这个历史的过程是不是又反映出一种从政治向个人修身的转化？这是我的两个小问题，我想请向老师解答。今天机会非常难得，向老师在我们的会议之后还要参加其他活动，非常辛苦，所以（抓紧时间），接下来的时间留给大家。

提问1：我想抛砖引玉一下，向老师，我听完之后有一个小的疑问，因为我觉得您可能是把差等之爱和博爱进行区别，讲儒家里面也有平等的博爱资源，不仅仅讲差等的那一面，我最近在读一本书，他认为仁爱包含两个层面，一是推恩，二是博爱，他举个例子就是尧把他的两个女儿嫁给舜，这个行为有一种可能性，假设舜是个坏人，他不就把女儿推入火坑了吗？所以为了解决这个问题，他把仁给区分成推恩和博爱两个层面，我觉得和您的思路是有点类似的，但是您在勾勒儒家博爱发展过程当中，我注意到荀子和扬雄是很关键的环节，从荀子、扬雄推出人之知也的观念，您讲到荀子受到了稷下的影响，那么是不是意味着儒家的仁或者博爱的观念，它的发展过程中可能是受到了道家很大的带动或者促进（作用）？当然，如果我们从中国的角度来讲，这都是中国文化的一部分，但是从内部的角度来讲，是不是意味着博爱的思想可能与对道家和墨家的吸收有关？

向世陵：诸子之间有相互关联和交流的，当然首先儒墨之间，在当时和后来因为不同人的评价，在不同的时候（性质）不同，我们谈论的这一点通常会记到孟子的说法，这个是比较激烈的批判，后来泛泛而谈的儒家仁爱是有差等的，墨家讲兼爱是无差等的，这样的话是一些比较固化的看法。实际上，看孟子的全书你会得出，主要是为儒家争地盘，像今天的门户之争一样，不把别人打下去，你自己站不起来，所以这个话是比较极端的。除了极端化的其他语言之中，有很多跟墨家也是相似的，前面我们引用到相互之间互惠，它跟墨家是相关联的，而且孟子特别还提到，坚守博爱，以人的一生来比较，不可能只爱手爱脚，必须每个地方都要爱。而且仁者爱人这个典型的观点也是孟子表达的，还有孟子从亲亲人民到爱物，推得更广，除了这种比较极端化的语言之外，其他很多部分也是讲普遍之爱。他和墨家的争论后者和墨子一致，就是爱无差等，斯由亲始。其实都是讲爱无差等，只不过从爱亲开始，有一个自然的亲疏。你看墨家和儒家的语言，他们大部分都是讲博爱讲仁义的，所以说除了儒墨之爱的其他各家，道家、法家他们都把儒墨看作是一体的，而且儒家学者也用兼爱的语词，包括荀子以后到扬雄，或者庄子还专门讲兼爱，其实他们并不避讳用这些语词。所以说这个东西，需要的话我们再具体分析，就泛泛而言，道家直接否定仁义，这个也是不太恰当的，他主要是从天道出发，天道无所谓人是主动去爱，用政权的话说，都是相互之间的相爱，是主动性的情感自然抒发。先简单回答这么几句。

提问 2：我提两个问题，第一个问题就是周初，德的观念比较兴盛，在周代的文献当中，有没有从德到爱的演变过程？第二个问题就是，《礼记》当中讲"爱与敬其政之本也"，爱和敬它们之间有没有一种联系或者区别？敬按我的理解是下级对上级的尊敬，也有爱，但是区别还是有，它是不是一种差等的？下级对上级的爱或者回报，与上级的惠爱是不是有区别？我想问一下，仁和礼这样的区别应该是我们比较关心的问题，把爱和敬放在这里，它们的联系和区别。

提问 3：向老师好，今天讲座收获特别多，在讲仁的内涵，您有提到说仁在刚开始的原初内涵当中是一种情感，仁者爱人，在它的发展当中到自爱进而有了自知，您有提到说仁之所以成为中华民族的精神特质，有理性的调整这一面而且是非常重要的。在这里我就产生一个疑问，仁在源初内涵上是强调情感的一面，而它在最后能成为中华民族的特质或精神的时候，是强调礼性的调节一面，那问题就是，作为"仁"这个概念，它的特质或它的根本特质到底是落实在情感的一面还是落实在理性的一面？谢谢向老师。

提问 4：向老师我也接着问一下，在讲源起的时候，除了思想层面也提到实践这个层面，我想问一下只是在源起的层面，您是怎么理解实践层面或者说人所蕴含的实践智慧？限定在源起这里，不往后讲。

向世陵：这几个问题有相关性，我先综合看看。

一、德性怎么样走向爱？直接的文本依据没有，但是从它内释中推导出来，德后来慢慢带上了爱，后来就出现了仁。为什么会是这样的情况？因为德跟后来博爱发生改变有关系，德性是属于理性层面，你有没有德，从民众的感怀来说，首先是天子和民众的观念问题。最简单的话来说就是你爱不爱我、关心不关心我，考没考虑到我的感受？也就是开始说的"父母官"里面的父母，既然是父母肯定要考虑子女的要求、满足子女的需要。天下的爱和民的拥护天下，在我们最初的文献中，把它作为双向互动的关系。所以说，我们通常讲的关心关爱，实际上也就是德，也是爱，是自然引申处理的。

二、理性和情感的关系问题。我们可以说，爱首先是一种情感，我爱谁、谁爱我是直接可以体知的，你可以感受到，通过言语、怀抱都可以感受到爱，这都是情感。但是情感的特点是来得快、走得快，这是直接和感性相关联的，随着感性的逐步增加，人的思维就慢慢抽象，就会得出一个观念。这种爱就已经带上了理性的产物，这种理性通过他一贯的行为，和抽象出来一个一般的结果，把它概括成为一个爱字，这个爱就是理性的概括结果，就是刚才我们讲的自知层面。当然，这是从个体本身，如果从历史发展来说，先秦时期包括汉唐时期，更多的是情感方面，真正从理性的角度去讨论仁爱或者博爱，涉及到"四海之内皆兄弟"，最初"四海之内皆兄弟"的提出，没有前言后语，也可以说是一种直觉。

三、仁的最初源起，实际上是社会国家治理的需要，因为要管理天下国家，我们前面提到皋陶，要知人就是要善论，要安民就是要满足民的需要，要体贴民，民因此而感怀天子感怀统治者，所以说爱从这中间开始升起。所以说，爱是社会国家管理或者是政治伦理层面升起的，慢慢才成为人的心理自觉这个层面。

提问5：向老师，仁爱、兼爱在当代的实现真的有可能吗？每个人都处于一个集体当中，有自己的本位意识，如果一味地讲兼爱，可能会导致丧失家国意识，还是说，这种兼爱本身因为对象的不同而存在差别？

向世陵：我这么来回答，不但是当代，其实从古至今，仁爱和兼爱都在践行着，你可以从你自己的行为、你自己的感想包括国家的制度、建设去谈，只是说实现的程度有差别。所以一个社会要凝聚起来，不可能没有仁爱和兼爱，像刚才我们说的，从教育到国家政治，到法律，都不躲避爱的教育问题，实际上整个社会都是在贯彻，所以这仁爱和兼爱始终是在贯彻和实现之中，只是量或多或少有不同。家国意识的形成，在我们的历史中从最初的尧舜时期到现在，正是有爱这种兼爱或者博爱，才形成每一个中国人的家，如果没有这么一种意识，我们国家就是一盘散沙，在我们古代特别强调德字的情况下，在法治不是特别完备的情况下，怎么凝聚成一个国家？正是靠仁爱和博爱意识。到今天，比如我们有了民主国家之后，我们讲兼爱会不会丧失家国意识？也不会，博爱和兼爱本身是有原则的，这就叫作爱憎分明。

提问6：向老师，您好，有个小困惑：博爱意味着其对象具有广泛性，指向多个个体，这样的爱是否处于分散状态，与之相应会不会使得动力不足？换言之，博爱之爱中爱的可持续性如何保持？谢谢老师。

向世陵：因为爱是基于人类的需要，实际上再扩大一点，不光是人，动物也有爱，它只要有自己的意识，它就一定会有爱的情感，这是基于血气的自然动力。所以说，社会的部分需要补足，这就是理性的需要，也就是说，天然属于感性的话，社会自觉的层面理性的部分就需要探讨。

提问7：向老师好，爱起源于家国治理的需要，这似乎是在实践层面去言及爱的，那么产生这个博爱的动机之于统治者而言是否还有一种"仁义内在"的成分？

向世陵：我们说，爱产生于治理国家的需要，是从客观的层面来说，这个需要在激发我内心的情感，这是正向的感知结果，如果从儒家的先天德性的层面来说，从仁与内在的角度也是可以去解释的。人的本性是机遇性善论的解释，善的人性表现在外就是孟子讲的，这可以说是人与内在的生理或者心理的根源，爱的情感是不是先天的？也就是说人与内在是不是真的是内在？这个有一半的论据支持，但是还有一半的论据不支持，所以心理学的数据还不能完全证实这个说法，但是从儒家的层面是可以这样做的。

提问8：向老师您好，中国哲学也被成中英、陈来等老师称之为爱的智慧之学，爱是中国哲学的重要主题，博爱观念的哲学基础是什么样的？或者说博爱观念是否有宇宙论本体论基础？

向世陵：爱有很多，我们这里只是讲其中的一个部分或者一个方面。

提问9：老师，爱有差等是否与以礼节爱相一致？

向世陵：这个问题实际上我前面也有所涉及，对博爱观念提炼出正本清源的基础，都是考虑的因素。在它最初刚产生的时候，主要还是情感，但是慢慢地，向礼的深化，不光是博爱，在其他理论也是这样，最初可能是朦胧的、初期的，最后逐步转化。所以说礼，实际上就是你爱表现得恰当不恰当，也就是人的私行恰当不恰当，是靠群众来评价的。

提问10：前面提到，爱人爱己，要从爱人出发，否则就难以得到好的结果，这是为什么？是因为从爱己出发更具有目的性吗？

向世陵：爱人和爱己前面实际上强调的比较多，仁之所以为仁，首先你是爱自己，从你吃的第一口饭、说的第一句话都慢慢地会意识到我是一个主体，首先是你在，所以说维持这个在的一切活动实际上都是对你自己的关爱。爱己对于自我的存在来讲可以说是一个目的，但是这种目的并不是不变的，对于国家的统治者来讲，他只考虑爱情行不行？显然不行，所以说，同样在国家讲"亲亲"和"爱人"就有两个说法，一个是"亲亲"为大，一个是"爱人"为大，这个"大"不是重要根本的意思，这个"大"是先后的先的意思，但是对我们任意的个体、对国家统治者来讲，作为统治者必须考虑天下百姓，不能先从自己出发，也不能从你的父母、亲亲所出发，所以立足的角度不一样，基点和目的都不一样。对于一个家庭的维系来讲，是有变化的，不能一概而论。

提问 11：向老师您好，请问一下，关于王阳明万物一体之仁是否具有兼爱的维度呢？但其又强调实际之中，又遵循良知的自然条理，这似乎既有爱有差等，又有兼爱呢？请问如何理解呢？

向世陵：刚才我讲了爱有差别，这个是可以通融的，儒家并不在于否定兼爱这个词，他们也用"兼爱"，但是为什么他讲兼爱而无别？就是你只讲爱不讲差别，这个实际上就实现不了。所以说，在阳明那个地方表现出一种自然的、当爱就爱、当爱得多就多，少就少，这是他所说的自然，也就是爱表现为差别。但是差等并不否定他爱别人、爱天下，这两者应该把它融合起来，不要把它对立起来。

主持人：好，老师的回答完毕了，我做一个小总结。今天也非常荣幸请到向老师，从各位老师的问题当中我们也聚焦了一些好的问题，仁与智、爱与智、仁与敬等等，我想，也是体现为伦理道德奠定基础，这种基础包含了情感和理性两个维度。总体来说，儒家史就是一部仁学史，仁之谓德，这种德是意义非常广泛的，到汉唐主要从政治维度以读人，到今天我们讲人的现代蕴含也是非常广阔和丰富的，本来"仁"学还是有很大的抽象性，但是向老师以博爱论落实了儒家的仁学，做了这样的归纳，非常有代表性。

我们今天也再次感谢向老师，下面他还要参加一些学术活动，那我们今天就拜别老师。我在这里也做一个小广告，我们可能会在 7 月或者 8 月，邀请香港中文大学的黄勇教授等，在霁光讲坛给大家带来讲座。

向世陵：谢谢各位同学，谢谢大家，现在这个时候说实在的都不容易，希望大家健健康康、快快乐乐地度过这个时期，这也是我们讲博爱的普遍关怀最主要的结果。

主持人：谢谢向老师，也祝愿老师阖家安康，那我们今天就这样结束了，再见。

向世陵：再见。

推荐书单：

1. 冯友兰：《中国哲学史》上册，商务印书馆2019年版。
2. 冯友兰：《中国哲学史》下册，商务印书馆2019年版。
3. 吴震：《朱子思想再读》，生活·读书·新知三联书店2018年版。
4. 余英时：《朱熹的历史世界》，生活·读书·新知三联书店2011年版。
5. 张岱年：《中国哲学史方法论发凡》，中华书局2017年版。
6. 张岱年：《中国哲学大纲》，商务印书馆2017年版。
7. 向世陵：《宋明理学的分系与四系》，人民出版社2008年版。
8. 陈来：《仁学本体论》，北京大学出版社2020年版。
9. 黄俊杰：《东亚儒家仁学史论》，台大出版中心2017年版。
10. 许家星：《经学与实理：朱子四书学研究》，中国社会科学出版社2021年版。

第二十五讲 地权制度与中国传统经济

主讲嘉宾：龙登高

嘉宾简介：龙登高（1966—），男，湖南安化人，清华大学经济学研究所教授，博导。教育部"长江学者"特聘教授。国务院侨务办公室专家咨询委员。中国华侨历史学会副会长、中国商业史学会副会长暨企业史分会会长。曾为哈佛燕京学者、剑桥桑坦德学者、耶鲁访问教授。受聘中国社会科学院学部委员候选人评委，中国社会科学院经济研究所学术委员会委员，第五届中国经济社会理事会理事。

已主持完成国家社会科学基金重大项目、国家自然科学基金等多项研究课题。在《中国社会科学》《经济研究》《历史研究》《管理世界》《社会学研究》等权威刊物发表中英文学术论文近百篇。出版专著10部。《量化历史研究》辑刊、国际期刊《华人研究国际学报》合作主编，"社会经济史译丛"主编。曾为国家图书馆"文津讲坛"、CCTV"百家讲坛"主讲嘉宾。研究成果曾获第十八届（2018年度）孙冶方经济科学奖、教育部成果奖等多项学术奖励。

讲座时间：2020年7月15日

黄志繁：各位听众，我们今天开始霁光讲堂第 25 讲，今天非常荣幸邀请到清华经济学研究所教授龙登高老师给我们做讲座。他讲的题目是《地权制度与中国传统经济》。龙老师是出身历史学的著名经济学家，他受过历史学的训练，在经济史领域做出了卓越的贡献。他是教育部"长江学者"特聘教授、国务院侨务办公室专家咨询委员、中国华侨历史学会副会长、中国商业史学会副会长暨企业史分会会长，曾为哈佛燕京学者、剑桥桑坦德学者、耶鲁访问教授。同时，龙登高教授受聘中国社会科学院学部委员候选人评委、中国社会科学院经济研究所学术委员会委员、第五届中国经济社会理事会理事。已主持完成国家社会科学基金重大项目、国家自然科学基金等多项研究课题，在《中国社会科学》《经济研究》《历史研究》《管理世界》《社会学研究》等权威刊物发表中英文学术论文近百篇，出版专著 10 部。龙登高教授为《量化历史研究》辑刊、国际期刊《华人研究国际学报》合作主编、"社会经济史译丛"主编，曾担任国家图书馆"文津讲坛"、CCTV"百家讲坛"主讲嘉宾。龙教授的研究成果曾获十八届（2018 年度）孙冶方经济科学奖、教育部成果奖等多项学术奖励。

龙老师在"江湖"号称"云南三杰"之一，今天非常荣幸请到龙老师给我们南昌大学做讲座。我关注龙老师的微信朋友圈，了解到他非常仰慕著名历史学家谷霁光先生，我们南昌大学的学术还不够吸引龙老师来，所以我想我们今天能够请到龙老师做讲座，可能就是因为谷霁光先生的魅力。我们霁光讲坛确实是为了纪念谷霁光先生而开设的一个讲座，我们力邀国内外人文领域的著名学者，给我们做关于人文方面的讲座，到现在已经是第 25 讲。明年是南昌大学建校 100 周年，我们是 1921 年成立的学校，应该说有百年历史。南昌大学在 1993 年成为 211 院校，在 2017 年列入国家重点建设世界一流学科建设大学。我们有些学科比较强，比如我们食品科学在全国学科评估中排到第三位，我们材料科学去年也评上了一位院士，获得了国家发明技术一等奖。历史学相比上述学科而言是比较弱的，但是我们正在为此努力，今年我们在冲击历史学中国史一级学科博士点，希望南昌大学未来与各位共同进步。明年（2021）是南昌大学办学一百周年，这个讲座也是为这一庆典做的热身和预演。现在我们把时间交给龙老师，请龙老师开始他精彩的演讲，请各位欢迎。

龙登高：谢谢黄老师，非常荣幸作客霁光讲坛，因为谷霁光先生1933年毕业于清华大学，在西南联大的时候和我的导师是中国史学研究会的成员，邵鸿教授是我们南昌大学历史系走出来的国家领导人，他曾经拜访过我的导师李埏先生，所以他们之间是有交集的。霁光先生还是湖南的老乡，我们湖南都是江西老表，所以今天我对这个演讲感到非常荣幸，也很高兴。

我主要谈这三个方面，一、土地产权形态的理论建构，二、由此入手去探讨中国传统经济的特征，三、近代以来地权制度的变化，并且从比较视野来探讨中国经济道路的历史渊源。今天我汇报的是我组织的国家社科基金重大项目的一个成果的汇集，成果比较丰厚。如果简单一点，大家可以看一看我的专著《中国传统地权制度及其变迁》，如果再简单一点，可以看看我的《地权制度论纲》这一篇论文，如果再简单一点呢，今天晚上您来对了，我们用一个半小时，就可以把一二十年的研究，向大家做一个汇报。因为是一个宏大的框架，所以牵涉的内容会比较多，但是请大家信任我，因为我讲的每一个观点，都有相关的论文支撑，大家如有问题可以之后再进行交流和批评指正。

土地生产要素在历史上，是比当代表现更为活跃的生产要素与资源之一。如果和西欧中世纪相比，中国的地权更为活跃，从这方面来说它有独特的理论拓展价值。在中国传统农业社会，土地和相关的制度是资源配置与经济运行的核心，它是认识中国传统经济社会及其近代变迁的基础以及根本之所在，同时也是当前农地制度改革的关键。很多经济学家和社会科学者都关注土地制度的问题，但可能由于他们没有得到最近一二十年学术界的前沿成果，所以再依据20世纪的成果就会存在很多认识偏差和误区。所以我希望在这里对地权制度与资源配置经济运行进行一个全方位的介绍。

土地产权形态的理论建构，在中国历史上有土地私有产权、法人产权、国有产权，它们是并存的，有时候国有产权比重会多一些，但主要是土地私有产权，而且它到明清时期和近代发育是比较成熟的。刚才我们说到它比现代更为活跃，比同时期的西欧更丰富多样，是中国渊源的理论创新。张五常教授曾经对佃农理论做出了制度经济学方面的奠基性的贡献，基于中国近代租佃契约而建立起来的。

1. 土地产权形态的理论建构

土地权利可分层次、分时段。分时段可以跨期调剂，今年明年过去未来可以进行跨期调剂，每一个部分和每一个时段都可以独立进入市场进行交易，分层次由此形成所有权、占有权、使用权等产权形态。所有权大家都熟悉，使用权大家也都熟悉，但是占有权相对来说不那么熟悉了，这个待会儿我会简单涉及。

这些不同层面的产权形态的实现形式都可以通过投资和交易来获得，以形成自己的产权，而且能够形成社会普遍认可的规则，社会普遍认可的规则又得到政府的规范，因为它具有法律效力。我们可以用这个图来表示，不同的土地权利进入市场有不同的价格，100%的土地权利如果去进行交易，那就是所有权的交易，就是买卖。如果是租佃可能就是用30%、50%、60%的土地权利

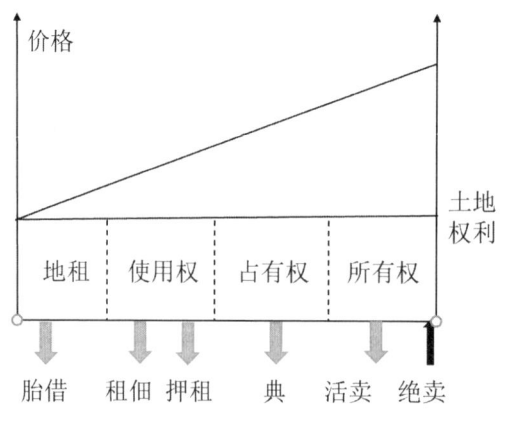

去进行交易。如果是占有权,不同的时间,比如10年或者20年去进行交易,其价格就不一样。使用权的交易在这样的区段,会形成不同的价格。

土地权利层次和产权的形成,或者通过投资,或者通过交易来获得,众所周知也可以通过继承等途径获得。我们了解土地所有权,但是非土地所有者也可以形成产权,可以通过投资来控制土地收益增值,进而获得相应的土地权益,而且可以与所有者分享地权,比如典权、佃权都是这样的表现。通过控制土地收益增值来获得土地占有权。

那个时候的产权是通过契约来表达的,契约是一种产权凭证和交易凭证,这在中国源远流长,如果大家仔细去读每一份契约,它的要素和当代的合同是比较相似的,不仅没有本质的区别,甚至你看不出来法律方面有太大的差异。在私有产权之上又衍生和发展出了法人产权,反映了私有产权的发育程度。家庭所有或者宗教寺庙所有,或者书院私塾或者公益机构慈善组织、工商业、行会,或者金融业等娱乐业当中的"会"和"社"都拥有自身的土地和财产,他们通常拥有所有权,因为它是一个独立的机构,所以被称为法人产权。无论是家族、寺庙、书院等等,它们都自成为产权单位、交易单位或纳税单位。它们具有整体性、不可分割和排他性。历史上被称为"公产",现在的公有制是不一样的,不能一一对应。这方面线上在座的朱玲教授(中国社会科学院学部委员)曾经点评过这篇文章。

法人产权被称为公产,和官产也不一样。历史上官产和公产是区别开来的,政府控制和独立机构所控制的是不一样的,当然跟私人所有的私产也不一样。当今的公有制按照历史上的传统,那么它就会被称为官产。此契约上的西门财神社就属于公产,可以去进行各种交易,包括租佃,包括转典,更多的是买卖。

毛泽东在江西寻乌的调查,调查各阶层的土地占有状况,他就发现公田占有40%,地主富民30%,农民是30%,公田是最大的,这在广东、福建、浙江也相当普遍。我们查了土改普查数据,广东33%、29%,尤其在江西和

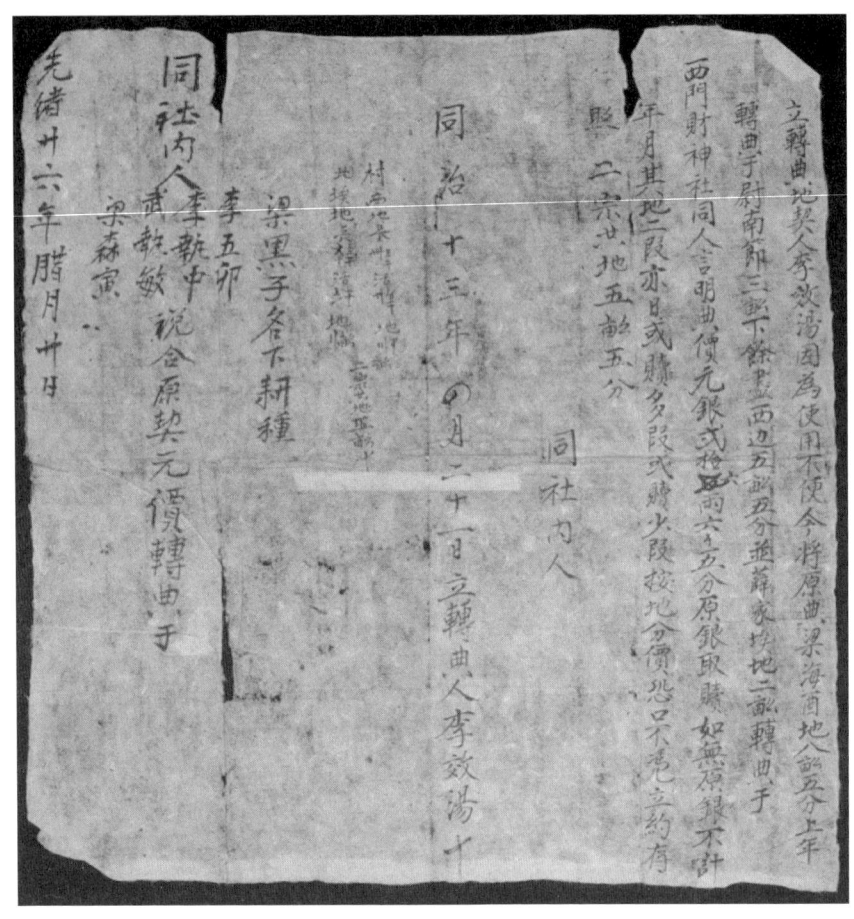

清华馆藏山西契约，未编号

广东这些地方，和它交界的地方公田比重是比较大的。毛泽东做寻乌调查的时候，还是称为地主，族田他称为祖宗地主，寺庙、道观他称为神道地主，教育类、资助去参加科举考试的以及桥会路会，这些公益类的他称为政治地主。族田是最主要的，为60%，寺庙和道观占20%，公益类占10%，它们分别占全县土地的比重也不可小觑。

地权交易体系的系统论述。包括刚才所谈的所有权的交易，使用权的交易，占有权的交易，或者说如何去形成担保物权，那就是抵押，使用权的交易是租佃，买卖是指所有权的交割，占有权就是典和田面权，它都可以进行交易。我们说它是一个逐渐演进的过程，抵押这种交易形式是在魏晋南北朝的时期，典权、占有权是在唐宋时期，特别是宋代以后成型。到了明清以后，所有权的交易当中又有活卖、绝卖，使用权有一般租佃。等明年土地有了产出，我就付钱。我们看到在战国秦汉之后，它几乎就只有租佃和使用权的交易，比较单一。比较单一的话，它就容易形成土地集中，我们很多人一论述土地自有产权的时候，就会导致土地集中，一拿出来就是陈胜、吴广，就是三国、秦汉。战国秦汉和宋元明清那是不一样的，到了清代，这么多的土地交易，是丰富多样的。对农民意味着什么呢，我们当前农地能够进行什么样的土地权益交易呢，大家知道它只有这一种，只有租佃这一种形式，而且受到严格的限制。比如几年前一个村庄要把土地租给村外的人，需要得到三分之二的村民同意，把广东和长江三角洲打工的人全部（叫）回来投票，这几乎是不可能的。现在开始推动土地流转，但是即使推动土地流转也不可能像清代这么活跃，当代一些学者如果不了解历史上中国的制度，他就会失去这种深刻的认识。如果他的认识是建立在教科书之上的，我们很难进行对话。很多学者说你这个农民所有权不得了，我们近代的教训难道还不够深刻吗？但是他这种是有严重偏差的，我们看到自身自发的演进过程，我们专门从典权来研究，从宋代到清代的演进过程中，它的规则是不一样的，它是一个逐渐完善的过程，不可能是一个官员，更不可能是皇帝去制定一个制度，它是从民间交易当中逐渐形成和完善规范的过程。

多种地权交易形式及其辨析。我们刚才谈到土地权利进入市场，不同的土地权利都可以进行交易，不同时段的土地权益和土地产出也可以进行交易。按照刚才的图，土地权利越大，它的收益越高，它的交易价格也就越高，而这些不同的交易形式之间是相通的，也有着不同的功能，而我们今天赋予了它（功能）去进行变形。今天我们看来似乎比较复杂，有人说，那农民搞得清楚吗？农民对他自己土地权利一丝一毫都是斤斤计较的，所以他搞得清楚。也许有一些民生有所差异，但应该说这方面的差异也不大。

因为交易形式比较多，土地权利层次分为各种不同的层次和不同的时段，所以要素市场的行为主体，它的偏好和需求是多样化的，它可以通过不同的选择去进行交易。比如说现在的农民只能租佃，他要出国，当然我们不会想到农民出国，事实上他完全可能的，如果他要求学又不想失去土地，他就可以租佃。当然现在不能卖也不能出租，出租的门槛很高，多样化的交易形式就能够降低地权交易系统的风险。很多法律家认为典和抵押没有什么区别，他们从中国法律制度当中把它删掉了。清末民初时期一个日本博士帮清政府制定土地交易制度的时候也把它删掉了，那是他们不认识，这让典经历了上千年的改革发育，它特别能体现中国传统的地权交易。多样化的交易形式和土地产权有利于个体农户独立经营，因为他可以进行多样化的选择，这些辨析不那么容易，但是我们把它们的每一样都辨析出来了。

简单说一下"典权"，典它是一种财产权，是占有权的一种形态，不是所有权也不是使用权，但是它可以抵押贷款，它有担保物权的功能。从这个方面来说，它是一种财产权利。当代农民的土地，如果把它界定在使用权，它就不是一种财产，要完全赋能，就是能够使它进行各种交易，使它能够抵押贷款，成为一种财产权利，田面权和典就是其中一种形式。比如我是穷人，我的土地出典给黄老师，因为我确实很穷，我出典给黄老师十年，这十年当中的全部土地权益全部给黄老师，我获得十年土地的变现，就是获得贷款。黄老师有了这块典田，他可以根据自己的爱好去耕种，他就可以出租，获得地租，获得未来的收益，也就是投资收益，如果他需要现金，他又可以转典给刘杰老师，也可以变现未来收益，可以有多种多样的形式。我是田主，黄老师是典主，刘杰老师是佃主，三者依托市场共享。典现在被法学家们删掉了，因为他们认为典和抵押可以替换。典在历史上正好相反，宋代的时候把典称为"正典"，抵押被认为是不正当的并受到道德抨击，但也只是道德抨击并不禁止，不像基督教和伊斯兰教。它要放贷收取利息，它的教义是禁止、不允许你去做，直到宗教改革之后才有所改变。但在中国历史上不一样，它虽然抨击你，但是它还是不禁止你，详细的就不谈了，大家有一定的印象就可以。

地权市场、家庭农庄与传统经济的特征。地权市场和个体家庭农庄之间的关联，应该说这两点是中国传统经济最根本性的特征，也决定了中国传统经济独特的发展路径。而地权市场和个体家庭农庄他们又是相互促进、彼此强化的，从而提高经济效率与土地产出。我们中国有限的可耕地大概占10%左右，但是它养活了世界四分之一的（人口），甚至最高的时候达到三分之一的人口，它的土地产出不仅是精耕细作，而且是跟地权市场、家庭农庄（有关）。而精耕细作也是由地权市场和家庭农庄所决定的。为什么这么说呢？农民可以去建立家庭农庄，即可以通过土地所有权，自耕农也可以通过使用权，也就是说我从市场上租一块土地建立家庭农庄，也可以通过典和田面权，这种占有权去建立他的家庭农庄，它是通过市场的要素和资源组合建立家庭农庄，来完成生产和再生产，多样化的交易形式使得个体农户能够根据市场价格和风险进行多样化的选择。个体农户靠天吃饭，他是比较脆弱的，他需要这种跨期的调剂、当期收益和未来收益的调剂。他需要不同土地权利之间的调剂。他需要土地流转来促进生产要素的组合。我有一个事例，也是江西的。有一家人生了四个男孩，小时候不能耕种土地，就把土地租佃出去，等到孩子长大又把土地收回来，这样使得土地和劳动力这两种生产要素实现动态的组合。典、活卖、押租都有回赎机制，不一定需要把它全卖掉，或者带有高利贷性质的抵押，这样能够大限度地去限制地权交割，一定程度抑制土地集中，同时保障农户经营的稳定性，或者受到天灾人祸的时候，它也可以进行调剂。关于这方面的地权要素和生产要素，我们有专门的论文和专著。

所以我们看到个体农户、家庭、农庄具有一定的稳定性和抗风险的能力，而且它可以不断地复制下去，中国施行的是诸子均分制，西欧、日本是施行长子继承制。如果一个人有100亩土地，他平分给两个儿子，两个儿子平分给四个儿子，如果土地不够可以用租佃或者其他形式，但都是建立个体家庭农庄。有人说这是文化产物，很多学者真的感兴趣，他认为我们是文化不同。很明显，不是说中国是专制集权吗，为什么土地要均分给儿子呢？不是说西欧是民主吗，有着优越的民主传统吗，为什么不平等地均分，而是要长子继承呢？文化差异完全解释不了，很多著名的学者还在大量地进行这方面的研究。但是我们可以看到，事实上只有个体家庭农庄使得它能够不断地均分下去，两个儿子建立他的家庭农庄，土地不够从市场上去获得，因为土地是可以分割的，所以家庭农庄是可以复制的。如果遭遇天灾人祸我可以借助市场和土地流转去改变我的家庭农庄，新增的人口从原有的家庭当中分出去，去建立自己的土地农庄，他开垦出来的土地产权是得到认可的。家庭土地和农庄不断分割再生，这也是看中国传统经济活力、个体家庭农庄的晋升力。如果你搞大规模的佃农农庄，你是竞争不过的，这个我们也有论述。个体家庭农庄具有自我再生性和活力，而它的竞争力就会抑制规模化经营，使得与传统经济相对立的抑制因素难以破解，相反也有其本质的东西不断被强化，它又不能说是没有活力，这个是中国传统经济的特点。当我们去讨论为什么中国没有原始性的产权工业革命时，有些人认为传统中国经济没有活力，不是这样的，只能说是它的本质得不到强化，它不愿意去改变自己，或者说因为它的稳定性而没有去改变自己，但你不能因为它没有改变自己而说它不行。

西欧的庄园的确是产生了变革，变革是来自庄园体制外新生的力量、它本质之外的抑制力量。因为它个体农户独立经营能力弱，如果离开庄园就无法建立自己的家庭农庄，另一方面庄园又具有产权上的整体性和经营上的不可分割性，所以它不能够均分，庄园新增人口不分溢出去，它就被迫在庄园之外。你可以想象一下，他到庄园之外去干什么？冒险、航海、工商业、教会教堂等等，这些都是庄园之外，它就逐渐壮大，改变它的本质。这个问题其实也是一篇论文无法完成的，所以就简单讲一下。

重建佃农理论，反思"自耕农最优论"。包括制度经济学的这些人（说），这个当然是最好的，但是你来看一看，我们看租佃土地事实上就是不同的要素所有者之间、不同的要素占有者进行配置的过程。佃农他们没有自己所有权的土地，但是他可以通过占有权去获得，从市场当中去获得土地或者其他生产要素，建立的农庄是他自己的。有人说佃农多可怜，很多佃农是比较脆弱的，但是也有的佃农通过从市场上获得土地和其他经营和生产要素逐渐壮大。英国革命就是由大佃农推动的，他不仅可以获得土地还可以进行劳动力的复工去经营，最终成长起来。在中国，大佃农基本没有成长起来，但是也有。这个其实很简单，只要你有了市场思维，你想一想，现在的企业，特别是学生去创业，你有钱吗？你没钱。你有土地吗？当然也没有。我可以通过天使基金、风险基金去获得资本，要善于从市场上获得资本，获得劳动力，获得厂房，这些都可以从市场上获得。但是我建立企业，我就是老板，佃农也可以这么去看，这就和过去的思维不一样了，这就是市场的思维。佃农租佃制是剥削、不公平、无效率的，这些都是感性的认识，从普遍的意义角度，从一般性的角度去看，并不是这样的。善于从市场获得土地和生产要素，往往是有财力的种田能手，土地到他手上产出更高，经济效益更高。自耕农看上去是公平的，自己耕自己的土地不是更好吗？自耕农的最优论，无论是从逻辑上还是历史时政上都不是这样的。我们20世纪追求自耕农最优论，追求使得每个人成为自耕农，事实上是走不通的。而且它也是排斥市场思维的产物，尽管它在20世纪可以说成了主流。彭波也是江西的学者，所以我跟江西的学者的合作也是比较多的。

法人产权、民间组织与基层秩序。月初的时候我谈了这方面的事情，我们说土地私有产权是农民独立经营的基石，它不需要依赖于政府，更不需要依赖于民主，从本质上它是独立的，当然它也是脆弱的。法人产权呢，就是这些民间组织，因为它也有财产，所以它能够独立发展，能够得到保障。在基层社会当中，土地私有产权基础之上的农民，家庭农庄和法人产权基础之上的民间组织，共同构成了传统社会私人领域和公共领域的微观主体，所以它们是独立的，而且能够依靠自身的经营去发展。法人产权不属于政府也不属于个人，所以它是在一个公开透明的机制上运行的，民间组织通过理事会构成，这些理事是自愿奉献、民主推选的，在政府里面当然看不到，在基层可以看得到。他为什么这么做呢？因为他是捐赠者和利益相关方，它有明确的章程去运转，它的组织体系和治理结构保障了它能够有效地杜绝腐败，但不可能完全没有，同时它有有效的激励机制与约束机制，上周末在人民大学演讲的时候，他们很多人就认为，法人产权在历史上存在，其实很简单，得到社会和政府认可的机构和单位，它所拥有的财产就是我们的产权，对不对？比如桥会土地出租的时候，理事必须避免瓜田李下，他不能去推荐担保租佃。人性方面的激励机制和约束机制并不复杂，并不非得要西方人才能够做得成。这些其实跟人性相同，中国历史上尤其是在机制上，我们研究的应该是比较普遍的。上次我们也谈到了，这种民间组织它对基层施行公共产品的提供和公共服务，乃至于公共管理，政府只要对这些基层施行间接的管理，甚至有人说基层自治，这又是西方的概念，它的确跟西方的自治又有所不同。政府因为对广大的基层施行间接管理，它就可以以较低的成本实现大一统，从逻辑上讲并不复杂。20世纪先入为主的观念，使得我们很多学者无视这种存在，认为基层自治是西方或者现代的概念。

近代以来地权制度的变化与认识误区，一方面近代的地权制度和产权秩序，或者地权市场，它的确和传统时期有一点的不同，那就是受到了强权和暴力的破坏，比如军阀分子，比如打土豪、分田地，当然破坏了产权秩序和市场秩序，造成了近代经济的动荡和衰弱。近代的学者并不认为，因为近代中国经济的落后，人们就把它归咎于土地私有制。现在大都市的人说，农民有了土地所有权他就可以拿去卖掉，现在我们看前沿的成果，这种观点明显是被夸大了。

按照我们自己的成果，通过土地占有的状况检验与分析跟大家介绍一下近代没有土地补偿那个时候的中央政权很弱，没有能力。1949年到1952年这个土改是普查的，非常准确，因为一个家庭如果多一亩少一亩，就意味着你是地主还是工农，这个是很准确的，但这个是没有公布出来的，公布出来是一个大概的信息。详细的在每一个土改区，你去考查会发现，土改前夕农村前10%的地主富农占有土地的比例，南方各省的准确数据为30%左右，这个没有考虑田面权、典权。这种财权，也没有考虑公田这种法人产权，对于广东来说还没有考虑华侨占有的。如果把这些考虑进去，土地占有的状况它又低于30%这个水平，至于过去的数据就没有办法一一进行辨析了。刚才我们谈到土地所有权的土地，它的土地是分层次的，它收益又是和其他阶层可以分享的。土改普查数据，我们江西大概是27.5%，广东32%，福建18%，浙江27%，北方只找到关中的12.9%。广东、福建为什么这么低，那是因为公田占得比较多。浙江16.8%，江西的数据是不精确的，因为它也是一个估算。还有大量的黑田，关中的黑田就超过了地主的占有权，浙江有360多万，也超过了。现在很多人说，那么为农民拥有财产而担心呢，他们还不知道抑制地权集中有负反馈机制。

一、诸子均分制。

二、如果只有租佃和买卖的确有可能，但它交易形式越多样越有可能降低风险，农户抗风险能力增强。

三、田面权、典权这些它没有考虑，从土地分配来看还要考虑土地使用权，比如地主拥有土地，结果田面权是农民的。假设1∶1，有一半的土地权利是田面权，那你对所有权进行分析，这应该说有大的偏差。

四、法人产权。少林寺属于7个县的土地，大多数是少林寺，其他农民都是他的佃农，你怎么去分析土地集中？私人土地占有不平均，最根本的原因是农民个体经营具有持久的竞争力和生命力，所以你想把土地耕作出来，搞一个大规模的土地经营，你竞争不过他就不能够成长起来。

朝廷保障农民土地所有权，限制了强权的干扰，强权之于哪里，就是官员的身上。现在的房姐、房叔，拥有十几套房，往往是有权利的。宋、明、清朝廷规定官员在任上，在他的辖区之内不能够去购买土地和房产，甚至连退休之后一定时间内也不能购买，过去说土地官员强占土地，这个情况不能说没有。我想说一点，历史剧大家千万别去看，看了历史剧你就说这个都是任性的，皇帝地主都是任性的，论现象肯定是有的，甚至是不少的，但是从普遍性和一般性的角度，从制度的层面，你不能以他们为主要研究对象去进行考虑。

平均地权的迷思。在20世纪我们进行过两次平均地权，一次是所有权的平均，一次是使用权的平均。我讲这一点我是经常提问的，我现在提一个问题，我们革命先烈抛头颅、洒热血，建立了什么样的产权制度呢？是建立了农民所有权制度，而不是很多人第一反应的集体所有权。其实很简单，因为平分土地，所以它是所有权的平均，到了1981年，是使用权的平均，但是幸运的是它没有明确使用权的平均。因为当时你用包产到户，确定为使用权的话，那是要杀头的，所以杜老他们想了一个办法，家庭联产承包责任制，才推动了农地改革。无论是所有权平均，还是使用权平均，事实上它都是做不到的，一开始是可以做得到，但很快就会变了，这个制度的设计者不可能想到那么多。比如说妇女出嫁，土地可不可以带回去？不能。尤其是集体产权之下，如果你出嫁到别的村庄，你就不是这个集体的一员，如果她到另外一个村庄没有土地怎么办？一个是定期均分，赶在均分之前结婚，那她可以分得土地；那都不均分的，所以妇女就没有土地了，没有土地就没有财产，离婚了就什么都没有了。家庭人口成员结构变动，土改的时候我去进行调研过，一个80多岁的蒋老先生，1949年的时候他14岁，他和他瘫痪的母亲获得了两块地，他隔壁的壮汉获得了一块地，一年后母亲去世了，他一个人就两块地，壮汉后来结婚了生了孩子就三个人，一份地，平均吗？这种情况是普遍的。所谓平均地权公平吗？有效率吗？没有的，我们现在才认识到，所以就有土地流转，所以就有市场思维，过去无论是所有权的平均，还是使用权的平均，都是确保市场思维。初始的平均状态，无论你怎么去分，这么多变量影响很难影响劳动的动态结合，美好的理想是不能实现的。21世纪就开始有了土地流转，农地由政府配置转向市场配置，有人说土地流转之后农民意愿不强，他能有多少意愿呢？三分之二的人同意才能够出租给外村人，而且财权不明晰，地权交易形式单一化，现在应该说逐渐开始多样化了，但是和解放前相比还是非常有限，产权不清晰和交易的单一就使得生产要素的流动受到影响。

市场思维的排斥。说到这里牵涉很多问题，房契是1957年的，这是我们老家的，1956年之前土地是有所有权的，1961年的时候都还是所有权，也就是现在的宅基地。宅基地如果有所有权它当然可以公平交易，我出租出卖都是我自己，现在不行，现在一些农民或者农民集体，他们自己建了房子出卖或者出租是得不到任何利益的，所以被称为小产权。他们集体盖一个章。有的地方大肆拆除小产权。你知道小产权它的历史渊源，你就知道农民的权益、农民的财产是怎么样的。如果你历史学通了，我想我们很多观点对现在的小产权都不会那么深恶痛绝了，对市场思维的排斥我们也看到了。自耕农最优论，平均地权就是自耕农每个人拥有10亩地，一成不变，它是不可能的，而且这也意味着土地不能够流转交易才能够维持这种状态，也就意味着你不能从市场上获取土地劳动力资本跟生产要素和资源，你怎么可能是最优的呢？这样对租佃是不公平与低效的。从学理上来讲，你不能说我从市场上去获得土地使用权，建立家庭农庄，然后缴纳地租就是不公平的。去整合资源，它怎么可能低效率？简单从逻辑上来说，平均地权，20世纪的主流思潮是片面性的，都是缺乏市场思维所致，都是建立在土地生产要素不流动的前提下的静态思维。它的根源就是近代中国经济落后的强烈刺激下成为主流思潮。我们就是要在一个强有力的政府率领之下才能走向现代化，不能说它没道理。

传统经济向近代经济转型的困境与认知。当我们从历史渊源去看，就是一个人拥有土地，而且能够自由地交易，这是人之为人的朴素天性，如果一个政府不允许人们拥有财产，不能够去交易他的财产，至少在我们历史上它不是这样的。在中国的民间拥有多层次的产权并进行交易释放，到近代却迷失于落后挨打的混乱所造成的思维误区，人们就将贫穷落后归咎于土地，导致农民破产，导致市场混乱衰败。只有通过政府控制资源与配置资源才能走出混乱，实现富国强兵，成为20世纪的主流思潮，而且我们的父辈祖辈，他们都是这么想的，也是这么做的，你可以理解，计划经济就是这么来的，也经历了长期的试错。经济外的原因就是长期战乱，这个其实很明显，但很多人故作高深去追求更深刻的原因，如果你说经济类的原因，就是近现代经济转型，或者农业经济向工业经济、传统经济向现代经济转型的失败所造成的。

我看我们有的学者研究说1937年到1949年经济年均负增长2.5%，你想连续14年负增长2.5%，太平天国的时候也是连续14年的经济负增长，中间还有其他的原因。今年我们第一季度就是负增长6.8%，党和政府非常忧虑，一季度负6.8%是因为全国都停了，你们知道在计划经济之下，1961年的经济负27.6%，第二年六点几的（增长），现在是不可思议。现在有些经济学家为计划经济去寻求理由，最简单的事实你都不顾，你怎么指出我们现在市场的道路在何处。很多人说你说的中国那么好吗？并不是那么好。你要知道在那样的技术条件之下，有人说中国那么好，为什么没有发生工业革命呢？如果中国能够发生革命就能避免落后挨打，我想跟大家说的是，除了英国之外，其他外国学者都在探讨这个问题，英国它是独特的，事实上英国之外的其他地区，都是通过学习和模仿"英国模式"而实现工业化的。不能说中国没有出现自发性的工业革命，就说明中国传统经济它停滞或者缺乏活力，不能以此全面否定中国的传统文化制度和文化。在那样的基础条件之下，你可以看到很多困难的现象，你也应该透过这些困难去抓住它的本质，去进行学理分析。英国之所以有源生性的产生工业革命，也并非其既有的很好的制度基础与文化传统，而是经过两百年革命，改变了原有制度与文化之后发生的，才发生工业革命。就像我们今天很多人以今旷古一样，以现在的一切去推测历史上的中国，比如说没有自主能力，很多人甚至说历史上皇帝控制一切，农民百姓就没有财产，他签订的契约就可以被随便抢去等等，这一点我们上次在人大也做了讨论，20世纪学界的误区影响了很多学者，好在现在活跃在前沿的中青年学者比较好一些。

地权市场使得各级农民家庭具有韧性、稳定性、竞争力，拥有个体家庭农庄或者拥有自身土地的农民就成了中产阶级，所以社会经济相对稳定，这种稳定性和它本质属性的自我强化，就造成了抑制变革和抑制因素的成长。它去学习西方先进工业化也遇到了强大的阻力，我们现代化经济可以说举步维艰，我这里揭示了中国传统经济的本质特征及其与西欧经济发展道路的分异。

现实借鉴与启示。刚才我所说的市场化的耕地制度改革，它对传统地权制度是有所借鉴的。2013年春节我回来第一天，接到一个没有显示电话号码的一个电话，他让我写一个报告，我就写了这个报告，后来得到了表扬，得到表扬我也没怎么去看，后来要填报，我说这个评价挺高的，他说"文中提出的重要观点受我们有关部门的重视，作为社会科学研究工作者，能够坚持正确导向，自觉关注现实问题，深入开展调查研究，努力推出高质量研究成果，体现了较强的责任感和使命感，为国家社科基金更好服务党和国家工作大局作出了贡献"。我觉得这个评价真是挺高的，我们现在走向市场经济建设，今年中央特别强调要素市场化，土地当然就是最重要的要素，这方面其实我们是具有相当的制度遗产的，从这方面我们既可以借鉴这种制度遗产，另外一方面可以更好地从历史渊源流变中理解中国特色市场经济体制，谢谢大家。

黄志繁：非常感谢龙老师的精彩演讲。龙老师的演讲对传统经济史的认识作出了全新的解释，而且是一个成体系的解释。龙老师研究中国传统经济制度应该是灵活而有效率的，土地私有产权和市场交易具有低门槛性、可分割性、复制性，这样使得中国传统经济并非我们以前认识的那样陈旧和没有效率。他也澄清了一些不正确的地方，对我们广大青年学生抛弃教科书的认识，重新再认识中国传统经济应该有一些深刻的启发和借鉴意义。提醒各位青年朋友注意，他认为佃农经济不是那么低下，佃农经济不是我们想象中受压迫、没有效率、没有掌握资源的经济体制。传统民间法人组织，也是非常有活力的，在基层社会治理中有非常重要的作用。包括典权的作用，龙老师也给了肯定的评价。龙老师也没有完全说传统经济不是我们想象中的，不是说特别完美，而是它具有自身的特征，这种特征也制约它进一步向前发展。我的理解不一定对，龙老师的演讲给了我们很多全新的启发和借鉴，希望大家好好学习，再去深刻领会，我们现在请大家提问。

提问 1：龙老师您好，里面的内容已经听了很多次，还有一个问题想和您探讨一下，您经常讲公共组织和制度安排，您能不能说一下，用很简单的话概括一下，在中国传统地权制度当中，公共制度到底起到一个什么样的核心重要作用，这和后来市场经济发展肯定有特别多的关联。

龙登高：中国公共领域，特别是基层公共领域，应该说主要是由民间组织开展承担的，民间组织他们有的是得到政府专门的授权，有的是得到政府的默认，或者大多数是得到政府的默认，比如角色自由，你不需要去备案，都可以去这么做。他们提供公共产品，公共服务是全方位的，使得民间具有自主经营能力，也使得政府没有对它进行专门的规范和引导，政府是缺位，这个跟另外一个观点相反了，有人认为政府把中国的一切控制在手掌心，有的学者认为中国土地产权就是不存在纯粹的、没有干扰的、自由处置的所有制，这是 20 世纪解决的事。政府实际对基层是间接管的，它是通过民间微观主体去提供公共产品、公共服务、公共管理，而达到控制的目的，这样他自己省心，不需要多少官员。

明代有 1400 多个县，地方官员才 5800 个，从二品到九品，皇帝就控制着这些官员，这是低成本的事情，不然在当年怎么维持大一统？那会失去控制的，而且绝对控制不了。所获得的税收是有限的，那么就养活不起那么多官员，土地是谁去干预呢，刚才谈到了。强权官僚强买强卖，利用自己的特权买卖，这是禁止的。20世纪主要的思潮使人形成这种感性的观点，使有的人无法改变，包括很多学者，也有人说皇帝想怎么做，就怎么做，他控制了一切资源。我也说一句感性的话，我是湖南人，2000年来没有皇帝到过湖南，他怎么抢土地呢，他通过官僚去抢夺土地，最好的办法就是税收，稳定的税收建立在明确产权之上，对他是最有利的。他要担心的就是官员，以他代理主权利去侵扰民间，你可以从委托代理机制理论去进行分析。他跟现在的法律体系，这么完善之下的西方资源的确还是有一定差距的。的确，腐败的官僚我们也看到了，杜绝官僚腐败，侵扰农民和基层社会的腐败现象只有建立民主制度之后才基本出现，全世界只有很少的一部分国家能够做得到。有人说乾隆皇帝杀了50个贪官，你看多严重，乾隆当了50多年皇帝，一年一个。这个回答有一些感性，我们20世纪的主流思潮是基于感性，不能得到实证，有时候你感觉他的感性完全经不起推敲，但是你可以去理解，因为是中国落后挨打，使得人们形成了这种观点。

提问2：龙老师您是继承李伯重先生说过的，清代以来形成有效市场和市场制度，您觉得遗产挖掘及当时中国的发展和印度是不是区别很大呢？因为印度大家都没有了解，我觉得印度现在就是一种民族制，可能跟中国的差距就在于这一点吧。

龙登高：印度是比较复杂的，在基础研究之上进行比较，20世纪很多中西比较、中印比较我觉得很多是感性的。

提问3：首先您介绍了这么多丰富的土地产权交易形式，肯定对现在土地制度改革有很好的启示作用，当时如果这个交易形式如此丰富，是怎么样控制欺诈呢？尽管现在的农民对他的土地产权也是非常清楚的，知道自己在什么立场，怎么保护，您也说了，现在的交易形式已经比过去丰富多了，至少在广东、宁夏、福建都有很多的交易形式。我只是想问问，传统的交易如何控制欺诈呢？如果说在历史上土地集中是非常有限的，为什么历次农民革命都要打出平均地权的旗帜呢？如果毛泽东他们一定要找出来一个口号，孙中山为什么也是像农民起义军一样提出来耕者有其田呢？他不知道不一定拥有所有权，也能耕者有其田吗？这后面两个问题，咱们见面谈，我只是听着你讲的时候有一点点的疑惑。

龙登高：朱老师是学部委员，对很多方面都有研究。对于如何避免欺诈，契约签订它有中人，中介代理人，有见证人，在官方那里也有官中，也不是政府官员，是政府授权的主体来担任中介，有的是没有这个权利，你要获得这个权利要缴纳不菲的押金，签订契约之后如果所有权交割就要去政府那里办理所有权的交割，他也有一系列的政府备案的措施。您这个问题非常好，其实所有权的交割的欺诈是很有限的，因为最终要交税，政府让你完成这个产权交割。但是租佃它就有可能会出现赖佃，我就不缴租。租佃签订契约，租佃中间人要承担连带担保责任，一旦不交，中人就要交。官中就不会承担这个方面的责任，政府会避免这方面的债务往来，这是关于欺诈。还有一个天然原因，这个土地交易跨地域相对来说不那么多，关于农民起义，就涉及到平均地权，我们说到有全国的平均地权，每一个地方的差异性很大，有的地方它是很强，特别是近代媒体宣传就会放大，就有相当大的差距，这种感性的认识会造成起义者或者孙中山希望这么去做，去平均地权。孙中山的平均地权是所有权的地权，一定要在暴力的情况下才能形成所有权的平均，我们看到很多历史都是感性认知，这是比较明显的。

提问4：讲座当中提及土地典权制度被废除是归咎于修法者对典权的误读，您提及典权、卖和抵押更稳定，能够稳定个体家庭农户，那么为了土地集中和流转而取消典权的可能，会不会是制度设计？

龙登高：中国只有两个地方的典权交易是合法的，一个是台湾一个是香港，但是它有几点，现在土地交易的金融功能是大大弱化了，因为金融工具很多。在大陆来说没有所有权,没有占有权,农民没有财产权,所以典权事实上它也是无本之木,如果没有占有权怎么使用权抵押呢?它有根本性的原因。

提问5:龙老师您好,我是兰州大学的研究生,我近期在做清代旗地相关问题,要区分产权变迁的过程,我查阅资料,认为在雍正及乾隆年间,旗地回赎之后,它逐渐形成八项旗属地,它算不算八旗的集体产权,可不可以认为它那个时候的土地公产不是国家所有的土地呢。

龙登高:我对旗地没有做专门的研究,印象当中还是国有,包括东北在19世纪以前,汉人不能去,去了之后他们的土地是不能够买卖的。但是它很类似现在的土地,出租不够可以出典,或者以典为卖的情况比较多,这是它的产权特征决定的。满族继承制,因为国有制而不是私有制,所以它也是不能分割,不能够买卖的。

提问6:我研究的是荷兰以及英国的地权变迁的问题,刚才听您讲到中国自耕农的制度以及租佃制的比较,实际上在欧洲也印证了您的自耕农优越论不一定正确这个观点。早期荷兰、英国在经营层面恰恰是租佃制体现了它的优越性,土地租金显然比购买土地要低很多,大概是20倍的差价,佃农可以用有限的土地租金在大面积的土地上实现大规模的经营,所以我也很认同您的看法,租佃制往往有它的优越性。

龙登高:从生产要素的流转交易、整合资源的角度来看它的确是这样,因为它是低门槛。它主要是建立自己的农庄,或者说庄园,这个低门槛是比较好的,甚至有把自己三亩地卖掉然后去租佃几十亩的土地,这种情况也是比较多的。荷兰或者英国都是大佃农王国,所以在这一方面发展更充分,大佃农推动了农业效率的提高。

黄志繁:如果您还有特别需要回答的问题,您可以再回答一下,请问还有吗?

龙登高:好了,还有一些问题今天不能一一回答了,谢谢黄老师。

黄志繁：非常感谢龙老师精彩的演讲和精彩的回答，我想我们在线上度过了非常愉快和高质量的学术时光，感谢龙老师的辛苦付出，也感谢诸位的热情参与。我们霁光讲坛将继续邀请一流的人文学者和学术精英来开展各种各样形式的讲座和交流，希望大家继续关注。谢谢龙老师，谢谢大家，今天的讲座圆满结束，再次感谢。

推荐书单：

1. 吴承明著，刘兰兮整理：《经济史理论与实证：吴承明文集》，浙江大学出版社2012年版。

2. 李伯重：《火枪与账簿：早期经济全球化时代的中国与东亚世界》，生活·读书·新知三联书店2017年版。

3. 李伯重：《中国的早期近代经济》，中华书局2010年版。

4. ［英］科大卫著，周琳、李旭佳译：《近代中国商业的发展》，浙江大学出版社2010年版。

5. ［美］王国斌、罗森塔尔著，周琳译：《大分流之外：中国和欧洲经济变迁的政治》，江苏人民出版社2019年版。

6. 陈志武：《文明的逻辑：人类与风险的博弈》，中信出版社2022年版。

7. 马德斌：《中国经济史的大分流与现代化：一种跨国比较视野》，浙江大学出版社2021年版。

8. 邱澎生：《当经济遇上法律：明清中国的市场演化》，浙江大学出版社2021年版。

9. 龙登高：《中国传统地权制度及其变迁》，中国社会科学出版社2018年版。

10. 龙登高主编：《中国土地制度史》，中国社会科学出版社2022年版。

第二十六讲

美德与自我中心：朱熹如何回应对当代美德伦理学的一个批评

主讲嘉宾：黄勇

嘉宾简介：黄勇，复旦大学哲学博士，哈佛大学宗教学博士。现为香港中文大学哲学系教授。先前长期在美国任教，并兼任美国宗教学会儒学传统组共同主任，哥伦比亚大学宋明儒学讨论班共同主任，北美中国哲学家协会主席。创办并主编英文学术刊物 *Dao: A Journal of Comparative Philosophy* 和学术丛书 *Dao Companions to Chinese Philosophy*，并担任近20种中英文学术期刊和丛书的编委。除中英文学术论文各80余篇外，出版英文专著 *Religious Goodness and Political Rightness*, *Confucius* 和 *Why Be Moral* 以及中文著作《全球化时代的伦理》《全球化时代的宗教》和《全球化时代的政治》。目前正编著英文书稿 *Ethics of Difference: Learning from the Daoist Zhuangzi* 和 *Knowing-to: Wang Yangming´s Contributions to Contemporary Moral Philosophy* 两本。

讲座时间：2020年7月16日

主持人：我们开始今天的讲座。今天非常荣幸邀请到黄勇教授，为我们做一个主题为"美德与自我中心：朱熹如何回应对当代美德伦理学的一个批评"这样的讲座。这也是我比较关心的一个问题，也是本单位在重点研究的一些问题，我想黄老师的讲座一定会让大家受益良多。

中国近代以来的历史发展过程，也是中国哲学或者中西哲学比较诠释、建构的一个过程。正像杨国荣教授给黄教授当代伦理这本书里面所提到的一句话，中西哲学的比较本身是要面对问题，为了解决问题。在这个过程当中，黄勇教授长期以来做了非常细致、专业的研究和传播工作。我们留意到黄勇教授多方面对于推动伦理哲学研究，黄老师对这方面很熟悉，他的博士论文也是做宗教之善。我们说美德伦理学是三大伦理学形态之一，已经有三四十年了。在这个过程当中，中国哲学面对西方哲学主动汲取了很多营养，我个人也花了很多时间在美德伦理学与儒学研读方面。把美德伦理学里面关于道德伦理，包括形而上学的主题进行深度关联，比较诠释建构新理论，我想黄勇教授是最卓越的代表。我们期待黄老师对这个主题展开多维度的信息。我们现在把时间留给黄老师，我们再次欢迎黄老师。

黄勇：好的，谢谢新国的介绍。非常高兴今天能够跟大家分享一下我在儒学和美德伦理学方面研究的课题。本来想跟大家有一个比较亲密的见面，现在只能是远程，这样一个好处就是其他一些地方的人也可以参与。

我今天讲这个题目，不好意思，我的 PPT 是英文的。这个题目是比较大的题目，我写了一篇文章，英文文章在好久以前就发表了，中文版进行了一些扩充，差不多有 5 万字，今天不可能全部讲。这 5 万字中文的文章还没有发表，会收在我年底前出的一本书《美德伦理学：从宋明儒的观点看》里。

今天讲一下大概的意思。刚才张教授讲到，最近几十年，美德伦理学有一个比较大的复兴。讲是复兴，不是新的，古希腊哲学里基本上都是美德伦理学。这个复兴可以从几个不同的方面去看，我觉得最主要的方面就是美德伦理学的复兴、繁荣，表现就是本身呈现一种多样化趋势，并不是单一的繁荣，现在有各种不同的美德伦理学，大家比较熟悉的可能还是最主要的，就是理性主义的美德伦理学。除此之外，特别是从情感出发的美德伦理学，学者也是比较熟悉的，美国迈阿密大学的一个学者是情感主义伦理学的代表。还有多元主义的美德伦理学，是澳大利亚一个学者在这方面做得比较多。特别是在美国，从实用主义，特别是从杜威的哲学出发提出美德伦理学。当然还有古希腊发展出来的美德伦理学，形形色色，很多种，表现出美德伦理学的研究一派繁荣的景象。这是美德伦理学的一个方面。

美德伦理学的第二、第三个方面，跟我今天讲的题目有一些关系。第二个方面，美德伦理学遭到了其他伦理学的批评，特别是康德伦理学的批评。美德伦理学刚刚复兴的时候，几乎没有人睬他，就像一个小孩一样。现在发展比较成熟以后，特别是一开始的美德伦理学家比较极端，当初复兴时候看到的只是美德伦理学，或者美德伦理学家对康德主义、对功用主义的批评，很少反过来。但是代表其他伦理学形态的哲学家，特别是康德主义的哲学家，对美德伦理学进行批评。我觉得在我看来，并不是表明美德伦理学不行，而是说美德伦理学成长了、繁荣了，对其他的伦理学形态可能构成了一种威胁，所以他们需要对它进行批评。我觉得这是美德伦理学繁荣的第二个体现。

美德伦理学繁荣的第三个体现，很多做非西方哲学研究的人，往往从自己的哲学传统里找美德伦理学。如果你查一下文献，做印度教研究的，他们就有印度教的美德伦理学；做佛教的就有佛教的美德伦理学；做伊斯兰教的有伊斯兰教的美德伦理学；中国做道家的比较少，也有几篇，叫道家美德伦理学，我自己也写过两篇庄子方面的。遵循美德伦理学根源最多的，那可能就是儒家。儒家比其他的印度教、伊斯兰教、佛教，其他的传统，儒家角度是最多的。实际上很多人不是从儒家角度看美德伦理学,或者美德伦理学的角度看儒家的伦理学,这个做法跟我讲得不一样。我年底将出的书《美德伦理学:从宋明儒的观点看》(有所体现)。

所以美德伦理学最近几十年复兴、繁荣,在我看来美德伦理学得到繁荣的原因,至少体现在我刚刚讲的这三个方面。第三个方面刚才讲很多做非西方哲学研究的,从儒家和美德伦理学研究方面是最多的。但是大多数的做法,都是试图证明儒家是一种美德伦理学,他们把西方的美德伦理学家亚里士多德跟孔子、孟子、荀子比较,很多人认为荀子也是美德伦理学家。这种比较有很重要的方面,也很有意义。他们多少把西方哲学当中的某一个伦理学的历史形态,作为一种美德伦理学的藩篱,来看某一个哲学家,用他的标准来看一下,是不是一个美德伦理学家。这样做的结果往往有一些问题,特别是有一些反对把儒家看成美德伦理学,国内比较熟悉的,安乐哲教授现在在北大,他当然反对认为儒家是美德伦理学,他认为儒家是一种角色伦理学,他这个观点在我看来并不是很冲突,把亚里士多德和孔子比,问孔子是不是伦理学家,实际上就是在问,孔子是不是亚里士多德和亚里士多德主义者,这样做的结果就会发现,孔子可能有很多讲的话和亚里士多德一样。

所以可以说孔子是一个亚里士多德者,但是接下来要问的问题,就是说孔子和亚里士多德谁才是更好的美德伦理学家?那肯定是后面,因为美德伦理学的标准就是亚里士多德,问这个问题就是孔子和亚里士多德相比,谁才是亚里士多德主义者?理论上也可以说孔子是比亚里士多德更好的,理论上可以这样说,但是一般的情况下,孔子讲的很多思想确实很亚里士多德,但是好像亚里士多德讲得更多、更好、更清楚。这样做以后,安乐哲就讲了,如果我对美德伦理学感兴趣的话,特别是在西方,我也不懂中文,我为什么要看孔子,看亚里士多德就可以了,孔子讲的话就是亚里士多德讲的话,亚里士多德比他讲得更清楚、更多、更全面,我为什么要去看孔子呢?所以只是想论证儒家美德伦理学，如果我们不从美德伦理学的角度去看可能看不到。但是有一个非常严重的缺陷，我自己在对美德伦理学，最近十几年一直在做美德伦理学的研究。主要不是论证儒家就是美德伦理学，或者某一个具体的儒学传统上的美德伦理学。

美德伦理学发展到现在这个程度，也遭到了很多外来的批评，刚才还有一点没讲到，不仅是外来的批评，美德伦理学家自己也认识到，好像美德伦理学里存在一些缺陷。在我看来，有些问题或者有些对美德伦理学的批评，西方哲学从自己的资源里就可以挖掘出来，或者克服这样的问题。我举一个例子，大家如果知道美德伦理学，1958年某某写的一篇文章，他是比较极端的美德伦理学，他讲的一些话经不起检验，也很容易受到其他伦理学家，特别是康德主义伦理学家的批评。康德主义就是讲道德规则，应该做什么事情、不应该做什么事情，他说美德伦理学不讲规则，我们不讲你应该做什么事情，而是你应该成为一个什么样的人。这样一来的话，好多人就批评了，美德伦理学作为一种规范的伦理学，不给人提供一种行动的指南，因为你不讲行动规则，这个伦理学好像没什么太大的作用。像这样的批评，很多西方的美德伦理学家他们做了很好的回应，特别是从亚里士多德角度看，他是这方面当代最好的亚里士多德主义美德伦理学家，他不这么极端。他说我们美德伦理学主要关心的是美德，是性格。我们也关心行动，也关心行动的规则，但是行动的规则从属于美德，是从美德里推出来的。特别是从亚里士多德主义的角度看，每个美德都会有两个恶德，类似的性格特征都会得出三个不同的行动规则。比如说一种美德就是勇敢，从勇敢的美德里得出来一个行动规则，就是你应该做勇敢的事情，就是不做勇敢的事情是不对的，这个就是一个道德规则。然后勇敢是相应两种恶德：鲁莽和胆小。可以推出两个否定的规则，就是不要做鲁莽的事情，或者说不要做胆小的事情。

我在这里想说的是，有些对美德伦理学的批评，有些美德伦理学家自身认识到的问题，西方美德伦理学家已经做了很好的回应。但是我发觉还有很多问题他们没有很好地回应，而且在我看来，从他们自身的传统里，很难做出恰当的回应。今天我要讲的问题就是这样一个问题，就是说有一些哲学家，特别是康德主义哲学家，认为美德伦理学是一种自我中心的，有恶德是自我中心，有美德怎么是自我中心？我们可以举一个例子，刚才张新国教授也提到伦理学主要有三个不同的派别，但实际上这三个不同的派别，也并不是说很不相同。他们在具体的方面，实际上都是一样的。如果完全不一样的话，到底是不是伦理学还是一个问题，他们有差别，也有很多方面是一样的。比如说有一个人需要帮助，我可以帮助他，假如有三个伦理学家，一个是康德主义，一个是功利主义，一个是亚里士多德主义，我该不该帮他？我想都会说你应该帮助他，所以没什么差别。假如你再继续问他，我为什么要帮助他，这个时候他们可能给你不同的回答。

比方说功利主义为什么要帮助人？帮助人以后，可以增加幸福的总量，我们宇宙当中的幸福总量就增加了，这是你要帮助人的理由。假如说你帮助了这个人，幸福总量降低了当然不用帮助他。我们假定正常的情况下，帮助了一个人，增加了这个人的幸福感，这个人是宇宙当中的成员，只要你帮助这个人，不伤害其他人，这个人的幸福总量增加了，幸福宇宙的总量增加。你问一个道义论者，我为什么帮助人？这个是一种绝对的或者普遍的道德规则，要求你去帮助人，你不帮助人就违背了普遍的道德规则。这也是很好的理由。

假如说美德伦理，你帮助了这个人，你就成了仁慈的人，具有美德的人。美德伦理学家的回答和前面两个回答看一下的话，就发掘第三种回答，我为什么要帮助人呢？好像是为了我自己，我帮助了人以后，就成了一个具有美德的人，帮助人主要是为他人考虑，这个就是所谓美德伦理学的一个自我中心的问题。就是说你帮助人的目的，实际上是为了自己成为一个具有美德的人，并不是前面两种回答，为了增加宇宙当中的幸福总量，或者说为了遵守普遍的、绝对的道德规则，而是为了自己成为一个具有美德的人。这个就是一种自我中心。这个批评，明确提出来这个人是一个美德伦理学，他实际上是美国对美德伦理学复兴起了重大作用，要回应这样的批评，这样的批评很头大，就是不好回应。没有具体说明谁提出这样的批评，但只是简单地说，从康德主义来的批评。我这个文章里具体有一些文字，从康德主义来批评，甚至康德本人就认为美德伦理学具有自我中心的倾向，这些我可以跳过。这些批评刚才讲了，儒家很多人认为，儒家也是一种美德伦理学，这种批评可能也适用于对儒家的批评。

大家都熟悉，在《论语》里有一句很有名的话，叫"古之学者为己，今之学者为人"。古人和今人对比起来的话，总是称赞古人，为己是好的，为人是不好的。在谈到孔子这句话的时候，也是非常强调为己，学者须是为己。圣人教人，只在大学第一句明明德上。以此立心，则如今端已敛容，亦为己也；读书穷理，亦为己也。弄到最后他说学者，这个学者并不是今天的学者，今天的学者只是搞学问的，这个学者是要学做人的，学者就是自我中心的倾向。但这个批评，并不像我们想象的这么简单，这么容易回答。刚才讲的对美德伦理学自我中心的批评，这个主要是针对批评的人，包括他们也不知道美德伦理学家，实际上康德本人对亚里士多德也不是很了解，在他看来所有的古希腊的伦理学家一样，是幸福论者。他也没有做很多严格区分，为了自己的幸福。但是幸福的意义是不一样的。这个批评就是说，我们表面上看很容易回答，实际上他也回答了。这方面儒家当然可以回答，但是也没什么特别的，在亚里士多德主义的回答是可以的。

要回应这样一个批评，我们要看到美德伦理学的两个方面，两个特征：第一个特征，美德伦理学家要求一个人要完全关注自己，要怎么样设法成为一个具有美德的人。从这个意义上来说，美德伦理学或者具有美德的人，确实是自我中心的。因为他做的所有的事都是为了自己，让自己成为有美德的人，但是这个是美德伦理学的一个方面。美德伦理学的另一个方面，就是说你应该具有美德，什么是美德？在亚里士多德眼里，有些美德是涉及自己，但是还有很多美德是涉及他人的。比方仁慈，在亚里士多德不算，仁慈是一种美德，但是要努力成为仁慈的人。假如为自己的人生设定了一个目标，我就是要成为一个仁慈的人，我一生所有努力都是为了实现我自己的目标，从这个意义上来讲，当然我是一个自我中心的人。但是仁慈作为美德，本身要求我关心他人，所以这是另外一方，就是关心他人。第二个特征就把第一个特征调和起来了，所以这个批评，美德伦理学家既有自我中心的批评，好像是不能成立的。这只是一个表面的批评，但是这个批评还有两个更深刻的成分。

戴维提到了，我刚才讲的儒家里也有自我中心倾向。从刚才讲的内容中可以很好地回应，因为我在文章里，也从朱熹的角度，从这方面可以做出三种回应，但是我觉得这个回应并不是很重要，有一些独特的分析。西方美德伦理学家从自己的资源里，做了很好的回答。但是这个批评还有更深刻的两个层面，这两个层面在我看来，西方的美德伦理学家迄今为止还没有做出很好的回应，而且在我看来，如果只限于他们的资源，可能很难做出很好的回应。

我说两个更深的层面，现在有第二个程度、第三个程度。第一个更深的层面，就是戴维提到，他自己是美德伦理学家，这个批评我们怎么回应？这个批评什么意思呢？大家看到的是他写的一篇文章里的原文，时间非常有限，我简单说一下。具有美德的人一定会关心他人，如果这个人对他人一点不关心，怎么是具有美德的人？我们从这个方面，刚才说回应，批评美德伦理学是自我中心，或者具有美德的人是有自己中心，这是不能成立的，因为具有美德的一定关心他人。他说一个具有美德的人，刚才戴维说了有两个方面：一是关心自己，要关心自己成为一个具有美德的人；二是关心他人。因为具有美德的人一定关心他人。但是戴维讲了，一个具有美德的人关心自己和关心他人方面，具有一种不对称性。什么叫不对称性呢？

他关心自己的是美德，他要想方设法做所有的事情，使得自己成为一个具有美德的人。但是他在做所有事情，为了成为具有美德的人，他要关心他人，他关心他人是什么呢？关心他人只是他人的衣食住行。有一个人没饭吃，一个具有美德的人给他饭吃；有一个人无家可归，具有美德的人让他有地方住；有一个人生病了很痛苦，具有美德的人帮助他。这些外在的方面，也就是说具有美德的人在帮助他人的过程当中，既是为了自己，也是为了他人。但是为了自己，自己获得的是内在的美德，帮助他人是外在的幸福。但是美德伦理学，具有美德的人都认为，内在的德行或者内在的美德，比外在的幸福更重要。如果这样看的话，具有美德的人在帮助他人同一个行动当中，自己获得的是更重要的美德，给他人的是不那么重要的外在幸福。这就是戴维讲的,好像有一种不对称性。既然你认为内在的美德是更重要的话，那么具有美德的人，如果你真的关心他人的话，应该也要关心他人的美德。比方说假如具有仁慈美德的人，不能只是说有人没饭吃给他饭吃，有人生病了我给他治病，有人没衣服穿我给他衣服穿。假如有一个人不仁慈的话，你也设法让他仁慈，真正仁慈的人设法让他人仁慈。但是他说好像我们伦理学传统里，仁慈的人并不要求这个人也要让他人仁慈，假如这个人帮助了外在的东西，这个人仁慈了，具有美德了。从这个意义上讲，具有美德的人是一种自我中心的人。

刚才我讲到美德伦理学有很多不同的形态，但是亚里士多德的美德伦理学还是主流。亚里士多德本身容易受到这样一种批评，这种批评，亚里士多德大家如果知道的话，他称具有美德的人是一种真正的自爱者。他把真正的自爱者和庸俗的自爱者区分开来了，庸俗的自爱者所追求的好像只是外在的福利。比方说我要得到更多的财富，我怎么样有更好的地方住，我怎么名声更大一点,这些在他看来是庸俗的自爱者。但是他认为具有美德的人，也是一种自爱者。但是这种自爱者是真正的自爱者，是因为他爱的东西并不是一种外在的东西，而是内在的德行。既然是庸俗的，一个是真正的自爱者，很显然他认为具有美德的人，也是一个自爱者。所以根据讲的批评，我这里有几段话，是亚里士多德的原话，他说真正具有美德的人，把一些外在的东西，比方财富、荣誉，所有这些东西都可以抛弃，然后最终要获得的是一种崇高的东西，那就是一种美德。这样一种批评，戴维自己讲这种批评很难回答，甚至是不可以回答的。他说可能最好的回答，就是同犯论证。康德主义不是在批评美德人自我中心倾向嘛，康德主义不也是一样，同犯论证，是一种谬误推论，你说我做了一件坏事，我说这不是坏事。老师在看学生考试的时候作弊，老师说这个学生作弊了，然后学生回应，另外一个人也在作弊，这就是同犯论证。他说你们在批评我们亚里士多德主义具有自我中心倾向的话，康德主义不也是一样的？康德确实有这样的观点，康德一个非常重要的概念，就是义务的概念。他把义务分成两种不同的义务，一种是完满的义务，一种是不完满的义务。这个义务是必须要做的。

比方说你不能做好，不能说我有时候不说谎，有时候也说谎，任何时候都要遵守。还有一种义务，不完满，并不是要求你一定要做，比方说帮助人，帮助人不是说24小时，任何时候都要帮助人，这不可能。在谈到不完满义务的时候，康德讲了有两种：一种是针对自己的，我有一个义务来尊敬自己的道德完满性，有义务促进自己的道德完满性，使我成为一个道德上更完满的人，我有这样一个义务，是完满的义务；还有一个非完满的义务是针对他人的，也就是说我应该促进他人的幸福，这个幸福就是外来的幸福。我有促进我自己的道德完满性的义务，也有促进他人幸福的非完满性的义务；我没有增进自己幸福的非完满义务，也没有促进他人道德完满性的非完满义务。关于第一点，为什么我没有义务要增进自己的幸福呢？他说增进自己的幸福，就是我自己本人做的事。我们考察的对象就是说，为什么一个人没有促进他人道德完满的义务，这个是刚才对美德伦理学的批评，说美德伦理学要求一个人成为具有美德的人，但并不要求具有美德的人让其他人也有美德。为什么他们没有促进他人道德完满的义务？康德说了,为什么我们没有促进他人道德完满的义务,这个事情一个人道德完满,只能一个人自己做,别人是没有办法促进他人道德完满。要求一个人促进他人道德完满,要求一个人做他不能做的事,因为一个人道德是不是完满要靠他自己。

所以康德主义也是这样说的,你们在批评美德伦理学有自我中心倾向,康德不是也一样。而在戴维看来,康德也讲得很有道理。所以讲是讲同犯论证,这个本来不是一种罪行。我们刚才讲这个人考试的时候作弊,你也在作弊,那个是同犯论证。所有人都在作弊,也有可能所有人在做不对的事,因为所有人在做,说明这个事情本身是不对的事情。在戴维看来,促进他人的道德完满,这个事情康德讲对了,只能一个人自己要做的事。这个观点从儒家那里也可以找到根基。孔子也讲由己,但是儒家还有很多东西,我等会儿会讲到。康德讲的这个问题是没办法回答的,正因为没办法回答,本身就不是一个问题。还有一些亚里士多德主义的哲学家,他们认为亚里士多德是可以回应这个问题的,他们认为在亚里士多德那里,具有美德的人,也会设法让他具有美德。他们提出了一些看法,其中有一个看法是这样,亚里士多德在《尼各马可伦理学》里讲了这一段话,这一段话没有讲得很清楚,但是根据这一段话有一个亚里士多德的专家,发明了一个概念,叫道德竞争,是根据亚里士多德的原话,亚里士多德本人没有提出道德竞争的概念。这段话如果解释一下,可以说有道德竞争这个意识。克罗斯的道德竞争是什么意思?假如一个具有美德的人,你也会变得有美德。比方说跑步比赛,如果老是跟一个跑得很慢的人跑,你是跑不快的,所以你需要跟一个跑得快的人在一起。具有美德的人就像是跑得快的人,所以很多人跟具有美德的人在一起,也促使他们跑得快了,这样的话,也带动其他人。跑步跑得最快的人,他想让其他人跑得快一点,你跑得很快,其他跟你竞争的人他们也跑得快,也许他们是第二名、第三名,但是因为你跑得快,他们可能跑出历史上最好的纪录。同样的话,具有美德的人只是想让自己更具有美德,也使得他们更具有更好的美德。具有美德的人，尽管他们没有主观的愿望，或者意图要带动其他人更优美的，但是客观的效果使得他们具有美德，也就是说具有美德的人这个意义上也是具有美德。

道德竞争跟其他的竞争是不一样的，因为道德竞争要竞争的是什么？要得到的是什么东西？要争取得到的是美德，跟任何其他的竞争是不一样的，是不是任何也不能讲得这么极端。但是跟我们一般理解竞争的东西是不一样的。假如我竞争的是财富，假如我有了竞争，我是一个获胜者，意味着你们没有财富。但是道德的竞争是不一样的，假如我集聚了所有的美德，完满地集聚了美德，美德全被你获得了，我都没有了。成了完全有美德的人，并不是说其他人就是没有美德的人，美德是取之不尽，用之不竭的，一个人可以完全有美德，一百个人也完全可以有美德。从某种意义上，我们刚才讲的一般竞争是有类似的。越是具有美德的人，越能带动其他人有美德。但是竞争的结果，可能是大家都有美德。这样的话，具有美德的人也是关心他人的，我觉得这个是有很大的问题的。有什么问题呢？首先参与这种竞争的人，至少在一定程度上具有美德。因为不具有美德的人，是不会参与这种竞争的。我假如没有美德，我为什么参与这个竞争呢？亚里士多德讨论这一段话，在《尼各马可伦理学》里面讨论的。大家如果熟悉亚里士多德，有一定讨论的话，大家都知道区分了三种不同类型的友谊，一种友谊是公用的友谊，我为什么跟这个人交朋友呢？以后我需要帮助的时候他帮助我，他需要帮助的时候我帮助他。高一等的友谊，快乐的友谊，为什么要跟这个人交朋友呢？这个人很风趣、很幽默，反正我跟他在一起就很快乐，并不是这个人帮我做什么。这是第二种类型的友谊。

最重要、最高的友谊是什么呢？为什么跟这个人交朋友呢？是因为这个人具有美德，我有美德，他也有美德，我在他人身上看到了自己。比较孔子和亚里士多德，亚里士多德从孔子身上可以看到自己，孔子从亚里士多德身上也可以看到自己。在亚里士多德看来，真正的友谊是以美德为基础的友谊，我跟这个人要交朋友，要想获得一种自我认识，因为我自己看不到自己，假如用美德，我为了看到自己，从镜子里看到自己，但是镜子里只是看到外在形象，真正要看到自己身上的美德，一定要找一个也具有美德的朋友。刚才讲到，假如这一段话可以解释道德竞争的概念，这一段话是在讨论具有美德的友谊。也就是说朋友你跟他竞争，他们已经具有美德了，但是我们现在遇到的批评是这样，就是说具有美德的人不关心还没有美德的人，具有美德的人已经有美德，或者说很大程度上已经有美德，真正要关心的是没有美德的人，有美德的人要交朋友，交朋友就是一种道德竞争，具有美德的人要交朋友应该是交没有美德的人，促使他们也有美德。今天我跟他交朋友，认为他身上有美德，但是交朋友之后发现没有，就可以绝交。假如说道德竞争只是在具有美德的人相互竞争，我们刚才讲的批评是没有美德的人怎么样。

假如说我们想一下，一个具有美德的人跟一个不具有美德的人做一个道德竞争，是不是可以让不具有美德的人也具有美德呢？这里可以涉及到很有意思的情况。亚里士多德另外一段话，我用红颜色标注，我把这段话的大概意思讲了一下。亚里士多德这里说具有美德的人是真正的自爱者，真正的自爱者可以牺牲自己的一些外在的东西，健康、财富甚至名声，可以做出这样的牺牲。这一段话里更有意思，有时候他还会放弃一些行动，比方说具有美德的人，本来在这个时候做一件事情，但是我为了朋友的考虑，我就不做这个行动，让我的朋友有这个机会行动。也许在这个时候，让我的朋友做这件事情，比我自己做这件事情更崇高，目的也是为了更好一点。这段话也没有讲得很清楚，到底是什么原因？现在有一些当代的亚里士多德专家，他们解释亚里士多德讲的话，他自己设想了一个例子，假如你在侦察营，一个团队里，这个时候你们团队接到一个任务，要有一个人做非常危险的收集情报工作，到敌人阵营里收集情报。班长说谁愿意去？假如我是其中一个人，要去的人一定要有勇敢美德的，我是有勇敢美德的，一听班长讲这个话，我马上说我要去。假设亚里士多德讲的意思，他想想不对，我们班里还有一个人，因为没有机会，大家都认为他是胆小鬼，没有勇敢的美德，有胆小的恶德，我第一个报名去的话，这个人没有洗刷恶名的机会，所以这个人忍着不说，让他心中想到的人有机会做这件事。这个时候这个人就放弃了自己从事某种行动的机会，而让他人做这件事，在这个时候，让他人做这件事比自己做这件事可能更崇高。

　　但是大家可能肯定问，问题在哪里？假如你心中想的这个人只是有一种不好的名声，本身有一种勇敢的美德，但是由于他从来没有这种机会，因为这个人反应老是慢一点，我将这个例子发挥一下，等他要说的时候已经被人抢走了，但是这个人假如有勇敢这种美德，他只是一种恶，就是名声不好，因为名声不是那么重要。名声是外在的东西，一个真正具有美德的人，为了获得美德，这些东西都可以放弃。假如真正具有勇敢这种美德，但是有胆小的名声，假如这种情况，你们都不说的话，反应迟钝，我去，有了机会，也并不是表示让这个人变得更勇敢了，他以前一样勇敢，只是有机会做这件事。所以你在这个时候，只是洗刷了他的胆小的恶名，但是洗刷这个人胆小的恶名，好像这个人没饭吃给他饭吃，这个跟我们现在讨论的问题没有关系，也就是说怎么样使没有美德的人具有美德。这个人想的这个人只是一种胆小的、不好的名声，而是确确实实是胆小，有胆小这种恶德，没有勇敢这种美德。大家想一下，侦察营里所有人都勇敢，就是这个人胆小，这个人会说我去吗？他不会说我去，而且为自己的胆小找到了一种安慰，觉得原来有美德的人这么胆小，班级要一个人出去做一个危险的事没有人，都像我一样，我胆小一点没关系。

　　刚才讲的例子，是没办法说明在亚里士多德那里，不管亚里士多德讲的话是什么意思，我们按照现在的解释，也是没办法来说明我们想说明的问题，最多能够说明有一个人，不知道美德，这个时候牺牲一下机会，让他做可以让大家都知道他有美德，只是有机会洗刷，好的名声是外在的，不好的名声也是外在的，不关心自己有好的名声，当然也不关心自己，自己具有美德就可以了。刚才讲了，从亚里士多德那里，有些学者试图从亚里士多德的伦理学找出资源，来回应对美德伦理学的自我批评。我觉得他们的论证都是不成立的，亚里士多德自己讲得很清楚，他完全是可以成为刚才批评的对象，他自己也说了，具有美德的人从一个方面来说，完全是为他人考虑的，从另外一个方面又是完全为自己考虑的。所以他说，在某种意义上，对他人的爱或者对朋友的爱，胜于对自己的爱，在这个意义上是一种利他的。在另一种意义上，对自己的爱是爱得最多的。我用红颜色标了这一段话，在什么方面对他人的爱胜于自己的爱。

比方说金钱、健康、名声，这方面爱他人比爱自己还好，我情愿牺牲自己的财富，牺牲自己的名声，也要为他人着想。但是他说在一些崇高的方面，在一些善的方面，对自己的爱最深。这就是我们讲到的，对自我中心批评深层的意思，既关心他人又关心自己，但是关心他人的是不那么重要的东西，关心自己是内在的东西。亚里士多德这个人确实会面对这样一种批评，为什么呢？假如一个具有美德的人，美德当然有不同的程度，我们可以设想一下，一个人已经有了完满的美德，对于具有完满美德的人，亚里士多德问，这样的人还要不要交朋友？假如做朋友的目的只是为了自己，那他自己已经充分地具有美德的话，那就不需要再交朋友了。如果在这个情况下，他还是需要有朋友，说明这个人交朋友的目的，就是为了让他人也具有美德。但是亚里士多德说具有完满美德的人，确实还是需要朋友，并不是说为了让没有完全具有美德的人具有美德，是为了一种自我认识，怎么样从他人身上认识自己。从这个意义上看可以看到他交朋友的目的，不是让他人也具有美德。

还有一点也很有意思，假如具有美德的人，有的人还没有美德，怎么让他们有美德？亚里士多德提到，他说我这本书到现在为止已经讲得很清楚，什么是具有美德的人、什么是美德。就是说怎么样让人具有美德，这个问题不是伦理学讨论的问题，是政治学里要讨论的问题。谁有义务、有责任让没有美德的人具有美德呢？并不是说具有美德的人有这样的义务，他用了一个类比。有一个人生病了，这个人会找谁来帮助他看病，首先想到的并不是健康的人，会找专业的人，找一个医生，尽管这个医生可能也有什么病，但是我情愿找一个身体上有病，甚至跟我有一样病的医生，而不会找一个身体健康的人来治病。他说美德也是一样，为什么我们要找一个医生呢？医生有专业的才能，另外有权威。假如我家里一个人生病了，我跟他讲什么，即使我很健康，没有他的病，他不会听我的话。美德也是一样，缺乏美德的人也是生病了，但是生的是内在的病，不是外在的健康出现问题，而是内在的健康出了问题。这个时候我们也需要一个立法者，这个立法者在政治学里讨论，不是伦理学里面讨论的问题。立法者通过制定法律，一个人做不好的事，往往有一种威慑力量，这个我们不去讨论。我主要想说明，在亚里士多德那里，一个具有美德的人是没有义务让他人具有美德的。所有这些都说明了，在亚里士多德伦理学里，没办法回应这样一种批评。

我们回到刚才讲的，戴维说的这本身不是一个问题，康德自己有同样的看法，本身不是问题。但是我们如果从批评本身来看，美德更重要。如果真正关心他人的话，也应该关心他人的美德。当然美德跟关心他人的外在福利可能不一样，关心他人没饭吃，给他饭吃就可以了，他生病给他治病就可以了。康德讲得也有一定的道理，一个人的道德完满只能自己去追求，但并不表明，我刚才讲到儒家也有这个看法，为仁由己，具有美德的人不能做一些事情。要让他们醒过来，他们还是可以做一些事情。从这里这个批评并不是完全没有道德的，而且这个批评从亚里士多德传统，从西方的传统里很难找到很好的资源来回应。朱熹在这方面有很多，朱熹在解释大学的明明德、亲民、止于至善，一般的理解，至善就是明明德、亲民，就是至善。但是明明德和亲民德，一般看作明德是自己，老的想法，亲民就是他人。如果这样的话，陷入对美德伦理学的批评。因为这个人对自己做的是明明德，对他人是明明德。但是朱熹的解释不一样，首先他认为这个是亲民，后来王阳明有不同观点。我们讨论这个问题的观点是一样的，今天不涉及王阳明的问题。朱熹说明明德，实际上就是信自己，亲民就是明他人之德。所以明明德和亲民，古人就是用不同的字来说相同的话。明和亲是一回事，明明德是明自己的德，亲民是明他人的德，亲民解释成明他人之德，亲民并不只是关心他人外在的东西。

儒家里具有美德的人，不仅仅是明自己的德，而且要明他人的德，就是亲民的意思。而且并不是说首先要明自己的德，把自己的德明了以后，实际上这两个过程是互动，如果其没有明他人的德，说明自己的德还没有明。因为明自己德的一个部分，就是要明他人的德。我自己的德还没有明，怎么明他人的德？如果不明他人的德，永远不能明自己的德，所以这两个是相互的过程。从这里来看，以朱熹为例子。我一般用比较少的儒家的回应，儒家不同的哲学家不一样，我一般选一个特定的哲学家，很多人说为什么选朱熹，不选王阳明、孔子、孟子，很多观点他们也都是有的，他们的论证不一样。比如选朱熹，我觉得朱熹在这方面的论证最详细，可能最有说服力，并不是说这个观点儒家里朱熹独有，王阳明的论证可能不一样。我明了自己的德，看到他人为物欲所昏，德也没有明，所以我一定要帮助他人，也就是原来说的德。儒家具有美德的人，不是只关心外在的东西，而是关心内在的东西。一个人不能只是管自家老其老，长其长，教他人不得长其长；幼其幼，教他不得幼其幼，便不得。

这一段话很有意思，吝啬可以不一样，非只是吝于财，凡吝于事，吝于为善，皆是。不关心他人的美德，这也是吝啬的表现。我本来只关心自己成为一个富人，我只关心自己有能力做某些事情，我不关心他人，我只关心自己有美德，不关心他人，所有的这种都是吝啬的表现。吝还是比较理性的，假如说我有很多钱，我非常吝啬，不愿意把这个钱给人家，因为我一旦把这个钱给人家以后，我自己就没有钱了。比方说我会做一件事情，然后我教人也会做这件事情，这个其实和教是有关系的。没有办法显示跟别人不同的地方，我有能力做这个事情，我教会人家做这件事情，我没有这个能力，但是人家也会做了，好像没办法教。最不能理解是吝于为善，我自己有美德，也帮助他人有美德，我做事情的能力不会因为我教会人家做这个事，这个能力就失去了。同样我有了美德，教人家也有美德，我越是帮助人家获得美德，越是说明我有这个美德。就跟刚才讲明明德、亲民德，我不让他人具有美德，说明我自己也没有美德，在美德方面吝啬是不理性的。所以我觉得这个话很有意思。

　　还有一点也能体现朱熹关于具有美德的人要帮助他人，大家都熟悉《论语》的几句话：己欲立而立人，己欲达而达人。孔子讲的立和达是什么意思？朱熹讲立和达兼内外而言，朱熹的解释，己欲达而达人，我们解释成简单的"己所不欲，勿施于人"。作为道德正面的阐述，我自己生病了希望治病，人家生病了应该帮助他治病。这样一解释，道德经历基本上是外在的方面。但是实际上立和达，"己所不欲，勿施于人"。朱熹讲得很清楚，他说这里面兼内外而言。假如我自己想要福乐康宁，要做一些事让人家也福乐康宁。他说且如修德，欲德有所成立。我自己要想修德的话，我应该也要己欲立而立人，己欲达而达人。但是他强调，还有内在的方面，也就是我自己要修德的话，自己要成为具有美德的人，要让人家有美德。他讲了"我欲孝弟而慈，必欲他人皆如我之孝弟而慈"。朱熹的一个学生就讲了，如己欲为君子，则欲人皆为君子；己不欲为小人，则亦不欲人为小人。从这方面讲己欲立而立人，己欲达而达人，己所不欲，勿施于人。从这个方面看，也是非常清楚具有美德的人会关心他人的美德。

　　儒家讲了恕这个概念，这个概念也有宽恕的意思。朱熹一个学生问朱熹，他说假如有恕这种美德，是不是说人家有什么道德上的缺陷？我就应该宽容他。此说可怪。自有六经以来，不曾说不责人是恕！若中庸，也只是说"施诸己而不愿，亦勿施于人"而已。何尝说不责人！不成只取我好，别人不好,更不管他!所以从儒家立场上看,我刚才主要引了朱熹的一些话,说明儒家是非常强调,不具有美德的人,不只是关心他人外在的,而是关心他人的内在的,这是对美德伦理学比较深层的批评,只关心他人的外在利益,不关心自己的内在利益,同时认为自己的内在利益高于外在利益,从这个意义上有一种不对称性,说明这种观点具有一种自我中心的观点。

我讲的时间太长了,本来准备讲一个半小时,留给大家提问。但是我还想简单讲一下,对美德伦理有自我中心倾向的,还有一种批评,就是更深入的批评,下次再说。

主持人:黄老师,网速不太好。刚才讲到另外一个批评的时候,能不能再简单重叙一下?

黄勇:好,亚里士多德主义是一种利己主义,为了实现自我,实际上是利他主义。因为帮助他人,他的目的就是为了帮助他人,但是帮助他人实际上是回应,还是有问题。朱熹的回应有一些相关的,第一,在儒家看来,利己和利他,朱熹认为两者是相互重叠的,为他人着想,帮助他人是一个手段,目的是我们自己,把两个隔离开来。这个观点还有一个方面,也是儒家的回答,以天地万物为一体,利己和利他是两个分开的。

具有美德的人是利己主义还是利他主义,这个问题本身就有问题。具有美德的人里是一体的,所以在这一点上,儒家提到的一个例子非常有意思,就讲到利己主义和利他主义的问题。我对你的爱是这么深,好像生命的意义就在于爱。如果不爱你,生命就没有意义。这个时候有的人认为,这个男的并不是爱这个人。他爱他自己,为了他自己找到生命的意义。这是关于基础领域的自我批评、回应。第二个批评和回应,时间关系,不说了。

主持人:我们再次感谢黄老师的讲座,老师的评论非常精湛。美德伦理学不光只是关注内在目的论,我应当成为一种什么样的人,一种目的认识的问题意识,其实同时关注外在规范论,我们应该如何行动。这两者是不分的。老师里面引了很多材料，佐证非常深入，让我们也非常受教。比如提到以明明德立心，黄老师提到不光是利己，也是利他人。君子应当是不吝为善，今天来看，是很好的新诠释，把立人心利人极都可以贯通起来。朱熹的学生说人极就是人的样子，跟我们说的君子是相通的，这样来看，是一种宇宙的心，是一种天地之心，这样一种天地之心，是不是一种道德理性和道德情感融合为一的主体性，有的时候可以讲是舍我其谁的担当。

主持人：各位的问题尽量简洁，现在我们开放语音，用语音提问。

提问1：黄老师，您好，我是南大哲学系的学生。关于美德伦理学的著作我看了不少，但我有一个困惑，您之前在《当代美德伦理：古代儒家的贡献》那本书提到，儒家对于美德如何可教的问题。您说到有德之士只要存在无德之人，表明还没有充分履行自己的职责，有德之士会把成就他人的美德当作自己的责任。如何解释《论语》中的话，对他周围的人、周围的朋友，对他们这种内在的德行无法完满，但孔子这里面明显以一种自我中心出发，如果朋友不能接受的话，好像可以对他内在美德置之不理的态度。我不知道我这样理解对不对？老师您怎么处理这个问题？谢谢老师！

黄勇：这个问题很好，我刚才也提到了，具有美德的人，不仅帮助外在，也帮助内在。但是帮助外在比较容易，只要你愿意做的话，就可以帮助他人。但是内在的话是比较难的，康德这样讲了，一个人的道德完满，只能是一个人自己的事情。我觉得这个只是一种片面的讲法，实际上你刚才讲的还并不是最明显的例子，从《论语》里还可以找到一些话，这些话可以做出解释。但是具体的观点、具体的段落到底怎么解释？本身也是一个问题。我专门写过一篇文章，我觉得这个讲得非常有道理。怎么说？一讲要讲到很多论证。也就是说关键的，人自己不想去做的话，可能其他人做的还是有一定的限度。但是儒家还是强调，不仅是一种道德的自我修养，但是孔子本身就是非常强调教育人的。而且教育人，我们知道这个教育人不是一般意义上的老师教人家知识，这个教育就是教人怎么成人。而且后来真的成人的学生当中，很多学生一开始有问题，后来道德上成人。你的问题就是如何教的问题。你看的文章主要是从孔子的角度去看，最重要的方面，还是道德、榜样的作用。假如用刚才提到的亚里士多德学者解释亚里士多德观点的时候，有一个人真的是胆小，我们怎么让他获得勇敢的特征？刚才解释，那么我们大家都不要做勇敢的事，让他有机会做勇敢的事，这个是不可能的。假如这个人没有勇敢的美德，其他具有勇敢的人不去做的话，他就有机会做，他不可能会变成勇敢的人。不是说他以前没有机会做勇敢的事，而是有机会做勇敢的事他不去做。假如你不去做勇敢、具有美德的事，不可能让他成为具有美德的人。反过来，我们周围的人都去做勇敢的事，反而会带动他，这个人还有一种自我羞耻感，人家都去做，我怎么不去做？所以孔子非常强调榜样的力量。但我这篇文章里还谈到了很多其他的方面，在亚里士多德那里他认为要让人具有美德，要通过法律，要立法。但是儒家里不是说法律一点不起作用，这部法律在之前要有道德教育，法律以后还有道德教育，这样也还是起作用。所以怎么样让人家成为一个有美德的人，怎么样在美德上帮助人，确实不是外在的方面帮助人这么简单。但是并不是说不能帮助人，并不是康德说的，一个人的道德完满只能是自己的事，别人不能做什么事。这个观点首先不是儒家的观点，其实也是不准确的观点，应该是这样。

主持人：大家可以提问。

提问2：黄老师，您好，您刚才讲的儒家对美德伦理学是为自己，这个批判我没有听清，因为网络的问题。我只是听到你前面讲的例子，美德伦理学把德行看作是第一位的，是中心地位的，然后我是一个有美德的人，我去帮你是为了你的幸福，但是出现了矛盾、张力。因为美德很重要，我应该也帮助你具有美德。但是我觉得在亚里士多德那，他并不是说我作为一个有德行的人，对其他人的美德是不能帮助的。比如你刚才讲的立法、风俗、习惯，还有我们讲柏拉图，在古希腊有同性恋那种，教导他们有德行，美德伦理学是利己或者自我为中心，我觉得这个问题不是很真的一个问题，或者很成立的一个问题。我帮助你这个行为和我塑造德行，不需要在一个行为、一个动作里，因为品德的形成，更多的是大范围的那种，这是我一个困惑。

如果我真的想成就你的美德，如果不能唤起你自身内在的意识或者主动的行为，可能真的会造成一种道德绑架，或者说一种伪善。你要求我做，我自己做不到，那我就去伪善，人的自觉精神或者自主精神忽略了，一味要求别人具有美德，会出现这些情况。我不知道我理解得对不对，表达得清楚不清楚，就这些问题向您请教一下。

黄勇：你两个问题，第一个问题，你认为亚里士多德也可以回应这样一种批评。我刚才讲到很多亚里士多德学者认为可以回答这个问题，但是我的观点就是说，他们没有提出足够的论据。你刚才提到了亚里士多德，当然包括立法。这一点刚才提到了，这个观点是亚里士多德在伦理学结束的时候说，这不是伦理学的任务，是政治学的任务。所以谁有责任让人具有美德呢？并不是说具有美德的人，而是立法者具有美德。为什么立法者可以让他人有美德呢？他提出了两个方面，他有技巧，有专业的才能，另外有权威。立法者政府，我刚才讲到，用医生作为一个立法者的类比，就是说谁能治病呢？并不是一般的健康的人可以治病，而且这个医生也有可能有毛病，但是只要他有医疗的知识，有这个权威就可以帮人家看病。另外一个具有美德的人，我自己有美德，但是我很有办法，不知道怎么让人家有美德。另外我有这个权威，人家也不听我的。所以让他人有美德，是立法者的事，通过制定法律来让人家具有美德。从这个意义上讲，在亚里士多德规定的具有美德的人的定义里，不包含让他人也具有美德。这个跟儒家里是不一样的，特别是我刚才讲到朱熹这个例子，假如自己有美德的话就是明明德，明明德包含亲民在里面，帮助他人具有美德，你自己也不会明自己的德。让他人具有美德，是自己成为美德的一个构成部分，但是在亚里士多德那里具有美德的人，具有完满美德的人也没有这个义务，除非这个人正好是一个立法者。但是这个人假如做一个立法者的时候，让他人具有美德，他是作为立法者，而并不是作为一个具有美德的人，让他人具有美德。因为立法者有权威，有一个技术，有一个专长就可以让他人具有美德。就像一个医生有一个专长就可以治病，不是说医生自己有病就不能治病。反而一个健康的人，一点技术没有，也不能治病。亚里士多德的这个类比，就非常清楚地表明了，一个具有美德的人，并不包含要让他人也具有美德。从这个意义上来说，讲的批评还是成立的。

第二个问题，好像跟我刚才回答另外一个问题有点类似，我现在有点忘了。怎么样让人家具有美德？好像跟前面一个问题有点差不多。如果要说明，你提醒我一下第二个问题。

提问者：第二个问题不是关于儒家的，如果我真的帮助别人也是美德，但是不是主动的。

黄勇：我想起来了，这个就是说怎么帮助人？帮助人并不是说把美德架到这个人身上就可以。朱熹非常强调"自得"这个概念，自得，要通过自己获得，但是这个概念是从孟子那里来的。要讲自得的话，一个具有美德的人，还有一个没有美德的人，要自得。要辅助他人自得，就是说要帮助他们自己得到。这个听起来有一点矛盾，怎么你帮助他人了，他们就不是自得了，自得了就不需要你帮助，实际上是相反的。有时候要辅助他成为自己的样子，这里就是说看起来是矛盾，实际上并不矛盾，回应你刚才讲的问题，并不是一种非常简单的方式，要引导他逐渐地有德。就是说你自己要成为一个美德的人，边上的人具有美德，可能对这个人有非常大的影响，这个观点儒家是非常强调的。但是现在一些认知科学、脑科学里发现，这还是有科学根据的。脑神经里有颈项神经，一个人在做这个事情的时候，这个神经是被激活的。而且你看到人家做这个事也会激活，儒家是凭一种常识、一种科学的观察。假如周围的人做具有美德的事，并不是说百分之百说一定会这样，但是会让这个人在很大程度上，也可能会让这个人原来没有美德，但最后却具有美德。这个我觉得是非常重要的，当然还有其他的一些方面。主要的观念要辅助他们自得，这样可能会避免你刚才讲的问题。

主持人：如果没有问题我们就结束今天的讲座。我们今天就告一段落，我想黄老师一定很辛苦，我怕他太累，最后再次感谢黄老师做讲座。老师最后也提到，比如身体的一种健康，还有一种完满，讲到这个人心灵德的完满，一种目的论的倾向，主张说自然目的论，融合自然目的论或者融合了现实世界这样一种见诸他人的新的目的论，这跟朱子强调的所当然不容己，当然必然那种合一状态是相通的。无论如何，这些都是我浅薄的理解，不代表老师的解读。我们再次感谢黄老师，也期待各位参加下次的讲座。

黄勇：谢谢新国。刚才可能网络不是太好，因为不是现场，现场讲我可以看到大家的反应。如果有机会跟大家面对面交流，效果会更好。谢谢新国！

主持人：欢迎黄老师来南昌大学。更多学者没有加入进来，非常抱歉，以后讲座看来还需要占座，谢谢老师！

黄勇：谢谢大家！

主持人：各位老师再见。

推荐书单：

1. （宋）朱熹：《四书章句集注》，中华书局 2016 年版。

2. （宋）陆九渊著，钟哲点校：《陆九渊集》，中华书局 1980 年版。

3. 张岱年：《中国哲学大纲》，商务印书馆 2015 年版。

4. 钱穆：《钱穆先生全集:中国思想史（新校本）》，九州出版社 2011 年版。

5. 钱穆：《宋明理学概述》，九州出版社 2011 年版。

6. 胡适：《中国哲学史大纲》，北京大学出版社 2013 年版。

7.冯友兰:《中国哲学史》,生活·读书·新知三联书店 2009 年版。

8.陈来:《宋明理学》,生活·读书·新知三联书店 2011 年版。

9.黄勇:《为什么要有道德:二程道德哲学的当代启示》,东方出版中心 2021 年版。

10.黄勇:《当代美德伦理:古代儒家的贡献》,东方出版中心 2019 年版。

第二十七讲 回答近年鲁迅研究的几个问题

主讲嘉宾：张福贵

嘉宾简介：张福贵，1955年出生于吉林敦化，文学博士，吉林大学哲学社会科学资深教授、中国文化研究所所长，《华夏文化论坛》（CSSCI）主编、文学院博士生导师、教育部"长江学者"特聘教授、国家"万人计划"领军人才、国家级教学名师、教育部跨世纪优秀人才。曾任国务院学位委员会中文学科评议组召集人，现为教育部高等学校中文专业类教学指导委员会主任委员、国家博士后管委会专家组成员、中国世界华文文学学会会长、中国现代文学研究会副会长、中国文学批评研究会副会长、全国大学语文研究会副会长、《文学评论》编委，美国杜克大学中国研究中心高级研究员。

张福贵教授多年来主要从事鲁迅、20世纪中国文学与文化、中日比较文学、东北地域文化等方面的研究，成果丰硕。在《中国社会科学》《文学评论》等刊物上发表论文300余篇，出版学术专著10部，译著2部，主编学术著作和教材7部；论文被《新华文摘》《中国社会科学文摘》等转载90余次，论著被引用1000余次，13篇论文、2部著作被译成英、日、韩、俄等国文字在国外学术刊物上发表和出版。主持国家社科基金重大项目2项，获教育部高等学校科学研究优秀成果奖一、二、三等奖多次；著作入选国家哲学社会科学成果文库；担任国家级精品课程、国家级教学团队、国家级精品资源共享课负责人，教育部首批"马克思主义理论研究和建设工程"重点教材编写组首席专家。

讲座时间：2020年9月24日

李洪华：张教授是吉林大学哲学社会科学资深教授、中国文化研究所所长、《华夏文化论坛》（CSSCI）主编、文学院博士生导师。从事鲁迅研究、20世纪中国文学与文化研究等。今天我们研究院非常荣幸请到张教授为同学们进行学术讲座，我们热烈欢迎张教授。

张福贵：谢谢洪华老师和上官老师，非常高兴和大家有机会进行交流，我讲的题目是《回答近年鲁迅研究的几个问题》，这可能都是大家比较熟悉的问题。我一直认为，鲁迅是一个十分大众化的话题，同时也是一个十分学术化的问题。我说"大众化"，是因为我们从小学语文就开始接触鲁迅，都可以对鲁迅说出一二；说"学术化"，是因为鲁迅研究是现代文化研究的一个显学，而且是一个学术高原，正是由于作为一个学术高原，鲁迅就特别引人关注，从而成为我们研究中的一个焦点问题和难点问题。我不知道听讲座的同学是研究生多还是本科生多，如果是研究生，我想大家一般都不会选鲁迅作为毕业论文的题目，不只是南昌大学，包括吉林大学在内，学生都很少选鲁迅做题目。本来吉林大学对鲁迅研究有非常悠久的传统，从20世纪50年代开始，废名先生开始做鲁迅研究，一直到今天，前后共有10位以上的老师讲鲁迅研究专题课。但现在我发现，无论硕士、博士大家都很少把鲁迅作为一个（研究的）题目。

对于我来说，和大家一样，也是在中小学语文课上和鲁迅相遇的，我心中的鲁迅可能和大家心中的鲁迅是一样的，但也可能不一样，因为我们现代研究鲁迅文学的学人心中都有一种"鲁迅情结"。我1997年博士毕业，写毕业论文的时候，我在后记中写了一段话，这段话我是念念不忘的，我说鲁迅是一棵大树，我远远看去我只能仰望他，当我走过去的时候，大树的树荫把我遮蔽，就消失了我自己，但是这棵大树为我们遮风挡雨。因此，我说对鲁迅评价多么高都不过分，这就是我心中的鲁迅。可是这样高大的鲁迅形象，进入20世纪80年代之后，随着人们自我意识形成和思想环境的变迁，出现了自20世纪50年代以来从来没有的变化，即从"学鲁迅"到"鲁迅学"的转化，把政治化的鲁迅逐渐转化为学术化的鲁迅。鲁迅在社会上，特别是在网络中，又呈现出另外一种转化过程：鲁迅是神不是人—鲁迅是鬼不是人—鲁迅是人不是神，就是这个思想变化导致研究鲁迅情况的变化。但实际上，其实无论学界还是网络，这种变化在本质上反映了中国思想文化的大变局。既然是这种大变局，鲁迅作为超越了文学、超越了学术、超越了历史和民族的形象，人们围绕着他展开了多种多样观点的讨论，我今天就几个问题从我的角度努力作出一种回答，当然这个回答的核心还是要和大家交流，哪几个问题呢？我想讲这样几个问题：

第一，对于鲁迅思想性格和道德人格的问题。具体可能要回答鲁迅和朱安的关系，还有鲁迅在"兄弟失和"事件中究竟要承担什么责任的问题。如何看待这个问题，这可能是大家关注的焦点。

第二，如何看待鲁迅向左转这样历史性的问题，即在政治思想上向左转的问题。

第三，鲁迅改造国民性思想是不是殖民地的话语问题。

第四，关于鲁迅是不是汉奸的问题。这个问题基本上是一种网络热炒。

这些问题基本上都是老问题，有的是新近提出的，但是新问题也来自老问题，因为历史是有思想惯性的。可能老师和同学都有自己的答案，也可能和我不一样。

首先，对第一个问题作出回答，对鲁迅思想性格和道德人格否定的问题。

进入20世纪80年代以来，贬损鲁迅的形象成为一种热潮。在贬损鲁迅形象的过程中，核心的问题就是对鲁迅思想性格和道德人格的否定，这个问题应该说是最具社会轰动效应，也往往最具市场效应的话题。因为它既是一个当下的热点，同时也是历史的悬案。

首先我们来看，这些年来人们是如何否定鲁迅的心理性格的。这些年大家对于鲁迅的否定我们都会提到王蒙等人的观点。王蒙怎么评价鲁迅呢？他说："文坛上有一个鲁迅那是非常伟大的事，如果有五十个鲁迅呢？我的天！""世人都成了王朔不好，但都成了鲁迅也不好——那会引发地震！"王朔评价鲁迅其实也带有和王蒙相似的观点。对鲁迅性格的否定，其实不是从他们开始的。我说过，历史的思想是有惯性的，对鲁迅思想性格和心理性格的否定，其实从鲁迅走上文坛那一天就已经开始了。我们看鲁迅的心理性格究竟有怎么样的特征呢？人们从哪些角度去否定鲁迅的心理性格呢？我好多次用了这三个关键词，代指人们对鲁迅心理性格的否定——多疑、尖刻、激烈。

鲁迅的多疑大家都知道，鲁迅在和一些友人的通信中多次讲到这一点。比如鲁迅曾经有一篇杂文叫《记"杨树达"君的袭来》，有一个杨姓年轻人，一大早鲁迅没有起床，便上门和鲁迅论辩、要钱、耍赖。鲁迅第二天发表文章说，这个人是装疯，是论敌派来叫阵的，不是一个偶然事件。因为鲁迅当时正和"现代评论"派论战，所以他认为这个年轻人是对方派来向自己叫阵的。可是后来有学生告诉鲁迅说，杨同学其实就是神经不正常的人，他后来在派出所把巡警都给打了，现在关到精神病院。鲁迅听了之后感到很懊悔，马上又写了一篇文章向杨姓同学和读者道歉。从这个事件来看，其实反映了鲁迅思想性格的两个特征：一个是多疑，还有一个是勇于解剖自己。鲁迅常常说："我时时解剖自己，更严于解剖别人。"鲁迅这种多疑甚至到了一种尖刻的程度。鲁迅在一篇关于国粹家的眼泪的文章中说："向来，我总不相信国粹家道德家之类的痛哭流涕是真心，即使眼角上确有珠泪横流，也须检查他手巾上可浸着辣椒水或生姜汁。"在和复古派斗争中眼看到国将不国，即将沦亡，一些国粹家痛哭流涕，鲁迅反唇相讥认为这是一种虚假，这里他就不是单纯的多疑了，他已经带有一种尖刻。对于鲁迅的尖刻，大家也都是熟知的。鲁迅说，在中国，我的笔是比较刻薄的，我就是想让麒麟的皮下露出马脚来。这种尖刻是对国粹派和论敌的一种强烈嘲讽。

同时，鲁迅又是激烈的。对此我们大家也都有所感受，特别是在学习过中小学语文课文之后，我们从中感受到鲁迅是一个什么形象呢？是一个金刚怒目刑天舞干戚似的斗士，并且他不只是一个战士，他是一个斗士，他要冲决一切！像这种类似的激烈的语言我们都是熟知的。鲁迅说："一要生存，二要温饱，三要发展。苟有阻碍这前途者，无论是古是今，是人是鬼，是《三坟》《五典》，百宋千元，天球河图，金人玉佛，祖传丸散，秘制膏丹，全都踏倒他。"这是鲁迅在《华盖集·忽然想到》中所说的一段话。包括当年鲁迅说"拿来主义"就是不管三七二十一，首先是拿来。1925年《京报副刊》征集"青年必读书目"，胡适等人都认真地做出了回答。而鲁迅的回答很简单，他说：我要珍惜这个机会，我要说一说我自己的经验，以供若干读者来参考。大概是说要怎样去读书呢，要读什么书呢，你让我给你们开书目，我的结果就是这样，他说："我看中国书时，总觉得就沉静下去，与实人生离开；读外国书——但除了印度——书时，往往就与人生接触，想做点实事。""我以为要少——或者竟不——看中国书，多看外国书。"你想这样一段激烈的话在当时同行中，在当时的学者中会引起一种怎样的反应？所以有人说鲁迅是"愤激之词"，而鲁迅后来发表文章说，这不是愤激之词，这是带着血气的经验。当然后来鲁迅也曾经给青年人开了书目，一共12部书，从东汉到清代全都是古代的经典。1925年鲁迅提出不看中国书确实有他的愤激之词，也有一种特殊的时代背景。

那么，我们如何看待鲁迅这样一种多疑、尖刻、激烈的思想性格呢？如果我们回答了这样一个问题，我们不仅回答了历史，也回应了现实。其实对于鲁迅思想性格特征，无论是贬是褒，是好是坏，前人或同时代人早有评价。陈源当时就说鲁迅是一个做了"十几年官的刑名师爷"。我们知道鲁迅是绍兴人，绍兴有一种特殊职业就叫"绍兴师爷"。师爷不是一般站在县太爷旁边的师爷，他往往是民间性的，深通法律，为民代写诉状、打官司，专门挑法律漏洞，然后反败为胜。这其中因此生动的用词和独到的思维都是非常重要的。而和陈源同时代的人，曾经是鲁迅的好友后来成为论敌的林语堂，真的了解鲁迅。他怎么样评价鲁迅的性格思想呢？他说鲁迅"不交锋则不乐，不披甲则不乐，即使是无锋可交，无矛可持，拾一石子投狗，偶中，亦快然于胸中"，这就是鲁迅。这个人反抗强者和权威，关爱弱者和幼者。从与人斗其乐无穷之中，你看到的不只是一个战士的性格，还会看到一个挑战强者而关心弱者的人格，一个伟大人物的人格。

综上所述，我们应该对于鲁迅的思想性格中的多疑做出这样的评价：多疑来自上当受骗过多，上当受骗过多是来自善良和单纯。鲁迅是多疑的，用他自己的话来说就是上当受骗过多，"我是很容易受骗的"，他在书信中多次提到这个问题。多疑不是他单纯的性格特征，多疑如果仅仅停留在性格上，那可能会成为他思想性格的弱点，鲁迅把它上升为思维方式，一种观察世界、观察事物的方式，这也是第二步思维。

我们可以用鲁迅当年一段演讲的题目来说明，1923年鲁迅在上海演讲，题目叫《娜拉走后怎样》，说的是《玩偶之家》的主人公娜拉冲出丈夫专制和自我小家庭的束缚，勇敢地走出社会的结局判断。当时胡适等人创作了类似的剧作，就是要描写娜拉式的女性如何冲出家门走向社会。鲁迅在这里不是向人们阐释应该走出家庭的道理，鼓励人们如何走出家庭，而是在冷静地剖析娜拉走后怎样，走出去很容易，出去之后怎样。胡适的《终身大事》结尾是田先生的汽车在门口等着女主人公冲出家门，可在中国真的是这样吗？鲁迅说，在一个没有女性经济独立的社会时代，一个女人其实就是关在金丝笼的鸟，她的一食一啄都是要靠别人供养的。所以鲁迅说娜拉走后怎么样呢？她只有两种可能，一是堕落，一是回去。1925年鲁迅用他的小说《伤逝》，通过子君的悲剧进一步形象地回答了这个问题。这是一个非常悲惨又非常真实的事实，子君和涓生相爱，受到外界打压，而且内部也发生了问题，涓生读遍了子君的身体，最后生理的厌倦和情感的淡漠，他要说出他的"真实"感受，就说不爱子君了，他希望子君也像当年冲出家庭一样，也再一次从自己的身边走开，去寻找她的路；但他忘记了，当年支撑子君走向涓生的是她对涓生的爱和涓生对她的爱，可是今天当这种爱或者被爱已经消失或弱化的时候，她的力量大减甚至她没有力量走出去，而回去就意味着死亡。于是子君回去了，半年后就传来子君的死讯。我们想，作为一个健康活泼的子君，是怎样死去的呢？作者没有作交代，只是说子君在父亲"烈日一般的严威和旁人的赛过冰霜的冷眼"中走完了她的人生之路。你可以想象，半年的时光，一个健康活泼的女性就走到生命的终点，她是过着一种怎样的生活，而且这种死也有可能是非正常死亡。

其实，鲁迅的第二步思维是把别人思考的终点当作自己思考的起点，这是一个非常难得的思维方式，我一直认为中国有鲁迅是我们民族之大幸，是文化之大幸，有了鲁迅使我们的思想深刻。鲁迅是一个具有完整意义的思想家，我们以前关注思想家鲁迅更多的是他的思想内容、他的观点和主张，可是我们没有关注为什么提出这些主张。鲁迅为什么会有那些深刻的思想，我们忽略了背后形成思想的是鲁迅的独特思维方式。鲁迅是一个完整意义的思想家，从思想内容到思维方式，都给我们这个民族增加新的元素，使我们民族的思想质量得到了升华，同时他也丰富了人类思想的容量，我说鲁迅伟大其实就在这儿。当我们把第二步思维用于我们的日常生活甚至我们学术研究中，你会受益匪浅。这种第二步思维它既是一种传统亦此亦彼，是老庄辩证哲学思想的显示，更是辩证唯物主义的显示，这就是为什么鲁迅1927年接近了中国社会主义思想、无产阶级思想，其实他已经从自己的人生体验中感受到这种辩证唯物主义世界观和方法论的意义。第二步思维使鲁迅在革命高潮到来的时候不盲目乐观，在革命低潮时不悲观失望。在教科书中和研究论著中，存在着一种普遍的共识：认为鲁迅在五四时期和大革命时期显得悲观和落寞，没有站在时代的最前沿。为此把他和陈独秀、郭沫若在五四时期和大革命时期的思想表现做一种对比，以证明鲁迅思想的早期局限。如果我们不能熟知鲁迅人生行为背后的思维方式，我们就不能很好地解释鲁迅为什么在革命高潮中是悲观的，为什么在革命低潮中是乐观的，这里的要害就是第二步思维。

在大革命的高潮中鲁迅到了广州，随后发表了一篇文章，说广州今天是革命的策源地，明天可能就会成为反革命的策源地。在当时，这有些骇人听闻甚至匪夷所思。但是鲁迅有一种思想能力，用他的原话来说就是"透过现象看取本质"。我们当年学毛泽东的《实践论》《矛盾论》等等，知道毛泽东就说过一句话，"透过现象看本质"，鲁迅更早就说过"透过现象看取本质"。鲁迅看到了广州表面轰轰烈烈大革命的行为，更看到其背后的实质如同萝卜——红皮白心。在1930年代，无产阶级革命文艺风起云涌之际，左联要求作家百分之百的布尔什维克化，谁不是百分之百纯粹的布尔什维克的话就会受到批判，所以左联曾经对叶圣陶、茅盾、郁达夫、鲁迅都有过批判。鲁迅说，不断地向左转，一直向左转，最后可能跟右边的人站在了一起；鲁迅说骂别人是汉奸最激烈的往往是转化最快的……你说鲁迅有先见之明，是他来自对历史对人生的洞察力，我觉得更来自更独特的思维方式，"透过现象看取本质"，把别人思考的终点当作自己思考的起点，我觉得这是非常难得的。因为大革命到来了，鲁迅不只看到革命高潮即将到来的胜利，也看到了革命高潮之后会怎么样，这种深刻恐怕是一般的作家不具备的，鲁迅当然对无产阶级文学也有过自己的评价，这里我们不去多说。我们说"多疑来自上当过多，上当是缘于善良和单纯"，这是一种思想性格的多疑，但鲁迅把它上升为一种思维方式——第二步的思维方式。思想的落后往往容易改变，但是思维方式的落后是很难改变的。鲁迅当年曾经举过一个例子，他说一个农夫做了国王到了皇宫，他要人打一条黄金做的扁担；他说一个农妇做了皇后，她最大的欢喜就是第二天早上起来喊丫鬟来一碗满满的煮红薯。你可以看到这两个故事中投射出鲁迅对于思维方式更重于思想内容的判断。我们知道农民劳动要用扁担，做了皇帝自己条件变了要用黄金打造的扁担，但是我们知道皇帝做了扁担能劳动吗？农民的生活改变了但他的思维方式没有改变。农妇做了皇后，她最大的期望值就是吃满满一大碗红薯。她不知道当了皇后是可以不吃红薯，可以吃山珍海味的，这也就是思维方式没有改变。思维方式会制约你的一生，这是鲁迅的多疑所提供给我们的思想启示。

再看鲁迅的尖刻，其实他言语的尖刻来自思想的深刻，认识越深刻言语就越尖刻，这就是透过现象看取本质。你看鲁迅尖刻不尖刻呢？他说中国的历史是"吃人"的历史，中国的民族是食人民族，中国文化是制造人肉筵宴的厨房，中国的社会是硬化的社会要用强酸剂。他说中国的民众永远是历史的看客……你觉得鲁迅真的是尖刻吗？或者鲁迅为什么有这种尖刻激烈的语言？就是对中国封建礼教、封建传统文化罪恶本质认识的深刻。这一点瞿秋白曾经对鲁迅有非常准确的评价，他说鲁迅是一个从封建阵营里杀出来的逆子贰臣，最后成为一个无产阶级的友人和战士，所以他对于旧社会和旧阵营的认识是极其深刻的。鲁迅早年也有这样一些话，他说"因为从旧垒中来，情形看得较为分明，反戈一击，易制强敌的死命"。鲁迅就是这样一个人，他是从历史中走来的，但是他说，"自己背着因袭的重担，肩住了黑暗的闸门，放他们到宽阔光明的地方去"，要拯救受封建礼教毒害的人们，他的尖刻来自认识的深刻。

鲁迅怎样才能形成这样深刻的认识呢？我觉得这个时候你必须回头去检验陈源对鲁迅性格的评价——"做了十几年官的刑名师爷"。我们都知道曾国藩当时和太平军作战，出师不利给朝廷写奏折，用了一个词叫"屡战屡败"，后来他的幕僚把词序一颠倒叫"屡败屡战"，前者是无能，后者是悲壮，格调大不一样。我曾经看过明末清初的时候，绍兴师爷写诉状的野史笔记，其中有一个案子：一个女人在白天中午睡觉，一个盗贼闯进了她的卧室，把被揭开，把她的镯子抢走了，结果这个盗贼被官府抓住了，抓住之后定为抢夺罪。但是受害者家属就不干了，说我良家女子，白日睡觉，穿的可能也不多，一个陌生的男子进来把被揭开了，然后就判一个盗抢罪不合适。女人名声很重要，镯子抢去事小，名声事大。但官府说你也没有受到伤害，也没有非礼也没有强暴，我们只能判他盗抢罪。这时候绍兴师爷便把原来的状子词序又加以修改，原来叫"揭被夺镯"，然后改成"夺镯揭被"，于是将盗贼判了重刑，那叫非礼强暴，那是重罪。所以对鲁迅的思维方式我们必须承认，他受到了绍兴师爷"以笔为刀，入木三分"的笔法和思维方式的影响，所以他能够透过现象看取本质，言常人不能言，说常人不能说，这就是他思想的深刻。

同时鲁迅也是激烈的。我一直认为20世纪90年代是一个文化反思的时代，反思在某种程度上就是一种清算，清算往往意味着回归，因为这是文化发展必然逻辑的一环，这是一个自然发展的过程。反思的结果是人们认为以鲁迅为代表的五四激进主义，使中国丧失了许多机会，说五四运动过于激烈，一直延伸到辛亥革命，甚至把日本的明治维新变革和中国洋务运动加以对比，说如果不那么激烈中国按照洋务运动的路子一直走下去也会如何如何。这里其实存在很大问题。第一，历史是不能假设的，历史本身构成就包括遗憾与局限。第二，中国社会的发展它有自身深厚的逻辑背景。以鲁迅为代表的激进主义文化在20世纪90年代受到很多人的批判，这种批判主要来自传统文化坚守者的批判。因为参加了许多会议，我发现搞现代文学和古代文学的，对鲁迅评价和五四新文化的评价是不一样的，之所以把鲁迅作为激进主义者也是有原因的。从鲁迅自身言行、文章观点来看，我们必须承认他确实是一个激进主义者，而且是非常激烈的。关键在于，我们如何评价这种"激烈"，这种"激烈"在那样的历史环境下，它对于文化转型、民族思想的重构具有什么样的意义，这是我们要思考的核心问题。

怎么样看待鲁迅这种思想性格的激烈呢？我要简单地概括一下：激烈来自自信和坚定。我们知道鲁迅所处的时代是一个新旧阵营博弈或者决战的时代。从人类文化发展过程中来看，觉醒者最初往往是少数或者个人，当觉醒的少数和个人面对不觉醒的多数和群体的时候，你会感受到这种力量对比的悬殊，以及对比所带来的这种无奈和愤懑。所以，这种激烈是一个个体反抗者面对社会和群体所发出的一种战斗的宣言，而这种激烈中显示出觉醒者对自身选择的一种自信和立场的坚定，一种决绝的态度。鲁迅曾经说，一个觉醒者当他觉醒后等于杀入了一个无物之阵，这样一个无物之阵是一个无主名、无意识、看不见的杀人团。你的对手是什么样的人？到处都是敌人而又找不到一个敌人。这使我想到穆旦的一首诗，在迷失中找不到对手，狠狠地打了一记空拳。鲁迅曾经用"鬼打墙"来形容精神崩溃迷失了方向，而现实中的鲁迅不是这样，闯入无物之阵之后仍然要坚定不移地挑战。鲁迅说，对手如凶兽时就如凶兽，对手如羊时就如羊。你看鲁迅一生就是挑战强者，他说勇者愤怒，抽刀向更强者，怯者愤怒却抽刀向更弱者。你看鲁迅的小说《风波》多典型，皇帝坐了龙廷的信息通过绅士赵七爷之口，传达到七斤和七斤嫂这一层面，最后的伤害落在了八一嫂和七斤女儿六斤的头上。来自中国最顶层的政治信息所带来的危害和压力，是怎么层层传导到中国社会的最底层的。所以有人说十八层地狱，当你属于十八层的时候，你必须承受来自上面十七层的压力。所以鲁迅说一个强者要抽刀向更强者，可是怯弱者愤怒却抽刀向更弱者，这就是一种"国民性"。而鲁迅不是这样，他是挑战强者，在他笔下对于弱者的关怀和对强者的挑战往往是同步相行的。鲁迅带着对幼者的关怀，以幼者为本位，在思考自己和民族的人生与未来，这是一种崇高的人格。这种激烈其实是当新旧力量对比悬殊的时候，自身力量不足，要依靠一种气势去压倒对方以争取战斗的胜利，而这种决绝表明了一种立场的坚定，这是我们所看到的激烈的本质。

　　鲁迅这种多疑、激烈、尖刻的思想性格，如果做了这种背景和个人思维方式的分析之后，就会得出和以往不同的结论，这是对鲁迅思想性格特点或者弱点的回答，这不是最重要的，最重要的是人们对鲁迅道德人格的否定。这个否定在20世纪80年代后期，在网络上甚至在学界，甚至在一些我们很尊敬的老一代学者当中也出现对鲁迅道德人格的否定，否定主要来自两件事情，就是和朱安关系问题、兄弟失和问题。对于鲁迅道德的否定不是源于20世纪80年代，同样它有历史的惯性，早年人们对于鲁迅人格的否定，有大家非常熟悉的陈源、叶灵凤、苏雪林、高长虹等人。苏雪林原来把鲁迅称为"先生"，自称"小学生"。鲁迅逝世后第二个月苏雪林就发表文章，认为鲁迅心理完全病态，人格卑污出人意料，甚至连起码人的资格都够不着。这一点连胡适和梁实秋都看不下去，胡适回信给苏雪林说不应该这样说鲁迅，梁实秋也说我们不应该像"他们"那样。你看到梁实秋和苏雪林是站在同一立场的，但也认为苏雪林的态度是不应该的。叶灵凤说鲁迅是"阴阳脸的老人"，因为他画了一幅漫画，把鲁迅画成阴阳脸，鲁迅对此耿耿于怀。高长虹是鲁迅的学生，他在文章中说，"我对于鲁迅的贡献不只在思想上，在生活上也作出了贡献"。他有一首诗叫《月亮·太阳和乌云》，把自己比作太阳，把许广平比作月亮，把鲁迅比作乌云，最后月亮被乌云吞噬了。因此他把鲁迅视为"情敌"，鲁迅听了非常恼怒。可是在这个时候鲁迅在干什么呢？鲁迅在给孙伏园的信中说："昨夜校长虹的稿子，直到吐了血"，这就是鲁迅。鲁迅的肺结核很严重，为高长虹校稿子，校到半夜吐了血还在校，可是高长虹是怎样对待鲁迅呢？正像鲁迅说的那样，"我是一匹受伤的狼，当我受了伤，我躲在山洞，舔着自己的伤口，然后冲出洞外，站在山顶咆哮一声再冲下山去"。鲁迅就是这样一个"肩住了黑暗的闸门，放他们到宽阔光明的地方去"的一位人格崇高的战士。

可是在很多人心里并不这样评价鲁迅，20世纪80年代以后人们对鲁迅道德人格的否定旧事重提，重提鲁迅和朱安的关系，重提鲁迅和周作人失和的问题，而且对一些问题的看法远远比当时严厉。

我们到底应该如何看待鲁迅和朱安的关系？这是个复杂问题。朱安是不幸的，而鲁迅在这种婚姻悲剧之中应该承担什么样的责任，是较难判断的。在当时曾经有人谈过这些问题，1950年之后销声匿迹。可是到了20世纪80

年代之后，从来没有过的愤怒都直接指向了鲁迅。有人说"你号召女性解放，你连身边的太太都不能把她从旧女性变成新女性，你的女性解放有什么意义呢"。从问话来说具有真实性和合理性，可对一个具体人的人生来说，恐怕身在局外的人是不可能很好地解释其中的内幕的。毫无疑问，对于鲁迅来说，这段婚姻是一个悲剧，是封建婚姻制度对他的加害，但也必须看到鲁迅把来自封建婚姻制度的伤害，又转移到了比他更弱的朱安肩头，让朱安肩负了这个重担，走完她凄苦难言的人生之路，我们确实为朱安叫屈，为朱安惋惜。这场婚姻具有欺骗性，母亲用计让鲁迅结了婚，但鲁迅始终没有接纳这个妻子，新婚第三天就回到了日本，似乎没有真正的夫妻生活。鲁迅说，"这是母亲给我的一件礼物，我只能好好供养她""陪她做一世的牺牲"，可是大家知道，鲁迅并没有陪她做一世的牺牲，1925年之后和许广平热恋，1927年到上海和许广平同居，而朱安此时在北京服侍鲁迅的母亲，直到为老人送终。朱安渴望得到鲁迅的关爱，我一直认为，朱安的痛苦像祥林嫂的痛苦一样，但是和子君相比来得不那么深刻和强烈，我过去一直持这样一种观点，因为思想越深越痛苦，幸福不幸福都是一种自我感觉。正像鲁迅说的，北京的石油大王怎会体验北京捡煤渣老太太的辛酸，这是人生的间隔，世界的间隔。

鲁迅笔下的祥林嫂和朱安一样，她们是不幸的，但由于她们缺少自我意识，使这种不幸似乎弱化了几分。而《雷雨》中的繁漪呢，她是个具有新思想的女性，所以她对自己的命运有自己的思考，使这种痛苦来得更加强烈。繁漪不是全新的女性，她是一个半新半旧的女性，从而导致她生活的悲剧和精神的分裂。回过头说朱安，朱安虽说是一个旧女性缺少自我意识，但她是一个活生生的人，一个有血有肉的生命，作为一个女人，她要身为人妇，要身为人母，但她没有这个机会。朱安自己也说，"我好比是一只蜗牛，从墙底一点一点往上爬，爬得虽慢，总有一天会爬到墙顶的。可是现在我没有办法了，我没有力气爬了。我待他再好，也是无用。"当鲁迅死后，朱安用一个旧世女子对亡夫悼念的方式，把鲁迅的照片挂墙上整日焚香，袅袅香烟熏黄了墙上的照片。你不知道在这个祷告和烟灰飞灭之中，朱安的人生是否也一样流逝粉碎了。当鲁迅死后，朱安还在北京，日军占领北京之后，朱安的生活陷入了困顿，无以维系，没有办法，准备出售鲁迅的遗物。这个消息曝光之后，许广平在报纸上发表公开信，力劝朱安不要出售鲁迅的遗物，而在北京的一些年轻人如唐弢等，他们到朱安的家里去劝阻朱安。他们看到朱安正在吃饭，非常简单的饭菜，在他们说要保存鲁迅遗物之后，朱安很生气地推开眼前的碗筷，站起身来说："我也是鲁迅的遗物，谁来保存我？"你从朱安的回答中，你会感受到一个有血有肉的人，她的痛苦和冤屈。朱安的悲剧一方面是来自封建制度，另一方面也可能间接地有鲁迅的因素在里面，但我们是否就要否认鲁迅的这种人格呢？究竟是人格的污点还是人性的弱点，我倒赞成后者。鲁迅也是一个人，一个有血有肉的人，他希望有一个志同道合的婚姻伴侣而朱安不是；鲁迅的母亲都剪发了，放脚了，可是朱安还扎着发髻，裹着脚，不识字，这不是鲁迅理想的伴侣。在那个个性解放的时代，我们无意去过度谴责鲁迅个人人生的选择，何况这不是鲁迅的个人行为，那是一代文人共有的行为，我们不应该用今天的标准去约束昨天的历史人物，我们必须要还原历史，让他走入历史中，让海豚回到大海，让野猪回到森林里，去观察它生活的原状态，这样我们才能得到一个切实的结论，这是我在鲁迅和朱安关系之中的一个感觉。

另外一个更棘手的悬案，那就是兄弟失和。1927 年 7 月 19 日一个闷热的下午，周作人铁青着脸拿着一封信来到鲁迅的房间，扔下便走，没说一句话，鲁迅一看信上写着"鲁迅先生亲启"，打开后上面写道："鲁迅先生：我昨天才知道——但过去的事不必再说了。我不是基督徒，却幸而尚能担受得起，也不想责谁，——大家都在可怜的人间。我以前的蔷薇色的梦原来却是虚幻，现在所见的或者才是真的人生。我想订正我的思想，重新入新的生活。以后请不要再到后边院子里来。没有别的话。愿你安心，自重。

七月十八日，作人。"这日，鲁迅日记记载："上午启孟自持信来，后邀欲问之，不至。"我想鲁迅接到信一定想说怎么回事啊，什么时候叫我为"鲁迅先生"，还不是说"保重"，说"自重"，还不让我到后院去了。原来这是三口之家——鲁迅、周作人、周建人，鲁迅的母亲全部生活在一起，周作人的太太羽太信子是当家的，鲁迅母亲认为羽太信子是太能干了，勤快干净，能吃苦。然而，兄弟失和，一大家子从此以后就分散了。鲁迅第二天就出去找房子了，8月2日，鲁迅与朱安搬出了八道湾。究竟是什么原因失和了，其实在当时就有过各种猜测，无外乎三种原因。一是政治原因，认为周作人和鲁迅志不同道不合，特别是周作人1939年落水投降日本侵略者。我觉得这种政治原因可能站不住脚，因为1923年的鲁迅再有洞察力，也洞察不到1939年的周作人会投敌。二是经济原因，这个是主流观点，特别是日本学者多持有这个观点。认为主要是由经济纷争导致鲁迅和羽太信子冲突，羽太信子是小市民，周作人耳根子软，听了羽太信子的话，然后赶鲁迅走。三是20世纪80年代以后议论最多的，"不伦之爱"的问题，认为鲁迅和羽太信子有不伦的性爱，特别是20世纪80年代，周作人的儿子周丰一和羽太信子的弟弟羽太重九两个人通信内容公布，羽太重九说看见了鲁迅和羽太信子抱在一起躺在后院的榻榻米上。因为这是亲人证言，于是增加了它的可靠性。但是遭到日本学者中岛长文的有力驳斥，认为当时羽太重九并不在北京：身在东京的你怎么会看到北京八道湾后院里发生的事情？

不论什么原因，确实存在着三个无法解释的现象。第一，突然性。你往前翻一翻，鲁迅和周作人之前的交往，突然到了这一两天，决裂了。第二，严重性。兄弟两个人从此之后，除了一年之后鲁迅回来取书，被周作人夫妇既打又骂之外，再也没有见过面，鲁迅死周作人都没有出面，两个人没有一个字的往来。第三，神秘性。两个人到死都不说究竟为什么失和。我觉得探讨这三个现象的原因对真相没有太大意义，我们研究的不是周树人，我们研究的是鲁迅；我们研究的不是一个具体的历史人物，我们研究的是一个为我们民族和人类贡献了巨大思想资源的伟大思想家和文化巨人。一个人可以有各种人格优点和弱点，这对于思想家来说，这不是我们要思考的重点，我们要把握他人生思想中最主体的部分、最重要的部分，他给我们这个民族，给人类给社会究竟提供了什么。否则你仅仅考察鲁迅的人生细节与鲁迅的思想究竟有何意义。就像鲁迅所讲的那样，"有缺点的战士终竟是战士，完美的苍蝇也终竟不过是苍蝇"。鲁迅毫无疑问不是一个完人，历史到今天也从来没有一个完人，如果仅有的是柳下惠坐怀不乱，是七岁的孔融让梨，但如果你挖到历史的另一面，它也一定不会那么完美真实。美国学者保罗·约翰逊曾经写过一本书，叫作《知识分子》，你会看到在这本书里，文学史、思想史上那些声名远播功勋巨大的思想家和文学家，是怎样有着生活和人性的另外一面：托尔斯泰、雪莱、卢梭、萨特、海明威等光彩照人，但是你看到他们生活的阴暗面会令你瞠目结舌。但我觉得这有损于他们的思想和文学贡献吗？没有。我们这种挖掘只是对他个人生活有了深入的了解，可是并无损于他对人类思想文化的贡献。正像我们考察历史人物一样，我们考察鲁迅是不是也应该站在这样一个历史的高度，从一个思想主体看待鲁迅的贡献。作为人的鲁迅肯定具有人性的弱点，这些弱点是自然性的，鲁迅有，同时代人有，你我他可能都有。这就是我们对于鲁迅道德人格的评价原则，这是我们所要谈到的第一个问题。

第二个问题，如何看待鲁迅的"向左转"。大家都知道，我们过去的教科书一直在说1927年之后，鲁迅的政治思想发生了本质的转化或者是飞跃，用瞿秋白的话说，"从一个进化论者变成一个无产阶级的战士"。鲁迅自己也陈述，1927年"轰毁了我的进化论思想"，同样是青年人，"有的退隐，有的高升，有的前进""人生最痛苦的，莫过于梦醒了无路可走"，找不到人生之路。鲁迅在1927年思想确实是发生了重大的变化，这个变化毫无疑问对于鲁迅，对于同时代的作家来说是非常重要的，因为1927年国共合作破裂之后，人生政治的惨剧，重新改写中国的历史，使中国社会格局发生了根本的分化。如果你看过60年代的电影《大浪淘沙》的话，里面有很形象的解释，拜把的三兄弟怎样走上不同的道路，这是非常真实的写照。1927年对于鲁迅来说是一个非常关键的一年，如何看待他的向左转，其实在20世纪30年代也有对此的激烈批判，说"鲁迅拿了卢布"、鲁迅为"某党"效力之类的。其实这种话看似很平淡，可在20世纪30年代是一种非常危险的要挟，甚至是一种谋杀。李大钊当时躲在苏联大使馆，被张作霖、张学良派人抓住并被判处绞刑，他公开的身份虽然说是国民党北方党部书记，但实际也是共产党北方支部领导人，所以被张氏父子杀害了，就是所谓的通共。"鲁迅领卢布"，梁实秋这句话其实是暗藏杀机的。

那么怎样评价鲁迅的政治立场呢？正如当年鲁迅评价郁达夫一样，他说，"白者嫌其已赤，赤者嫌其太白"，所以鲁迅1927年的政治转向问题，在20世纪30年代的文坛两大阵营中有不同的评价。梁实秋等人认为鲁迅太"红"，可是阿英、冯乃超等人，这些刚刚从苏联、日本归来的共产党员作家，嫌他太"白"，甚至认为鲁迅是"资本家的走狗"。郭沫若化名发表文章认为鲁迅是"二重性的反革命"，既是封建余孽又是资本家的走狗。你会看到左右阵营对鲁迅政治选择作出了一个非常不同的评价。

关于鲁迅转向的不同评价在20世纪80年代之后，也成为大陆学界和网络上非常关注的声音，这些声音除了受20世纪30年代和20世纪70年代文坛影响之外，与20世纪80年代在大陆非常盛行的夏志清的《中国现代小说史》对鲁迅的评价也是有关系的。夏志清的小说史流传到大陆学界之后，使很多人对于中国现代作家的评价几乎来了一个大反转，价值取向也多是按照夏志清的思想脉络和框架去定位的。人们对于鲁迅的"向左转"，认为是放弃了五四个性解放和思想自由的文学主张，放弃五四新文化反封建的历史主题，皈依了政治威权，对此确实是一个非常尖锐的批评，而且是一个致命的批评。我们怎么看鲁迅的向左转？向左转对于鲁迅来说是一个事实，这个事实不仅是一个人生的选择，社会实践的行为，也是一种思想的选择。从社会实践行为，你可以很好地理解——自 1927 年之后到 1928 年鲁迅和后期创造社等人展开革命文学论争，在那里鲁迅提出了许多无产阶级文学革命的理论，而且后来参加了左联。当红军长征到达陕北之后，鲁迅和茅盾联名发贺电，说在你们身上寄托着中华民族的希望，后来有人考察出这个贺电是没有的，是中央需要借鲁迅和茅盾之名。但我们想，从鲁迅和茅盾的思想和历史来看，有和没有这种事意义不大，这种思想不可怀疑。茅盾是 1921 年的党员，很早就加入共产党，他在理论上积极主张社会主义；鲁迅 1927 年发生转向，即使没有和茅盾联名写这封贺电，其实思想上是一样的，这和鲁迅与瞿秋白、冯雪峰、陈赓等一些革命家的交往可以看得出来。他是革命的实践行为，向左转。同时你还必须看到这是一种自觉的思想行为，鲁迅在和创造社论争的时候说了一句话，他说："我有一件事要感谢创造社的，是他们'挤'我看了几种科学的文艺论，明白了先前的文学史家说了一大堆，还是纠缠不清的疑问。"因为他看了很多苏联批判现实主义和苏联无产阶级文学理论著作，接受了很多人的理论。包括苏联文学和理论，对鲁迅的理论影响非常大，鲁迅有的是通过俄文，有的是通过日文翻译，因为当时日本的无产阶级运动比中国还要激烈，所以他们翻译了很多书，鲁迅看到了。在理论上鲁迅已经具备了向左转的基础，因此在实践上你可以看到他向左转。

"向左转"难道真的就是放弃了个性解放、个性自由的人道主义、个性主义主张吗？是中断了五四新文化的传统吗？这里要涉及一个非常严肃的话题。从 20 世纪 80 年代中期开始，当时整个中国思想文化界开展了一场声势浩大而旷日持久的大讨论，这个讨论大概持续了四五年，我作为当时的研究生直接目睹了也在某种程度上参与了这场讨论，就是"传统文化和现代化关系"的大讨论。当时很多有影响的学者，李泽厚、刘再复、金观涛等人通过名篇大作来阐释自己的文化立场，极具影响力。讨论的结果可以说是一个压倒性的结论，那就是"救亡压倒启蒙"——认为 1927 年也好，

1937年抗战也好，处于政治救亡和民族救亡的过程中，中断了五四新文学和新文化的思想启蒙历史主题，使人的解放变成阶级的解放，所以他们认为"救亡"压倒"启蒙"成为一种令人遗憾的历史结局。究竟怎么看这个问题，我绝不是今天才提出要重新阐释这样一个讨论，其实我在当时就发表了一篇文章，专门谈到这个问题——我们如何看待"人的解放"这样一个话题。五四新文化运动新文学毫无疑问它的主题就是思想启蒙，思想启蒙就是个性自由、个性解放。问题是，这是解放人的全部内容和唯一目的吗？人的解放还包不包括其他更具大众化、实践性、真实性的方面呢？我当时在文章中提出，应该看到政治启蒙，包括阶级解放、民族解放和经济启蒙的翻身，也是人解放主题的不同内容，是人的解放的目的之一，人的解放不只是精神解放，同时要有政治解放和经济的解放。我们会看到，20世纪30年代无产阶级运动和无产阶级文学主题，1930年开始抗日主题，其实就是阶级解放、经济解放、民族解放的共同主题，这是"人的解放"主题在不同的历史阶段，根据不同的需要而表现出不同的侧重、不同的层面而已。它和思想启蒙的个性解放并不矛盾，因为"人的解放应该是整体全方位的"，这是在20世纪80年代后期我提到的一个观点。我们今天用这样一个观点来回答鲁迅这种向左转是否放弃个性解放这个主题，我觉得是一个正确的答案。个性解放的主题不是放弃而是一种深化，鲁迅说，"一要生存，二要温饱，三要发展"，精神的解放是发展的需要，可是不能生存不能温饱何谈发展。正像我们今天阐述人权理论一样，生存权、发展权是首要的，同时我们不能排斥人权的基本内容，二者是相辅相成的。是一种互补关系而不是一种取舍关系。从这样一个角度看，鲁迅"向左转"仍然是人的解放总主题的一种表现，他和社会时代的需要是一脉相承的。

围绕"向左转"问题的第三个层面，有人说鲁迅"向左转"是在向政治权力或权威的靠拢，是一种自我意识的放弃。可是我们忽略了一点，正如鲁迅所说，要观察一个人最好看其全部历史——我们考察鲁迅向左转，应该把鲁迅放在20世纪30年代那个风起云涌、对峙激烈的阶级大搏杀的环境中,看看鲁迅应该做出何种选择,他的选择之后是使鲁迅更高大还是更渺小,我们才可以解释这个问题。应该看到,鲁迅在选择"向左转"的时候,他选择的是向无产阶级和共产党人一边转,难道这就是一种屈从和倒退吗?我觉得不是。应该看到,中国共产党在当时不是执政党,它作为还比较弱小的新生力量,从理论和实践中代表着最普通民众的利益和新中国的政治希望,它和一个更大的敌人或者对手在进行搏斗,就是国民党当局以及产生这一专制政权背后广袤的封建思想文化基础。和这些对手相比,共产党的势力、共产党人是弱小的。而从鲁迅的一贯道德人格来说,关怀弱小扶植弱小而挑战强者挑战权威难道不是与之一脉相承的吗?我们能说是鲁迅人格的降低、自我意识的放弃吗?恰恰不是。鲁迅始终站在弱者、站在新生的一边,而历史证明鲁迅的选择是正确的,所以我们不能对鲁迅向左转进行简单化评价。因为在这样一个时刻,大多数作家和知识分子都做出了相似的选择,这是我们谈到鲁迅"向左转"的问题。

第三个问题,关于鲁迅改造国民性的问题。这个问题大家可能意识不到,也许是一个有意为之的悖论。但是这一观点的出现不是偶然的,如果对鲁迅研究现状有所了解的同学和老师就会知道,其实从1990年进入文化反思之后,鲁迅研究界的人也在反思。受后殖民主义思潮的影响,人们开始对鲁迅"改造国民性"的思想进行重新评价。重新评价的结果是降低甚至是否定其核心性的改造国民性主张的价值。最具代表性的是美国的学者史书美、刘禾等人。特别像刘禾,她认为鲁迅改造国民性思想是受了西方传教士博恩明思想的影响甚或毒害,而有些学者则更进一步认为鲁迅改造国民性思想是一种殖民地话语。受这种思想的影响,大陆鲁迅研究界有人认为鲁迅是中了西方思想的毒,这是《南方周末》在20世纪90年代发表的一篇文章。在新时期之后后殖民主义盛行,你会注意到在中国当代文学理论界,就是现代主义已经是一个相对陈旧的话题,只有后殖民主义直到今天还深深影响着我们学界，而且它具有一种国际文化冲突和意识形态矛盾的合法性和真实性。人们从后殖民主义理论视角出发，认为鲁迅是受了西方中心主义的影响，把中国的一些问题归结于民族性，用西方现代思想去反观中国传统民族根性，从而提出改造国民性的理论，认为中了殖民主义思想的毒。我还是那句话，我们不能用今天的理论去约束和强迫昨天的事实，鲁迅的时代没有后殖民主义意识也谈不上中殖民主义思想的毒。这里首先要回答一个非常严峻的问题，我们先不问改造国民性思想的源头来自何处，我们只要问鲁迅提出批判国民性、改造国民性有无必要，这才是我们问题的关键。英雄不问出处，武器不问来处，只要是有效的就要使用。我曾经看到学生散发传单号召抵制日货，我问学生这个传单是不是佳能打印机打印的呢？我和同学讨论，假如日本发明了一个能把侵略者全部消灭的武器，抗战时期我们用不用呢？抗日战争期间，中国军队"小米加步枪"中的许多步枪就是日本产的"三八大盖"。一百多年前，人们尚明白"师夷长技以制夷"，因此这是一个非常简单的常识问题。但由于我们思维方式出问题了，这才成为问题。所以我们看一看鲁迅的改造国民性思想，在历史也包括当下究竟有无必要。鲁迅笔下的阿Q是否还有他的子孙呢？鲁迅改造国民性的思想，针对的是中国传统封建礼教毒害而形成的中国的民族惰性，这种惰性在阿Q身上、在孔乙己身上是怎么深刻地表现出来。鲁迅批评这种惰性是正逢其时的，至于他使用的武器，不在我们首先关注的范围之内。改造国民性是中国历史思想文化发展到那个特定阶段，一代觉醒的知识分子受到西方现代思想影响之后，所作出的一种历史选择，而这种选择不是鲁迅个人的，而是一代人的，包括胡适、陈独秀、钱玄同、林语堂等一批人。因此我从这样的角度来说，改造国民性是历史的选择，鲁迅等人适应了这种历史的潮流提出至关重要的命题，在今天仍然是有意义的，这是我们要说的第三个问题。

第四个问题，我觉得这是最具大众化的问题——鲁迅是不是汉奸。如果经常浏览网络的同学会知道，网络上这种论调甚嚣尘上，大有市场，而且最容易产生轰动效应，如果说鲁迅是汉奸的帖子有很多人阅读和点赞的，这些帖子明显是歪理邪说，违背常识，可是为什么要写出来呢？你忽略了背后的一个问题，这是市场的需求，不要从学理和逻辑上评价它，有很多是市场的问题，你多方位地观察可能就释怀了，也就觉得很淡化了。但是，"汉奸"在中国绝对是一个极其严厉的判断，甚至它是一个不需要论证和求证的判断，一个主谓宾句就决定了一个人的命运："你是汉奸""他是汉奸"，只要有这个主谓宾句，一下判断大家就不用讨论了，这个人一定在打倒之列，至于汉奸包括哪些行为哪些证据，这些往往不必考虑，这是在中国社会和文化中极其严厉的判断。关于鲁迅是汉奸的问题，这个判断在学界可能没有太大市场，可是在社会上，特别是在网络中，是有非常大的影响的。说他是汉奸，我整理了一下，大概有三个所谓的依据：

第一，与内山完造勾结，成了日本特务。前些天我在网上看到流传非常广的一个帖子，标题就是"鲁迅承认内山完造是日本间谍"，这个作者把《鲁迅全集》中的《伪自由书》后记里面鲁迅的一段话截取下来，自称发现鲁迅自己承认内山完造是特务，内山书店是日本特务的据点，自己和这些人有来往。其实他没有读鲁迅的全集，也不知道这段话的来历，没有读懂鲁迅附录这段话的明确用意。这段话在1933年的杂志上刊出，1934年有人又一次发表了这个论点，他说内山书店是日本让内山完造开的，它表面开书店，其实差不多替日本政府做侦探，他每次和中国人交谈什么，马上报告日本领事馆，这已成为公开的秘密，只要略微和内山书店接近的人都知道内山就是特务，最后作者作出结论：鲁迅是汉奸。由此，今天有人说鲁迅这段话表明他对内山完造的间谍身份一清二楚，说明鲁迅就是汉奸。这个帖子的作者没有明白这是鲁迅把当时诬蔑他是汉奸的话，转抄在伪自由书后记中，这个人把这段话当成鲁迅知道并且自己承认是日本特务的证据，他忽略了鲁迅是转引别人的话，而且鲁迅当时数次发表文章怒斥这个谣言。

这个帖子是非常荒唐的。

鲁迅和内山书店确实关系紧密，根据鲁迅的日记统计，在上海居住期间，鲁迅去过内山书店多少次呢？大家想一下，一共有500多次，买了1000种以上的书，有很多书都是在中国书店买不到的，有的比较新，有的在中国是被禁的。特别是鲁迅关于无产阶级理论的社会主义的书籍，包括马克思和列宁著作读本、经典马克思主义作家的作品，鲁迅就是通过内山完造书店买的，三次为了躲避通缉躲藏在内山书店或者通过内山而躲藏在日本人的医院。因此人们说鲁迅和内山、内山书店来往亲密，鲁迅自然是汉奸和日本特务。如果真实了解内山其人和内山书店，你完全不会得出特务和汉奸的结论。内山在1937年曾经被日本警视厅拘押了4天3夜，就是因为他大量介绍中国作家、中国的著作，而且还窝藏过郭沫若，解救过许广平和陶行知等人，转送方志敏的手稿给鲁迅，帮助日本共产党员鹿地亘。大家都知道鹿地亘和他的夫人，当时是延安新华广播电台的日语播音员，原来是日本共产党党员，后来加入中国共产党，为中国解放事业确实作出了非常大的贡献。最后结果是内山两次因为涉及中国、涉及共产党，被日本警视厅关押，而且还遭到日本军部的训斥。内山在日本军国主义环境下是不受欢迎的人，甚至被当成日奸，可是今天网民并不了解内山这段历史，把他当成日本特务，而因此把鲁迅作为汉奸。内山在1945年被国民政府判刑，因为他是当时日本在上海的资产管理人，被当作战犯一样对待，后来搞清事实之后被释放。内山回到日本之后，致力于中日友好，创办了中日友好协会，为了中日友好做过800多次的演讲，100多次来到中国，为了促进两国的交流，这是非常难得的。1950年他发起并参与"日中友好协会"，被推举为理事长，而且他在日本成立了鲁迅先生书笺收集委员会，到中国参加各种纪念鲁迅的活动。1959年内山完造患了肺结核，廖承志发电报邀请他到上海来治疗，同时参加共和国成立10周年庆祝大会，结果刚到北京的时候突发脑出血去世了。当时中国为他举办了一个非常隆重的葬礼，内山完造是终身致力于传播中日友好的人，他根本不是日本特务，他确实在日军占领上海期间，让内山书店的店员们给日军做饭团去慰问日军，因为当时日本军部给日本侨民下达了这些任务，内山完造作为日本侨民自然要完成这个任务，对此我们不必过多地去纠缠，认为内山是日本特务的一个依据。

第二，鲁迅攻击抗日的国民政府。我觉得如果把"抗日"去掉之后，攻击国民政府确实是事实。从1931年九一八事变，一直到鲁迅去世，鲁迅杂文非常重要的一个内容，就是政治斗争的内容，我曾经把鲁迅杂文的内容分为三个方面——文化批判、社会批评、政治斗争。在鲁迅晚年，有很多杂文内容主要是对国民党当局专制独裁、杀戮进步人士、迫害知识分子及严禁报刊书籍行为的揭露和批判，这确实成为鲁迅晚年生活中非常重要的一个活动，但鲁迅是不是因为抗日而批判国民政府呢？这个是完全不成立的。抗战没有爆发的时候鲁迅就一直在抨击国民政府，没有国民政府的时候，鲁迅在抨击北洋军阀政府；没有军阀政府的时候，鲁迅在抨击晚清王朝。他始终在挑战政治强权，我们不能把鲁迅抨击抗战时期的国民政府，就把他视为汉奸的依据。

第三，鲁迅没有写过抗日文章。从九一八事变到上海一·二八事变，说鲁迅在这么长的时间里，没有写过抗日文章，我觉得这是对鲁迅文章缺乏常识性阅读和理解的荒唐观点，你要看《鲁迅全集》，就会知道鲁迅对日本军国主义批判的文章，直接和间接的有几十篇。从1932年开始一直到1936年鲁迅多次和各界爱国人士联合发表有关抗日的宣言，有时候还是发起人。大家都知道东北作家群，最著名的萧红、萧军，当时所写的著作绝大多数都是有关东北抗日生活的，特别是萧军的《八月的乡村》。鲁迅在序中对《八月的乡村》以及东北军民的抗日斗争给予了非常高的评价，而且把它提高到"日本政府其实是难以征服中国民族"的新高度来认识。包括像萧红的小说《生死场》都与抗战有关，鲁迅也为萧红的小说写了序言，做了积极的推介。直到鲁迅去世前不久，1936年8月根据自己的谈话意见由冯雪峰代笔经自己修改后,发表了《答徐懋庸并关于抗日统一战线问题》的文章,公开提出拥护中国共产党提出的"抗日民族统一战线"的主张。你看这里是两个表态,一个是对抗日的表态,同时拥护作为抗日斗争中的重要力量——中国共产党人的表态。此前关于"两个口号"的论争也可以看到鲁迅对抗战的表态。直到去世前半个月,1936年10月1日鲁迅等21个人联合发表《文艺界同人为团结御侮与言论自由宣言》,主张全国文学界同仁应不分新旧派别,为抗日救国联合,这是10月1日,10月19日鲁迅去世。鲁迅从1931年九一八事变之后一直到他去世,始终没有停歇对民族危亡的关注,对日本政府侵略当局觊觎中华大地想要征服中华民族的野心的关注,类似的文章非常多,我曾经查过,直接和抗日有关的文章就有十几篇,涉及到抗日内容的文章也有二十几篇。其实有时候鲁迅不单纯从当下斗争形势看待中国抗战,他甚至从民族根性的角度去理解抗战中我们最需要弘扬的是什么,最需要克服的是什么,这里我不去多说。

从历史到当下,关于鲁迅的问题很多。无论贬损还是褒扬,鲁迅的存在让我们文化增加了一种热度和深度,鲁迅的存在让我们有理性的思维,有反思的能力,不管历史过去多久,人们抛撒在他身上的尘埃一定会拂去;不管有多少污言秽语,都不能损害鲁迅的形象,因为有鲁迅在就有我们民族和文化的未来,所以鲁迅是"不死"的。鲁迅对于我们学人来说,就是要借鲁迅来言说这个时代和我们自己。以上是我自己近些年对鲁迅研究的感悟和回答,欢迎大家批评。

李洪华:非常感谢张老师,本来我们多次邀请张老师到学校来,阴差阳错一直没有来,这可能是给我一个警示,还是要你到现场一睹你真人的风采,下次有机会还是要请张老师到我们学校来,跟大家近距离地接触。今天晚上张老师在百忙之中非常难得地为我们带来一场学术的盛宴,本来要以热烈的掌声表达我们的感谢,现在无法呈现我们的热烈。我简单谈一谈我听了张老师的学术报告之后的几点体会，跟老师和同学们一起分享。

第一，张老师今天晚上的学术讲座虽然是围绕鲁迅而展开的，这里面让我们领略到张老师思想的深刻性和敏锐的洞察力。他首先为我们提供了观察和阅读鲁迅的新思路、新观点，不知道大家注意到没有，张老师在这里面不是解读鲁迅本人的思想观点和他的文学成就，而是剖析鲁迅思想背后的思维方式，所以我说他提出了一个新角度、新思路、新观点。张老师在演讲过程中，我觉得他体现出大家风范和学识魅力。张老师全程没有讲稿，侃侃而谈，典故信手拈来，非常熟悉。张老师的确是我们国内研究鲁迅的权威和专家，对鲁迅心理性格进行深入的剖析。这个过程有很多金句，都是闪光的观点，我摘录了几点我觉得非常有启发，比如张老师说，研究鲁迅既回答了历史也回答了现实，比如鲁迅是一个具有完整意义的思想家，把别人思考的终点当作了思考的起点。鲁迅是透过现象看本质，他在革命高潮的悲观在革命乐观的悲观，以笔为刀入木三分。他说，我们不应该用今天的标准衡量和要求历史人物，也不应该用今天理论否定昨天的历史事实。我想这些既是观点，也是今后大家一起研究、阅读基本理论的依据。

第二，张老师还为我们提供了学术研究的方法论。他从更广更高的视野去观察问题，比如他分析鲁迅心理，把他放在现代思想史和文化史，在这样宏大历史的背景上解读，有的时候他从非常微观的角度，比如从人情人性的角度，鲁迅婚姻情感和兄弟失和的问题，是宏观和微观的结合。

第三，张老师在整个讲座过程中给我们提供了非常深刻的启示。他从导入的观点入手，去分析、去驳斥错误的观点，驳斥它的逻辑关系，最终得出他自己的结论。鲁迅是"不死"的，"言说鲁迅就是言说我们的时代和自己"，这些给我们提供了非常多的启示，非常感谢张老师。下面给大家一点时间，让大家和张老师交流一下，机会难得。

提问1：我想问老师怎么记住这么多史书材料？

张福贵：主要是时间长，岁数大，如果你现在接触鲁迅，像我这么大年纪的时候，你记得肯定比我多，更准确。

提问2：张老师，我想请问一下，我有一个疑惑，您解释的是历史情景中的鲁迅，他的风骨人格，他对中国思想文化界的影响。那么在当下市场经济的环境下，鲁迅的意义您觉得主要呈现在哪些方面，可以给当下年轻学生有怎样新的启示？

张福贵：其实在一个市场环境下鲁迅对我们的启示和一个非市场下的环境下的启示是一样的，鲁迅对我们的思想文化和民族性格，重要价值来自两个方面。

一是道德上求真。鲁迅做人包括他批判的对象，做人求真，其所批判的对象其实也是由于不真导致了他的批判，你可以看鲁迅的小说中，对虚伪的批判是他创作的重要内容。

二是他的思维方式独特性。这也是超越的，这种思维方式的独特性我在报告中也提了，他的完整性思维、第二步思维，透过现象看本质的思维。他让个体的人在遇到人生社会坎坷波折的时候怎样应对环境，怎样调节自己，这两点都是超越市场经济亦即时代的。如果在一个市场经济环境下鲁迅对我们究竟有什么意义呢？我觉得是精神崇高和精神自由。你看鲁迅一生中挣了14万大洋，20世纪30年代一块大洋能买多少东西，大家可以看看历史书。鲁迅在经济上是个贵族，或者不缺钱，在不缺钱的情况下首先往往不容易被钱所支配。我认为鲁迅最重要的是在具备一定的经济基础之上，还这样保持人格和思想的自由，不受制于人，包括鲁迅最终放弃了教育部做了十几年的佥事即副司长，一月300大洋，无论自己的经济状况如何，如果要威胁自己精神自由和个性独特和尊严的时候，鲁迅毫无疑问是选取后者的。今天最需要的是鲁迅超越功利的精神境界，这种思想境界，这是在今天市场经济情况下最难得的，特别是鲁迅他道德人格的真，他思维方式的新，以及他在物欲横流之下，在任何一种思想环境下保持精神的独立和自由，这可能与市场经济，与我们的思想文化意义有关，这是我的感觉。

提问 3：因为鲁迅写作确实很丰富，各种文体都有，在分析他的散文和小说的时候要分别注意什么事项呢？这两种文体要怎么看？

张福贵：这两种文体不是单纯在形式上有差异性，主要还是在内容上，你会注意到小说的内容主要是对历史和现实的批判，特别是对民族根性的批判。我不知道你说的散文包不包括鲁迅的杂文。我倒认为不应该包括杂文，应该是狭义的散文。

《朝花夕拾》是一个狭义的散文，纯粹的散文。在《朝花夕拾》里是一个怀旧的、个人性的。由于它是怀旧的、回忆性的、个人性的，而且回忆的往往是童年的故事，就使这些散文的抒情性很强，语词很美丽，你围绕这个问题和他的杂文一看，差别就很大，杂文不是没有抒情性，像《纪念刘和珍君》这一类的文章也充满情感，但和散文《朝花夕拾》的情感就不一样了。杂文是应时性和战斗性的，你会看到杂文的讽刺性、批判性是非常强的，也造成文章大量使用短句，大量使用排比句，要用一浪接一浪的句式，把情感推向高潮，才能表达出来。所以鲁迅的纯粹散文和杂文其实在文体因内容的需要而有所不同，你要细细体味，其中的差异性还是比较大的。

提问 4：张老师您好，我有一个问题想问一下您，您一开始在讲鲁迅的时候也说了，我们现在写论文不论本科生、研究生都不敢写鲁迅，大家都觉得鲁迅已经研究得比较透彻了，好多大家都在研究他，如果我们研究生阶段或者本科生阶段还想再研究鲁迅，我们可以从哪里再下手呢？

张福贵：这个问题可能不只是针对鲁迅的问题，也是我们整个现当代研究生在选题时共同面对的一个问题。鲁迅是学术高原，关于鲁迅研究无外乎几种类型：一个是历史研究，关于史料、关于生平、关于鲁迅和周边人的关系、关于相关事件。二是鲁迅思想研究、文化研究，从鲁迅创作中和从鲁迅言行中看待鲁迅的思想。三是审美研究，从鲁迅的文体、从鲁迅的语言，从他的结构来研究鲁迅的文体和审美价值。这三种研究还有什么值得研究的空间呢？应该说历史性研究接近穷尽，无论你怎样挖掘也很难找到过去没有关注和发现的历史事实和事件，即使你找到了一些事件和材料也构不成对鲁迅形象、鲁迅思想的颠覆，因此我认为这种历史性的研究接近穷尽，在这个方面我觉得作为学生来说恐怕更无能为力，你没有这样的精力和积累去做新的发现，这是很难的。

还有一个是思想研究，我觉得鲁迅已经被定型了，如果有时候你真的有思辨能力和思想能力，你可以在这个方面做文章，怎么做文章呢？我觉得做悖论、做反论。现在鲁迅的思想评价中好多已经成为一种定论，定论成为一种常识，常识似乎成为我们论证的依据和前提，这些依据和前提已经不再成为我们论证对象的时候，你回过头去想想，这些对鲁迅思想的评价难道就是正确的吗？就是符合那个时代的历史现实吗？我前几天在北京参加教材委员会会议，审查语文教材，其中谈到鲁迅的"拿来主义"，我看到导读上是这样介绍的，说"拿来主义"体现了鲁迅的无产阶级文化观。研究鲁迅的话，对这个解释肯定是不满意的，把鲁迅的文化观太局限了。无产阶级文化观究竟是什么？如果从阶级论的角度，鲁迅的文化观叫"辩证唯物主义和历史唯物主义"，这可以称为"无产阶级文化观"，你简单地把"拿来主义"直接叫"无产阶级文化观"，其实是不准确的，你最多要说他是历史唯物主义文化观和辩证唯物主义文化观，即使这样说也是把鲁迅的定位定低了。"拿来主义"是对整个人类文化建构的价值观和立场，它是超越阶级甚至超越民族的，它是属于人类的。我觉得对于鲁迅的思想研究能不能从一些反论、悖论的角度去考察一下，我们的结论一直是对的吗？看看鲁迅的进化论思想评价，1927年真的如鲁迅自己所说的"轰毁"了进化论了吗？虽说鲁迅的思想发生了改变，但进化论的思想就没了吗？进化论的思想以及鲁迅的坚守对于当时的中国具有什么意义呢？鲁迅对一些作家的批评难道是真实的吗？是准确的吗？比如对我们吉林大学中文系老教授杨振声的批评。杨振声在五四时期创作了很多小说，鲁迅在主编《中国新文艺大系·小说二集》的时候收入了两篇。但是鲁迅对杨振声的爱情小说《玉君》批判得非常重。如果你重读《玉君》就会发现，其实鲁迅对杨振声小说的评价是不公正的，特别是对于审美价值的批评，不能用一人之见代表所有读者的认知。对于这样一些反论，我觉得恰恰能出新论，但需要你的思想能力，需要你对鲁迅研究史有理解深度。

第三，鲁迅审美研究，在鲁迅创作的审美研究从开头就几乎做到位了，但是一直没有突破。审美研究无外乎关于人物形象、语言风格、结构特点、手法运用、描写细节等方面的研究，其中有没有更新的理解，例如用现代文本细读的方式，用现代的批评方法重新阅读鲁迅的作品，会不会有新的审美感受，这需要考验大家是否能接受最前沿的思想理论和方法来看反观鲁迅的作品。

除此之外，如果你认为你已经掌握了鲁迅的原作和鲁迅研究的历史，你也可以研究鲁迅研究述评，不能写全史，可以写断代史，例如新世纪鲁迅研究述评、近年鲁迅研究述评等。北京博物馆的葛涛经常做这些工作，很有价值。此外，像近十年的鲁迅研究述评，或者关于鲁迅国民性改造思想研究的述评、关于阿Q形象研究的述评、鲁迅的女性观、鲁迅笔下女性形象研究史等等，从一个小的切口进入，进入纵向的历史之中，来考察鲁迅某一方面。其中我们可能会作出反论，或者作出更新论。我觉得鲁迅学术高原突破难，这三种途径总会有一种有用，这不仅仅针对鲁迅研究，对现当代的作家，特别是经典作家研究往往都是有效的，谢谢。

李洪华：非常感谢张老师今天带来这样精彩的讲座，真诚期待张老师能够再次亲临南昌，让我们近距离见见张老师。

推荐书单：

1. 侯外庐：《中国思想史纲》，上海书店出版社2008年版。
2. 林毓生著，穆善培译，苏国勋、崔之元校：《中国意识的危机——

五四时期激烈的反传统主义（增订再版本）》，贵州人民出版社 1988 年版。

3. 李泽厚：《中国近代思想史论》，生活·读书·新知三联书店 2008 年版。

4. 王富仁：《中国反封建思想革命的一面镜子——〈呐喊〉〈彷徨〉综论》，中国人民大学出版社 2010 年版。

5. 钱理群：《心灵的探寻》，河北教育出版社 2005 年版。

6. [英]阿诺德·汤因比著，(英) D.C. 萨默维尔编，郭小凌、王皖强等译：《历史研究》，上海人民出版社 2010 年版。

7. [德]恩斯特·卡西尔著，甘阳译：《人论：人类文化哲学导引》，上海译文出版社 2013 年版。

8. 林贤治：《人间鲁迅》，人民文学出版社 2010 年版。

9. 陈晓明：《德里达的底线——解构的要义与新人文学的到来》，北京大学出版社 2009 年版。

第二十八讲 《风波》百年：鲁迅的辫子记忆与民国意识

主讲嘉宾：王彬彬

嘉宾简介：王彬彬，1962年11月生，安徽省望江县人。南京大学文学院教授，博士生导师，文学评论家，文学史家。教育部"长江学者"特聘教授、教育部人文社会科学重点研究基地南京大学中国现代文学研究中心常务副主任、中国当代文学研究会理事、中国鲁迅学会理事、江苏省当代文学研究会会长。主要从事中国现当代文学和文化批评研究。已出版的主要著作有：《在功利与唯美之间》《鲁迅晚年情怀》《为批评正名》《文坛三户：金庸·王朔·余秋雨》《城墙下的夜游者》《风高放火与振翅洒水》《一嘘三叹论文学》《往事何堪哀》《并未远去的背影》等。获得江苏省作协第二届"紫金山文学奖"理论奖，首届东吴文学奖·文学评论奖。

讲座时间：2020年12月30日

如果让人们想象鲁迅形象，恐怕大多数人脑子里浮现的是那个很经典的"横眉冷对千夫指"的形象，而且只能想象出这一种鲁迅形象。很少有人会想象出一个拖着辫子的鲁迅形象。但作为汉人，鲁迅最初的男子形象，是拖辫子的形象。鲁迅最迟在十多岁时已经留起了辫子[①]。那个每天在当铺和药店间奔走的少年，那个在泥土里翻捉"原配蟋蟀一对"的少年，那个在沟沿埂边挖寻"经冬三年的芦根"的少年，那个在三味书屋里摇头晃脑地背书的少年，是拖着辫子的；那个"想走异路，逃异地，去寻求别样的人们"因而辗转到了南京求学的绍兴青年，是拖着辫子的；那个在南京四年，先水师学堂后矿路学堂，学英文学德文，学海军学地质学矿物学的青年人，是拖着辫子的。1902年3月，鲁迅从南京经上海到达了日本横滨，一路也是拖着辫子的。在日本东京，这辫子也拖了近一年，直到1903年3月，鲁迅才毅然将辫子剪去。这在中国留学生中，是很稀见的，是颇有些胆大妄为、离经叛道的。1903年，鲁迅已经二十二三岁。在二十二三岁以前，鲁迅一直是拖着辫子的。1909年秋，鲁迅结束在日本的留学，回国。其时中国还在清朝的统治下，没有辫子很难做人，于是鲁迅在上海买了一条假辫子。假辫子戴了一阵，十分不便，鲁迅才干脆不要了，昂着一颗没有辫子的头颅在杭州和绍兴的天空下走着，但他也因此吃了许多苦头。所以，鲁迅曾经是一个拖着辫子的中国男子。不但拖过真辫子，而且拖过假辫子。拖辫子的鲁迅，也是鲁迅的形象之一。

但注意到鲁迅曾经是一个长久地拖着辫子的男子，对于理解鲁迅，其实并非是无关紧要的。

清军入关主宰中国后，要求汉人男子也如满人一样把头部前面剃光，在脑后留起辫子，"留头不留发，留发不留头"这句尽人皆知的话就昭示着那旨令的严格。从此，辫子在汉人男子脑后拖了260多年。一开始，汉人是拼命抵抗的，许多人甚至选择了"留发不留头"，宁死也不肯在脑后拖一根尾巴。但奇怪的是，到了后来，广大汉人男子不但接受了留辫子的铁律，而且认为男子留辫子是天经地义，不拖着根辫子则不配称作人。当然有内心一直不接受不认可脑后这根辫子的人。在"留头不留发，留发不留头"的旨令还严格实行时，这些人不得不也在脑后拖着根辫子，这时候，他们是心脑不一的，内心是极其憎恶脑后的那根尾巴的。一旦有可能不需要付出掉脑袋的代价便可把脑后那根尾巴剪掉时，他们便立即将它剪掉，哪怕因此带来并不小的烦恼。鲁迅便是这样的人之一。在鲁迅的写作生涯中，辫子问题一直是他的一个创作兴奋点。1920年秋，鲁迅连着写了两篇以辫子为题材的小说，这就是收在《呐喊》里的《风波》和《头发的故事》。1921年，鲁迅创作了《阿Q正传》，辫子之有无、真假也是鲁迅小说中一个重要问题。1934年12月，鲁迅写下了杂文《病后杂谈之余——关于"舒愤懑"》，又大谈辫子问题。直到其绝笔之作《因太炎先生而想起的二三事》里，他仍在谈论剪辫与民国的关系。我们完全可以说，一根辫子纠缠了鲁迅一生。当然早就有人注意、研究过这个问题。例如，陈莹珍在《现代语文》2009年第5期发表了《浅析鲁迅的反封建思想和"辫子"情结》，从"反封建"的角度论述了鲁迅与辫子的关系和鲁迅对辫子的言说。说鲁迅有着一种"辫子情结"，并非是没有根据的。

辛亥革命之后，中华民国取代了大清帝国。所谓民国，实行的是共和制。共和的现代政治意义，鲁迅当然是懂的。但鲁迅不太习惯以僵硬的政治条款去衡鉴民国的好坏，鲁迅更多的是从直观的感受出发去品评民国的名与实。辫子问题，是鲁迅感受、品评民国的一个角度。鲁迅对民国的认识，是与辫子相关联的。

一

在写于 1934 年底的《病后杂谈之余》里，鲁迅叙说了自己与辫子的关系。鲁迅最初是从辫子意识到满汉之别的："对我最初提醒了满汉的界限的不是书，是辫子。这辫子，是砍了我们古人的许多头，这才种定了的。"②在写于十四五年前的《头发的故事》中，鲁迅已经借 N 先生之口说过这样的话："我们讲革命的时候，大谈什么扬州十日，嘉定屠城，其实也不过一种手段；老实说，那时中国人的反抗，何尝因为亡国，只是因为拖辫子。"③清军入关，取代明朝而主宰中原，其实广大中国人是并不很在意的。如果清廷不下达那么严格的剃发令，汉人是不会有那么强烈的抵抗的。剃发令与传统中国人的发肤观念实在太冲突了，无论如何不能接受，这才有南方某些地方的拼死抗清。这一点，历史学界早有人指出过。鲁迅应该早在少年时期就明白了这个道理。但是，令鲁迅感到奇怪的是，那根曾经被汉人如此抗拒的辫子，后来却成为汉人男子头上绝对不能没有的东西，成为汉人男子的亲近之物甚至宠爱之物。在《病后杂谈之余》里，鲁迅接着说，在他开始有知识的时候，人们早已忘却了这辫子是砍了许多祖先的头才在汉人头上生根的。人们反认为，头发全留便是造反的"长毛"，而全剃则像是和尚，只有剃一点留一点并且把留下的那部分扎成辫子，才是"正经人"。这还不算，还要把脑后这根辫子玩出各种花样来，让它成为玩具、道具。戏台上演小丑的，往往把脑后的辫子打一个结，在上面插上一朵纸花，目的当然是博取笑声。演武丑的则常常把小辫子挂在铁杆上，悠然地吸烟、献技。街头变戏法的，则不须动手，练成了把头一摇则辫子自动跳起来盘在头顶的本领……④鲁迅在《阿 Q 正传》里，也写了留辫子的习俗是怎样深入汉人之心。钱太爷的儿子留学回来，辫子没有了，他的母亲痛不欲生，竟至于大哭了十几场。他的老婆甚至因此而跳过三回井。对于钱少爷的剪去辫子，阿 Q 便深恶痛绝，送了他一个"假洋鬼子"的称号，又说他是"里通外国的人"。钱少爷要在中国生存下去，头上没有辫子是不行的。但等到头发长到可以扎辫，那实在太费时日，早在路上被唾沫淹死了。于是钱少爷只得戴起了假辫子，而假辫子只能骗骗不知底细的外庄人，却更令知道底细的阿Q鄙视、憎恶："辫子而至于假，就是没有了做人的资格；他的老婆不跳第四回井，也不是好女人。"⑤

"留头不留发，留发不留头"的律令实行了二百多年，到了清末，便不能如此严格地继续了。汉人男子要将辫子剪掉，换成其他发式，一般情形下已经不至于掉脑袋了，虽然仍然会有许多麻烦。这是从一些史实可知的。1900年夏秋间，章太炎在上海剪掉了"作为对清王朝忠顺标记的长辫"，并且还写下了《解辫发》，从此章太炎便留着短发，穿着西装，大摇大摆地走在路上⑥。鲁迅1903年在日本剪去了辫子，算是在清末即以此种方式表示对清朝统治的反抗。那时到日本留学的中国学生很多，既然是清廷的"子民"，当然须留着辫子，何况还有官方派遣的监督。鲁迅在《藤野先生》的开头，便描绘了中国学生的头上景观："东京也无非是这样。上野的樱花烂漫的时节，望去确也像绯红的轻云，但花下也缺不了成群结队的'清国留学生'的速成班，头顶上盘着大辫子，顶得学生制帽的顶上高高耸起，形成一座富士山。也有解散辫子，盘得平的，除下帽来，油光可鉴，宛如小姑娘的发髻一般，还要将脖子扭几扭。实在标致极了。"⑦这也算是鲁迅一生中多次对辫子的言说之一。许寿裳的《亡友鲁迅印象记》，一开始便回忆"剪辫"。许寿裳说，他自己和另一名同班的韩强士，是到东京的当天便将辫子剪掉了，鲁迅则是弘文学院江南班剪辫第一人：

> 这天，他剪去之后，来到我的自修室，脸上微微现着喜悦的表情。我说："阿，壁垒一新！"他便用手摩一下自己的头顶，相对一笑。⑧

剪去了这象征着清朝统治的辫子，鲁迅内心的欢欣是可想而知的。

清朝官府对汉人的剪辫怒目而视，但已难以惩之以砍头。剪辫带来的麻烦，主要不是官府所施与，民间社会、汉族同胞，才是迫害剪辫者的基本力量。鲁迅以三种方式言说过剪辫者的悲苦遭遇。《头发的故事》中N以第一人称的方式叙说了剪辫后的苦痛；《阿Q正传》里小说的叙述者叙述过被阿Q称作"假洋鬼子"的钱少爷失了辫子后的难堪。《头发的故事》中的N与《阿Q正传》中的"假洋鬼子"，都是小说人物。而在杂文《病后杂谈之余》中，鲁迅回忆了自己剪辫后的烦恼。这三种言说，有着高度的一致性。

《头发的故事》中的N也是留日学生。到日本后，剪掉了辫子，便遭到将辫子盘在头顶上的同学的厌恶。回国时，一到上海便买了根假辫子。假辫子大概只能蒙骗路人，难以让天天相见者长久不生疑。N头上的辫子终于被人们识破真相。人们于是一边冷笑着，一边认定N有着杀头的罪名。有一位本家，还打算去官府告发，只是因为担心革命党的造反可能成功、清廷可能被推翻，才终于没有去。既然假辫子并不能起到真辫子的作用，N便干脆废除了这假辫而昂着无辫之头、身着西服在路上走着。于是便一路都是笑骂声，甚至有人追着骂"冒失鬼""假洋鬼子"。N于是不穿洋服而改着长衫，人们骂得更厉害了。N之所以易西服而着长衫，是想与中国"固有"的习俗靠近一点，庶几多少可抵消一些无辫之罪。人们之所以骂得更厉害，则因为在他们眼中，辫子与长衫是不可分离的，穿长衫而头上却没有辫子，那就更不伦不类、非驴非马了。在这样的逼迫之下，N只得用手杖护卫自己了：路上遇到有人骂，便打。打过几回，再走旧路，就没有人敢骂了。只是如果走的是没有打过的地方，还会有人骂。手杖只能制止惯走之路上的笑骂，却并不能消除无辫带来的所有苦恼。宣统初年，N到本地中学当监学，"同事是避之惟恐不远，官僚是防之惟恐不严，我终日如坐在冰窖子里，如站在刑场旁边，其实并非别的，只是因为缺少了一条辫子！"⑨N说他民国元年冬天到北京，还因为没有辫子而被人骂过几次。所以，《头发的故事》中有这样的叙述：

N忽然现出笑容，伸手在自己头上一摸，高声说：

"我最得意的是自从第一个双十节以后，我在路上走，不再被人笑骂了。……"⑩

对于N来说，"民国"的意义首先体现为拥有了不留辫的自由。N的民国意识，首先是剪辫意识，是可以不拖辫子的意识。

《阿Q正传》里，钱少爷从东洋回来，头上没有了辫子，他的母亲痛哭了十几回，到处对人解释，说这辫子是被坏人灌醉了后剪去的，本来回来可以做大官的，现在不行了。钱少爷的老婆则因此跳了三回井。钱少爷只好拖起假辫子。被阿Q辈称作"假洋鬼子"的钱少爷，走在路上自然不会不被人笑骂，于是钱少爷无奈之下也只好打他：

这"假洋鬼子"近来了。

"秃儿。驴……"阿Q历来本只在肚子里骂，没有出过声，这回因为正气忿，因为要报仇，便不由的轻轻的说出来了。

不料这秃儿却拿着一支黄漆的棍子——就是阿Q所谓哭丧棒——大踏步走了过来。阿Q在这刹那，便知道大约要打了，赶紧抽紧筋骨，耸了肩膀等候着，果然，拍的一声，似乎确凿打在自己头上了。

"我说他！"阿Q指着近旁的一个孩子，分辨说。

拍！拍拍！⑪

钱少爷剪辫后的遭遇与应对笑骂的方式，与《头发的故事》中的N很相似。

如果说鲁迅以小说的方式两次言说了剪辫后的苦痛，那么他在《病后杂谈之余》里则是叙说自己的亲身经历。

在《病后杂谈之余》里，鲁迅说，自己在日本剪了辫，剪下的辫子一半送给了客店的女佣做了假发,一半送给了理发匠。1909年结束留学回国谋生,知道没有辫子很麻烦,便在上海以四元大洋买了一条假辫子。那时上海有一个专做假辫子的专家,留学生无人不知。那时候,留学日本的固不必说,留学欧美者,也要经上海往返。回国,都要在上海登陆。而留学生在国外期间都有些人剪掉了辫子,欧美留学生剪辫者应该更多。而回国生活,没有辫子不行,便往往一上岸便想法装一条假辫子,这样才催生了假辫子生意的出现,也才有上海的制假辫名家产生。装一条假辫要四元大洋,那实在是很昂贵了,然而却决不打折扣。假辫虽然做得巧妙,但如果知道你是留学生而存了怀疑的心,就很容易看出破绽。冬天还可以用帽子遮掩一下,夏天却无法遮掩。如果走在路上掉下来了,或者被人扯下来了,那就比本来没有辫子更难堪。假辫子戴了一个多月,鲁迅就干脆弃而不用了。没有辫子,走在路上便很不太平了。呆呆地看着你的脑袋,算是很客气很节制了。但更多的人是冷笑,是恶骂。说你偷了人家的女人因而辫子被人强行剪去了,也算是很客气很节制,"大则指为'里通外国',就是现在之所谓'汉奸'。我想,如果一个没有鼻子的人在街上走,他还未必至于这么受苦,假使没有了影子,那么,他恐怕也要这样的受社会的责罚了"[⑫]。

本来,清军入关,主宰中国之初,汉人遵令留起辫子,在某种意义上是可称作"汉奸"的。二百多年后,倒是汉人不留辫子则成了"汉奸",这观念的变化过程实在耐人寻味。鲁迅在《病后杂谈之余》里叙说的自己遭受"无辫之灾"的情形,与《头发的故事》里的N和《阿Q正传》里的钱少爷,是很相似的。所不同者,N和钱少爷两个小说人物都有以手杖回击路人的行为,而鲁迅没有说到自己也有以手杖教训笑骂者之事。孙伏园在《鲁迅先生二三事》中回忆说,当时绍兴府学堂的教职员常常在星期日乘画舫到禹庙兰亭去游玩:"画舫里面本备有各种博具,只要乘客一开口,就可以拿出来玩耍。这教职员当中,只有鲁迅先生没有辫子。消息传到城里,说画舫中还有一个和尚,社会间即刻想到府学堂的教职员们借游山玩水为名而在画舫中赌博。鲁迅先生上当之余，只有退却。从此他不再随喜他们乘画舫游山水了。"⑬ 没有辫子，不仅仅是走在路上被嘲骂，还有种种难以预料的尴尬、猝不及防的难堪。孙伏园说，那时"鲁迅先生常常拿一根手杖，就是《阿Q正传》中所谓哭丧棒"⑭。可见，N和钱少爷两个小说人物的手杖，也是从鲁迅手里挪移过去的。N和钱少爷所受的"无辫之灾"，基本上是鲁迅自身的经历，鲁迅没有说自己用手杖回击路人，孙伏园也没有这样说。N和钱少爷用手杖做武器这一层，可能是鲁迅的虚构，但也可能同样是鲁迅实际做过的事情。

二

在《病后杂谈之余》里，鲁迅回忆了在清末遭受的"无辫之灾"后，写道：

> "不亦快哉！"——到了一千九百十一年的双十，后来绍兴也挂起白旗来，算是革命了，我觉得革命给我的好处，最大，最不能忘却的是我从此可以昂头露顶，慢慢的在街上走，再不听到什么嘲骂。几个也是没有辫子的老朋友从乡下来，一见面就摩着自己的光头，从心底里笑了出来：哈哈，终于也有了这一天了。
>
> 假如有人要我颂革命功德，以"舒愤懑"，那么，我首先要说的就是剪辫子。⑮

鲁迅对于"民国"的认识，是与辫子紧紧纠缠着的。大概因为在清朝统治时期所受"无辫之灾"太深重，民国的第一功德，竟然是可以坦然地剪辫子，可以没有辫子而自由自在地走路和游玩。《头发的故事》中的N也表达过同样的民国意识。这当然也是鲁迅把自己精神上的东西移植到小说人物身上。

鲁迅接着写道：

> 然而辫子还有一场小风波,那就是张勋的"复辟",一不小心,辫子是又可以种起来的,我曾见他的辫子兵在北京城外布防,对于没有辫子的人们真是气焰万丈。幸而不几天就失败了,使我们至今还可以剪短,分开、披落、烫卷……
>
> 张勋的姓名已经暗淡,"复辟"的事件也逐渐遗忘,我曾在《风波》里提到它,别的作品上却似乎没有见,可见早就不受人注意。现在是,连辫子也日见稀少,将与周鼎商彝同列,渐有卖与外国人的资格了。⑯

张勋"复辟",鲁迅特别在意的是辫子问题。对于鲁迅来说,张勋的"复辟",首先意味着辫子的"复种"。在鲁迅那里,"清国"与"民国"的对立、帝制与共和的不相容,首先体现为辫子与民国和共和的对立与不相容。鲁迅接着说,到了三十年代,在各种绘画上,"从没有见过一条我所记得的辫子"。见过几幅阿Q像,当然要画阿Q的辫子,但都画得不"合式"。⑰鲁迅慨叹年轻人已不知辫子的底细,而年老者也将这底细忘却,却反证了鲁迅自己直到暮年仍然对辫子念念不忘。

谈论鲁迅对辫子的言说,当然不能不谈小说《风波》;而谈论小说《风波》,当然应该联系张勋复辟的历史背景。但张勋之复辟,却并非一介武夫的心血来潮,而是与袁世凯当国后浓重的复古气氛相关联的。

李宗一、曾业英等人所著的《中华民国史》第二卷(1912—1916)论述了袁世凯当政后掀起的复古逆流和清室的复辟活动。在民国元年至二年(1913)间,专制主义思想和民主主义思想的斗争还是十分激烈的。辛亥革命对专制主义的冲击,还在继续。但是,袁世凯站稳脚跟后,便开始了对民主主义思想的清算。在对民主主义思想进行清算的同时,是文化复古潮流的浊浪滔天,尊孔则是这逆流的典型表现。各种尊孔团体在各地出现,其中尤以孔教会的活动最为引人注目。孔教会由陈焕章、沈曾植、梁鼎芬、姚文栋等人于1912年10月在上海发起成立。尊孔显然得到袁世凯的大力扶持，而尊孔的前提是对新思想、新文化的否定。恢复帝制，是这时期狂热尊孔的题中应有之义⑱。来新夏等人所著的《北洋军阀史》也对此时期尊孔与复辟的关系做了强调。在张勋复辟的前几年，"孔教会""孔圣会""崇道会"等以尊孔为宗旨的团体在各地涌现，而《孔教会杂说》《不忍杂志》等尊孔刊物也纷纷出笼，封建余孽、军阀政客都积极参与尊孔活动。孔教会总干事，则由仍然拖着辫子的张勋担任。明白了张勋是孔教会的总干事，就不难理解这时期遗老、军阀、政客狂热的尊孔与几度复辟的关系。"不言而喻，这些尊孔复古活动是袁世凯实施帝制的准备，但也不可避免地为一切复辟势力提供了思想武器。"⑲换言之，这股尊孔狂潮，既能够为袁世凯帝制自为提供意识形态方面的支持，也能够为张勋复辟清室提供思想、理论方面的根据。

1917年6月，张勋率领他的辫子军进入北京，鲁迅是亲眼目睹了的。张勋的辫子军，对于没有辫子的人"气焰万丈"，一定让鲁迅想起了自己在清末所受的"无辫之灾"。而张勋复辟，最令鲁迅痛苦的，应该就是又不得不留起辫子。7月1日，溥仪宣布复辟，于是：

> 在一片复辟声中，各地的封建"逸民"、军阀中的新旧官僚、洪宪帝制的余孽也都趁时而动。北京早已被用作装殓死尸的朝冠朝靴、花衣蟒袍，虽每套从二十元一下子涨到一百二十余元，但也被那些"新贵"们抢购一空。街上更有拖着假发辫、头戴红顶花翎的人招摇过市。据记载，当时前门外有些铺子的生意大为兴隆，"一种是成衣铺，赶制龙旗发卖；一种是估衣铺，清朝袍褂成了刚封了官的遗老们争购的畅销货；另一种是做戏装道具的，纷纷有人去央求用马尾给做假发辫"。福建督军李厚基得悉复辟的消息后，当即下令拨款五千元，赶制千面龙旗分发，以表示对复辟的拥护。张勋的巢穴徐州更是喧嚣一时，"其一般亡国大夫，宗社余孽，俳优蔑片，赌棍流氓，皆趋附焉"。而张勋也"藉此以为固结人心之计，今日保送一知事，明日指委一要差，甚至中将少将

之职，等于烂羊"。[20]

这里说到的情形，鲁迅是见证者。当鲁迅看到假发生意又开始红火、假发辫又在流行时，内心的焦虑、惶恐、痛楚是不言而喻的。张勋复辟时，鲁迅在北京，而以张勋复辟为题材的小说《风波》却将故事发生地设置在浙东农村。但我们可以断言，《风波》的创作源起，是张勋复辟期间鲁迅在北京的见闻和感受。或者说，《风波》酝酿于张勋复辟时的北京。1917年7月1日至12日，鲁迅在北京耳闻目睹着复辟期间的种种情形。这期间的耳闻目睹和万般感受，并未随着张勋复辟的结束而消失，而是在他心中发酵着。三年以后，当鲁迅决定把对张勋复辟的见闻和感受以小说的方式表达出来时，他选择了以家乡浙东农村为故事发生背景地。而将辫子问题作为情节的推动力和矛盾的焦点，则是因为在张勋复辟期间，辫子问题对鲁迅刺激特别大。张勋的辫子兵对没有辫子的人气焰万丈，复辟开始后辫子又变得必要，以及假辫子生意的复兴，深深刺激了鲁迅。所以，张勋复辟，对于鲁迅来说，首先意味着辫子的"复种"。而鲁迅之所以特别在意张勋复辟期间的辫子问题，则因为辫子与他许多阴郁、痛苦的记忆纠缠在一起。

张勋的复辟闹剧只上演了12天。到了7月12日，段祺瑞指挥的"讨逆军"便将张勋的"辫子军"彻底击溃。来新夏等人所著《北洋军阀史》有如下有趣的叙述：

12日凌晨，"讨逆军"五万余人兵分三路，对北京发起总攻。"辫子军"在"讨逆军"飞机、大炮的轮番轰击下，纷纷弃械投降或溃逃。可称为奇观的是，战场上除了大量被遗弃的枪械外，还有满地的辫子，这是"辫子军"为便于逃命而剪下丢弃的。在"辫子军"败北的同时，复辟的主要人物也都纷纷自逃生路。张勋逃匿于荷兰使馆，溥仪发表了一则极力为自己与清室洗刷罪责的声明并宣布退位后逃入英国使馆，

康有为托庇于美国使馆。12天的复辟丑剧至此落下帷幕。㉑

张勋的"辫子军",是民国建立后一直未剪辫的。他们进入北京后对已经剪辫者气势汹汹,妄图让辫子重新在每一个中国男子脑后摇晃。但没想到的却是以复辟的方式终结自己头上辫子的生命。

再回到鲁迅为何选择浙东农村为《风波》的故事发生地这一问题。

民国成立后,并非所有人都立即剪去了辫子。张勋的"辫子军"是"辫帅"张勋严令留辫,另当别论。一些遗老、名流仍然留着辫子,也应当另做分析。这里要强调的,是在民间,在底层人民中,也有些人进入民国后仍然没有剪辫。在北京,这样的人也有,而且当张勋复辟时,为数还不少,不然就没有鲁迅所见的"辫子军"对没有辫子的人"气焰万丈"的事了。鲁迅1914年8月11日日记有如此记述:"佣剃去辫发,与银一元令买冒。"㉒此时,距民国成立已经二年半有余,鲁迅的这个佣人才剃去辫发。鲁迅送其大洋一元,让其买帽,应该不是为了御寒。时方八月,当然无寒可御。那么,买帽就只能理解为是为了"遮丑"。这说明,在那时候的北京,底层民众还视男子头上无辫为丑态。至少,留了一辈子的辫子突然没有了,会一时间感到不习惯,而戴上帽子,则是让自己尽量没有别扭感。

民国以后仍然留辫者,城市肯定少于农村。北京是大城市,又是中华民国的首都,底层民众仍然留辫者应该更少些。而鲁迅的小说《风波》,需要一个有许多人仍然留着辫子的环境,不然故事便无由展开,冲突就难以形成。鲁迅熟悉的浙东农村,在1917年的时候,应该仍然有许多留辫者。这是鲁迅把《风波》的故事发生地放在浙东农村的一个原因,但并不是唯一原因,这其中还有另外的原因在。下面分析《风波》时再论。

三

说在鲁迅的头脑里,辫子记忆与民国意识总是纠缠着,并不意味着鲁迅的辫子记忆仅仅与异族压迫和反抗异族压迫相关联。"留头不留发，留发不留头"当然首先意味着异族的残酷统治。但是，如何处理头发却与生死相关，却直接决定着脑袋的保与不保，这又让人想到鲁迅所说的"奴隶规则"的变幻莫测。如果统治者对人民如何处理头发的规则是一直不变的，那无论要求人民把头发处理成什么样，人民也还好对付。但如果这规则是没有规律地变化着的，那人民便只能哀叹无所适从了。所以，鲁迅对于辫子的记忆，又是与鲁迅对人民"想做奴隶而不得"的认识相联系着的。民国与头发的关系，不应该只是进入民国，人们有了不留辫子的自由，而应该是在民国，人们有了任意处理自己头发的自由。民国之所以值得热爱、赞美，是因为头发不再成为问题，尤其不再与生死相关。

现在谈谈《风波》。

鲁迅的小说《风波》，到底有着怎样的思想意蕴？长期以来，我们的理解是：《风波》表现了辛亥革命的不彻底，表现了辛亥革命未能触动、改变广大底层民众的思想观念，表现了广大底层民众对辛亥革命的隔膜、冷漠。总之，是小说表现了鲁迅对辛亥革命的失望。这样的理解当然绝对没有问题。辛亥革命确实对底层社会的影响不大。包天笑在《钏影楼回忆录》里，说到自己于辛亥革命过去七八年后，为写小说《留芳记》而到北京搜集资料，其中有这样的感慨：

> 我这时便想着手搜集资料了，谈何容易，这真是一个艰巨的工作。我此次来北京，距离辛亥革命，已经有七八年了，洪宪时代也已过去，正是北洋军阀当权的时期。而我是生长在江南的人，从武昌起义，一直到清帝让位，江南人好像随随便便，没有什么大关系，譬如叉麻雀扳一个位，吃馆子换一家店；糊糊涂涂睡一觉，到明天起来，说道已经换了一个朝代了。

还记得江苏宣告独立之日，程雪楼（德全）以巡抚而易为督军的时候，我和《时报》一位同事程君，到苏州去观光一下。但见抚台衙门前只不过飘扬了一面白旗，至于老百姓，正是行所无事，各安其业，古人所谓匕鬯不惊呢。所以我必须在北京多搜集资料，因为此地虎斗龙争，狼奔豕突，可歌可泣，可怒可惊的轶事正多，这是我们治野史的所万不能放弃的呀！㉓

包天笑是江苏吴县人，吴县距浙东不远，他所说的辛亥之后的情形，也正是浙东的情形。但是，表现辛亥革命的不彻底，应该并非小说《风波》的全部意旨。我以为，这只是小说的表层意旨，正如批判科举制度只是《孔乙己》的表层意旨一样。小说《风波》更深层的意旨，在于表现广大民众"想做奴隶而不得"的惶惑、苦痛。

也可以说，小说《风波》先期表达了鲁迅写于五年后的杂文《灯下漫笔》中表达的思想。在《灯下漫笔》中，鲁迅说中国人向来没有真正获得过"人"的地位，最好的状态是当上了"奴隶"，而更多的时候是连"奴隶"也当不稳。每有战乱，中国的百姓其实都是"中立"的，自己都不知道属于哪一面。但其实是两面都属于，而两面又都不属于。强盗来了，百姓便属于官的一面，被杀掠；官兵来了，又并不把百姓当自家人，于是仍然被杀掠。这时候，百姓便希望有一个固定的主子，替自己制定稳固的"奴隶规则"。但可惜历史上这样的时候并不多。五胡十六国的时候，黄巢的时候，五代的时候，宋末元末的时候，都是百姓没有稳固的"奴隶规则"可遵循的时候。匪寇来了，百姓属于官家人，要杀掠；官兵来了，百姓又被视作匪寇，也要杀掠。鲁迅说，如果遇上张献忠这样的人，百姓的命运就特别凄惨了。不服役纳粮的，自然要杀；老老实实服役纳粮的，却也要杀；与他为敌的，自然要杀；归顺他的人，却也要杀。"奴隶规则"被张献忠彻底破坏。这样的时候，百姓便盼望着换一个别的较为尊重他们的"奴隶规则"的主子，这规则无论新旧，也无论宽严，只要比较明确、稳定，使百姓能够走上"奴隶的轨道"，就谢天谢地了。所以，历史上的所谓"太平盛世",无非就是天下大乱后,出现一个比较强悍、聪明、狡猾的人,收拾了乱局,然后便是为百姓厘定奴隶规则:"怎样服役,怎样纳粮,怎样磕头,怎样颂圣。"而且这规则,能够比较长久而稳定地实行,就是百姓心目中的"天下太平"了。所以,鲁迅说,中国历史上只有两个时代:一是百姓"想做奴隶而不得的时代",一是百姓"暂时做稳了奴隶的时代"㉔。

百姓对"奴隶规则"的无所适从,在头发的处理方式上也表现出来,清朝主宰中国,下达剃发令,"留头不留发,留发不留头",汉人男子必须剃去头部的前面,在脑后垂下辫子。而洪杨造反后,则又实行"留辫不留头,留头不留辫"的政策,在东南一带,许多脑袋连着辫子一起掉下来。到了民国,可以安然地剪掉辫子吧,却又遇上张勋复辟。在写于同一时期的《头发的故事》里,N就对头发给中国百姓造成的苦痛大发感慨:"顽民杀尽了,遗老都寿终了,辫子早留定了,洪杨又闹起来了。我的祖母曾对我说,那时做百姓才难哩,全留着头发的被官兵杀,还是辫子的便被长毛杀!"㉕头发的处理方式是"奴隶规则"之一种。辛亥革命的时候,一些激进的人,甚至是警察一类人,强行剪别人的辫子。虽然没有洪杨那般"留辫不留头,留头不留辫"的官方命令,但强行剪去路人的辫子,也意味着头发处理规则的改变。而《风波》里的七斤,便是在辛亥革命时在城里被那些激进者强行剪去了辫子。原以为剪去便剪去,反正民国了,谁料想大清又复辟了,没有辫子又要掉脑袋了——鲁迅从一个特定的角度,表现了七斤这样的百姓想做奴隶而不得的困苦。

《风波》里,借赵七爷和九斤老太的口,说到了"长毛时候",这绝非可有可无的闲笔,而是必须出现的背景。而在浙东一带,洪杨的确因为辫子而杀了许多人。蒋梦麟是浙东余姚人,他1917年夏结束留美生活回到家乡时,见到一部分人把辫子剪掉了,一部分人仍然留着。村中80岁的刘老汉也把留了70多年的辫子剪了:"他说,五十年前太平军侵入县城,许多脑袋连辫子一起落了地,现在我们虽然丢掉辫子,脑袋总还存在。"㉖有了洪杨"留辫不留头，留头不留辫"的背景，七斤们"想做奴隶而不得"的境遇才有历史性的证明。这也是鲁迅把《风波》的故事发生地放在浙东农村的一个原因。民国成立后，底层民众许多人还留着辫子，实在并非对清王朝留恋不已，而是担心关于头发的规则不知何时又变回来。辫子这东西，剪掉容易，留起来就难了。而当张勋复辟时，从北京到浙东农村，那些仍留着辫子的人，应该庆幸自己有先见之明[27]。

《因太炎先生而想起的二三事》，是鲁迅最后的文章，他没有写完就去世了。时在1936年10月，距中华民国成立近25年。文章回忆了章太炎1900年毅然剪去辫子并作《解辫发》的事迹，并引用了一段章氏《解辫发》中慷慨激昂的话。鲁迅说，二十五年来，自己养成一个用手摸一下头顶的习惯：

> 这手势，每当惊喜或感动的时候，我也已经用了一世纪的四分之一，犹言"辫子究竟剪去了"，原是胜利的表示。这种心情，和现在的青年也是不能相通的。假使都会上有一个拖着辫子的人，三十左右的壮年和二十上下的青年，看见了恐怕只以为珍奇，或者竟觉得有趣，但我仍然要憎恶，愤怒，因为自己是曾经因此吃苦的人，以剪辫为一大公案的缘故。我的爱护中华民国，焦唇敝舌，恐其衰微，大半正为了使我们得有剪辫的自由。假使当初为了保存古迹，留辫不剪，我大约是决不会这样爱它的。张勋来也好，段祺瑞来也好，我真自愧远不及有些士君子的大度。[28]

鲁迅憎恶清朝统治者的"留头不留发，留发不留头"，也同样憎恶洪杨的"留辫不留头，留头不留辫"。关键问题不是辫子的剪与留，而是剪也好、留也好，都不能出自强制。人应该有自己决定如何处置自己头发的自由。鲁迅之所以爱护中华民国，是因为民国给予了人民剪辫的自由，而并非下达了必须剪辫的命令。总而言之，在鲁迅眼里，民国，应该意味着自由。

注释：

①②④⑫⑬⑭⑮ 鲁迅：《病后杂谈之余——关于"舒愤懑"》，见《鲁迅全集》第6卷，人民文学出版社1981年版，第179、186、186—187、188、189、189、190页。

③⑨⑩㉕ 鲁迅：《头发的故事》，见《鲁迅全集》第1卷，人民文学出版社1981年版，第462、464、462、462页。

⑤⑪ 鲁迅：《阿Q正传》，见《鲁迅全集》第1卷，人民文学出版社1981年版，第496—497、497页。

⑥ 姜义华：《章太炎评传》，百花洲文艺出版社2015年版，第57页。

⑦ 鲁迅：《藤野先生》，见《鲁迅全集》第2卷，人民文学出版社1981年版，第302页。

⑧ 许寿裳：《亡友鲁迅印象记》，见《鲁迅回忆录》上册，北京出版社1999年版，第210—211页。

⑯⑰ 孙伏园：《鲁迅先生二三事》，见《鲁迅回忆录》上册，北京出版社1999年版，第103页。

⑱ 李宗一、曾业英等著：《中华民国史》第二卷（1912—1916）下册，中华书局2011年版，第483—485页。

⑲⑳㉑ 来新夏等著：《北洋军阀史》上册，东方出版中心2016年版，第329—330、473、479页。

㉒ 鲁迅：《甲寅日记》，见《鲁迅全集》第14卷，人民文学出版社1981年版，第123页。

㉓ 包天笑：《钏影楼回忆录》，上海三联书店2014年版，第426页。

㉔ 鲁迅：《灯下漫笔》，见《鲁迅全集》第1卷，人民文学出版社1981年版，第213页。

㉖ 蒋梦麟：《西潮·新潮》，岳麓书社2000年版，第103页。

㉗ 民国成立后不久，孙中山曾致电各地，要求令到之日起，二十日内

一律将辫子剪除。这显然未能切实实行。

㉘ 鲁迅:《因太炎先生而想起的二三事》,见《鲁迅全集》第6卷,人民文学出版社1981年版,第556—557页。

推荐书单:

1. 朱正:《一个人的呐喊——鲁迅1881~1936》,北京十月文艺出版社2007年版。

2. 钱理群:《心灵的探寻》,河北教育出版社2005年版。

3. 周海婴:《我与鲁迅七十年》,南海出版公司2001年版。

4. 孙伏园、孙福熙:《孙氏兄弟谈鲁迅》,新星出版社2006年版。

5. 冯光廉、刘增人等:《多维视野中的鲁迅》,山东教育出版社2002年版。

6. [日]竹内好著,李心峰译:《鲁迅》,浙江文艺出版社1986年版。

7. 孙玉石:《〈野草〉研究》,北京大学出版社2007年版。

8. 俞元桂等:《鲁迅与中外文学遗产论稿》,海峡文艺出版社1985年版。

9. 王彬彬:《鲁迅:晚年情怀》,上海教育出版社1999年版。

10. 王彬彬:《鲁迅内外》,南京大学出版社2013年版。

第二十九讲 宋元变革视域下的江南儒学

主讲嘉宾：王瑞来

嘉宾简介：王瑞来，历史学博士。1982年毕业于北京大学中文系古典文献专业。现为日本学习院大学东洋文化研究所研究员，并执教于早稻田大学，在国内担任四川大学讲座教授、北京大学客座教授、浙江大学兼职教授等，研究方向为以宋代为主的历史学与文献学。自1979年发表第一篇论文始，40年来单独出版有《宋宰辅编年录校补》《宋代の皇帝権力と士大夫政治》《宰相故事：士大夫政治下的权力场》等32种中、日文版研究和古籍整理著作，发表论文200余篇。主要单篇论文，2015年分别以《近世中国：从唐宋变革到宋元变革》《知人论世：宋代人物考述》《天地间气：范仲淹研究》《文献可征：宋代史籍丛考》《仇雠相对：版本校勘学述论》为题，总名为5卷"王瑞来学术文丛"出版。

讲座时间：2020年12月30日

各位老师、各位同学、各位朋友，在这个年末寒冷的冬夜跟大家一起交流，我感到很温暖。现在疫情把世界隔绝了，但也有一种新的方法，让我们通过网络进行交流，这样似乎要比在教室、在讲堂更为面对面，更为直接一些。因为有这个机会跟大家交流，我想把自己最近的一项新的研究给大家讲一下。我讲的题目叫作"宋元变革视域下的江南儒学"。首先，我想给大家介绍一下我近十多年来一直在极力倡导的宋元变革论。对于唐宋变革论，大家都是耳熟能详，宋元变革论大家听起来比较陌生。其实大家很熟悉的唐宋变革论，对它的理解也是因人而异。在我看来，唐宋变革也并不是唐宋之间发生的社会转型，而是从中唐以来，从安史之乱开始，一直到北宋灭亡，一个长时段的转型。我讲宋元变革，也不是宋和元之间发生的社会转型，是从南宋开始，一直到元代结束，也是一个长时段的社会转型。跟唐宋变革相比，我的宋元变革主要有哪些区别呢？非常简单的解释是，唐宋变革在我看来是向上看得出的结论，跟中唐以前社会形态相比较得出的一个认识，宋元变革是向下看、向后看，跟明清、近代中国的联系上看得出的一种认识。唐宋变革和宋元变革不矛盾。

我在国内多次讲过宋元变革论，最初我讲的时候是叫"唐宋变革，还是宋元变革？"，后来我把题目改了，因为我觉得这样讲容易引起误解，认为两个变革论是对立的。其实不是。在历史发展的进程中，它们是互相连接的两个阶段的社会转型。在我看来，如果想回答中国是如何从宋元走到明清，走到近代，又走到今天的，那么一定要从宋元变革的视点加以观察。到目前为止，我的一些思考，一直是从士人流向多元化，士人身份的变化，士人的职业趋向进行的考察。到了南宋，许多人即使考上了进士，也没法做官，或者只能做低级的、州县属官一级的官，也没法上升到中层。所以迫使士人在选择职业上，并不只是走做官一条路，我是从这个角度考察的。还有一个不能回避的问题，从南宋开始，道学跟宋元变革有什么关系？这就是我后来的思考，今天把这个思考跟大家做一个汇报。

首先要回答的是，为什么要讲"宋元变革中视域下的江南儒学"？如果我们把目光投射在江南儒学前所未有的兴盛时期，那一定就是道学大张的南宋。要考察南宋乃至以后江南儒学的发展演变，就一定要纳入特定的历史背景之下。由南宋到元，以江南为中心，中国社会发生了继唐宋变革之后的又一次转型，这就是我讲的宋元变革。有一年云南的《思想战线》杂志，他们邀我主持一个笔谈，笔谈的题目就是《向下看历史》，中国历史经历了明清走到今天，宋元变革中的江南儒学又有什么样的特点？王朝易代又发生了什么样的变化？我想尝试着加以回答。

大家知道，儒学是一个大的概念，以五经为主，由先秦儒家学派所归纳以及后来衍生的学问都可以称作儒学。这里简单说明一下，对先秦我一般称作儒家，东汉以后基本叫作儒学，具有不同的意义。因为它不是一个简单的，跟过去道家、墨家、法家相比较的一个思想门派。儒学在定为一尊之后，就是显学，作为事实上的国教，后世没有任何宗教或思想能够撼动儒学的正统地位。不过伴随时代的变化，不同时代的儒学在特定的时代背景之下，也吸收不同的思想要素，呈现出不同的风貌，像汉学、玄学、宋学都是儒学在特定时代背景下显现出的一种形态。

江南儒学它是以地域为视点对儒学的一种划分，把儒学定位于江南这个特定场域，即使强调的是地域，也是历时性的，就是说它是一个历史的概念，学以地分也是一种传统的习惯，就儒学来说，比如大家都熟悉在宋代就有关、蜀、洛、湘、闽，以这些地名命名的学派。较之这些地域之学，江南儒学是涵盖了闽学，又融合了浙东、湘湖其他地域学问的大概念。从先秦以来，在江南这一地域所产生的跟儒学有关的学问、学人都可以纳入这个范围。不过如果我们要谈到复兴的辉煌，一定要把目光移到南宋。

这里我要问一个问题，何处是江南？对于江南，我们在座的每个人心里都有一个温润的意象，今天听讲的各位朋友，很多人都是身在江南。江南有狭义和广义之分，狭义的江南就是指长江三角洲，在清代是指八府之地。广义的江南就是长江以南，特别是指东南，包括江西在内的江苏、浙江、福建四个省。在明代前期的人口统计中，这四个省的人口占了全国人口的一半以上，所以它的富庶和人口都足以代表中国。

从汉以来，王朝的政治中心一直位于中原。什么叫中国？中国过去跟中原是同义词。刚才（邹）锦良教授讲到，我做过一些古籍整理。做古籍整理，要画一些专名线，什么是书名，什么是地名，什么是人名，但是在古籍中，"中国"一般是不画的，它不是固有名词，跟中原是同义词。过去政治中心在中原，谁占据了中原，谁就成为正统。不过西晋在五胡乱华的时候灭亡了，被迫南渡。这是中国历史上第一次大规模的移民，将近上百万人移居到江南，开启了中国历史大变局。东晋以后的南朝立国，不仅以文化优越成为脱离中原的正统所在，而且几百年的开发也使江南成为中国的经济重心，后来尽管隋唐统一了，政治重心又回到黄河流域，回到中原，但经济重心在江南一直是没有改变的。中原的政治重心，对江南的经济重心形成极度倚赖。为什么会有大运河开凿，就是要把江南物资运到中原，运到北方去。

我们都知道在12世纪初，女真人的突袭，颠覆了处于鼎盛时期的北宋王朝，所以北宋的灭亡是有一定偶然性的，它不是正常所理解的王朝腐败了，最后不得不归于自然灭亡。它是在最繁荣的时期、鼎盛时期被突袭灭亡的。王朝再建，不死鸟在江南浴火重生，迎来了新一轮历史大变局，南宋回归南朝。为什么说是回归南朝？南宋是一个特殊的时代，它继承了北宋的帝系，偏安于东南一隅，统治区域仅仅达到北宋的三分之二。但是我讲的回归并不是重复，历史总是螺旋式向上、向前演进。在江南这个特殊的场域，政治重心和经济重心重合。说回归南朝，因为南朝就是政治重心和经济重心的重合，社会转型经历了唐宋变革之后的中国，从此宋元变革开启。

我们从思想层面观察，南宋的江南儒学以道学面目出现，从"宋初三先生"胡瑗、孙复、石介，到"北宋五子"张载、周敦颐、二程、邵雍，再加上王安石新学，理学在北宋已经有了相当深厚的积淀。南宋王朝强调对北宋的合法继承，它要高扬正统的大旗，于是传承道统的理学，便以道学的名目转身亮相。（我对概念的使用，一般北宋我称之为理学，南宋我才把它叫作道学，尽管它的内涵是一样的。）分门别派的理学，根据对政治的依附程度以及被加以政治利用的程度，有着不同的沉浮。不管怎么说，犹如"润物细无声"的春雨一样，道学逐渐在江南这一地域广泛传播开来，因为南宋所保有的疆域就是江南，但是思想的疆界不同于界碑明示国界，人的流徙和书信往来、著作传播，会使思想像空气一样弥漫扩散。江南道统尽管受到宋金疆界阻隔，在南宋基本没有向北方发展，但却从狭义的江南向没有割据限制的南宋全域扩张，于是就拥有了广义的江南含义。

由于有了这样的学术背景，就使我们的讨论不仅限于狭义的江南，不光是广义的江南，还包括四川。我研究宋史，还有一个经常使用的关键词是"士大夫政治"，主要是研究皇权和士大夫政治之间的关系。由于科举规模的扩大，造成从中央到地方士大夫的权力主宰，士大夫政治的影响一直到明清。作为士大夫政治理论基础的理学，它是凌驾于政治之上的。大家都知道有一个轶事，宋太祖问赵普，世上什么最大？宋太祖以为赵普会奉承他，说皇帝是最大的。赵普说道理最大，至高无上的皇权也要服从于理义。我还有一个说法，叫作"以道统制衡政统"。以朱子学为中心的江南儒学，再度被确立为事实上的国教，实现了继西汉"罢黜百家，独尊儒术"之后的再度辉煌。唐宋变革在北宋达到了极致，承续唐宋变革的积淀，宋元变革在社会全方位展开。以道学为中心的江南儒学，让传统儒学发展到了那个时代的极致，成为社会转型的精神引导。讲宋元变革一定要关注道学，这是离不开的，绕不开的。

第二个部分，江南儒学的南宋发端与社会指向。

在南宋，最初与政治依附过于紧密的道学，在特殊的政治背景下，遭受了像北宋元祐党禁那样的打击。压制带来的刺激与反弹，让道学变得影响更大，在知识阶层获得了比较广泛的认同。当政治形势逆转之后，可资利用的价值，终于让朝廷把道学当作了弱势王朝的精神支撑，成为失去中原的王朝伸张正统的理论依据。我把南宋王朝称作弱势王朝，就是说跟地方势力相比它是弱的。于是朝野内外道学大盛，不论是真心还是假意，道学获得了从皇帝到执政的士大夫们的一致提倡，获得了正统地位。南宋第五个皇帝，由于大力提倡道学，死后庙号被定为"理宗"。

与北宋不同的政治环境，让道学的指向不仅仅是眼光向上，停留在得君行道，更是放下身段，致力于以道化俗。江南儒学这种指向的变化，与从南宋开始发生的社会转型分不开。刚才我也稍稍讲了一点，统治区域与行政机构比北宋大幅缩减的南宋，但科举三年一度照常进行，登第者不断产出，加以习举业，应科考的士人，有一位日本学者估计，每年大约产生士人的数量在上万人。每年都有上万人，这也是相当庞大的士人群体。在士人群体的上层，是走上仕途，在各个政治层级上主导政治的士大夫。在士人群体的下层，则是大量滞留于幕职州县官这样的下级官僚选人和无缘入仕的布衣士人。无法达则兼济天下的大量士人，遍布于各地，出于生计，从事教书、行医、务农等各种职业。

在那个时代看来，读书未必要做官，人生的选项很多，立足于地域社会的大量士人，不仅与入仕的士大夫有着密切的联系，而且在士人层通过婚姻、宗族、学校、诗社等各种形式，构成广泛的社会网络。拥有知识的优势，拥有广泛的人脉，使士人在地域社会有着举足轻重的影响力，成为地域社会的主导阶层。适应生存环境的自然调整，使多数士人不再走出地域，向中央集中，而是弥散于地方。这是南宋跟北宋最大的不同。弥散于地域社会的士人，作为承载道统的社会精神领袖，更是实现道学以道化俗指向的主要力量；没有入仕的士人，通过学问、财力、宗族等不同因素，可以成为地方上拥有相当影响力的乡绅。乡绅这个词在明清比较常用，在南宋，乡绅被称为士族，和魏晋南北朝时期士族不一样，它是一种新士族。判断士族的标准，并不是以是否出仕做官为尺度，这点很重要。

刚才（邹）锦良教授讲到我在江西省吉水县开会的收获。我曾经考察过杨万里给罗大经的父亲写的一篇文章，是一篇佚文，叫《桃林罗氏族谱序》，谱序的开头这样写道："吾郡多著姓，而印岗之罗，其一也。由印岗而之竹溪者，率称士族。竹溪有隐君子曰季温氏，余忘年友也。"杨万里的这几句话很值得注意，他称罗大经的父亲罗茂良为"隐君子"，这个"隐君子"不是吸毒的"瘾君子"，他是指没有做过官的士人。罗茂良没有做官，但是又称士族，这就说明，在杨万里眼中是否称为士族，并不以是否入仕作为衡量标准。我认为这并不是杨万里独自的认识，而是反映了当时社会普遍的认同。在杨万里笔下，作为"隐君子"的罗茂良，既潜心理学、著书立说，又敦族齐家、教化乡里。罗茂良除了出仕做官才能实现的治国平天下，格物致知，正心诚意，修身齐家，他都做到了。

由此可见，除了历来研究者聚光灯大多打在显赫的官僚士大夫之外，大量的民间士人群体也拥有了相当大的能量，不应忽视。民间士人群体，加上我研究过的罗大经那样，由于制度性和人为性的因素无法向上升迁而置于官僚层级底部的士人，构成了一个庞大的金字塔基座。杨万里之所以郑重地写下《桃林罗氏族谱序》加以褒扬，背后也折射出罗氏家族在当地有着相当的势力。

关于罗茂良拥有的能量，我也简单地给大家展示一下。我们可以从他儿子罗大经仕宦经历看出来，罗大经进士及第，他兄弟两个也同时及第。他及第之后足足等了八年，才在偏远的广西容州获得了一个司法参军的选人职位。通过罗大经在《鹤林玉露》中的自述，知道他在担任容州司法参军期间，跟三个上司有过非常密切的过从。一个叫范应铃，在《名公书判清明集》中有他的判例。他当时被评价为"经术似倪宽，决狱似隽不疑，治民似龚遂，风采似范滂,理财似刘晏,而正大过之",当时他担任广西提点刑狱,主动要给罗大经写推荐状。当时由选人升到京官,要有五封推荐信才行。在五封推荐信中,有两封推荐信需要顶头上司。这五封推荐信很难得到,而且全国由选人升到中层官僚这样的名额每年才100人。朝廷给有资格推荐的人分配名额,能够写推荐信,这是一个非常大的人情。另一个是担任静江知府的赵师恕,《鹤林玉露》中有好多处记载了罗大经跟赵师恕游山玩水的情形。还有一个就是容州知州王太冲。他们都是罗大经任职地的交友。这就给人一个印象,他们是罗大经到了广西才结识的新朋友。但是当我深入考察这三个人的履历,发现不是这样的。范应铃曾经在吉州担任过知州,与罗大经的父亲罗茂良的友人杨万里长子杨长孺是朋友,所以他应该熟悉罗茂良,那时罗大经还是一个少年。赵师恕在吉州的邻州袁州担任知州,也是杨长孺的朋友,杨长孺去世时曾接济营办丧事。王太冲跟罗大经的关系就更直接了。他担任过吉水县知县,王太冲在任内的善政,刘克庄在给他写的墓志铭中直接就提到了罗大经的父亲"罗君茂良歌之"。厘清三人的仕履,便揭示出一个秘密,罗大经为什么要到偏远的广西去任官,待阙八年也无法任职的罗大经,因缘巧合,这个时候跟他父亲罗茂良都是朋友的三个人,刚好都在广西担任要职,是他们给了罗大经这样一个位子。等于说罗大经是走了他们三个人的后门,才结束了漫长的待阙。这一事实揭示出,在"员多阙少,一官至数人共之"的南宋,即使是千辛万苦、千里拔一地考中进士,依然难以很快获得官职,还要托关系自谋出路。这就是我考察士人流向多元化的具体个案。

三个上司能推荐罗大经,从这样的事实看,也折射出罗大经父亲罗茂良这个没有做过官的地方乡绅的人脉与势力,这又是一例反映乡绅势力的绝好个案。杨万里在《桃林罗氏族谱序》中还写道,罗茂良潜心理学。其中提到了他写的一篇文章叫《畏说》,罗大经在《鹤林玉露》中全文引述了其父这篇文章,并说"先君此说出,一时流辈潜心理学者,咸以为不可易"。《鹤林玉露》还全文刊载当时一个人的跋语。罗茂良的理学形象还为梳理上述的人际关系提供了另一个思路上的启示。细缕上述人际关系，会发现个人友情之中，还有学术脉络潜伏其中。罗茂良既是杨长孺的友人，又是杨万里的门人，而杨长孺也是朱熹的学生，赵师恕从学于朱熹与黄榦，也是出于朱门。这层关系也揭示出另一个事实，南宋从士人到乡绅的关系还建立在学术层面上的志趣相合和师友渊源。可以说，从学问的角度看，构成江南儒学的并不仅是名家大儒，民间士人应当视为一个庞大体系的基础，就像金字塔的基座一样。

朱熹、陆九渊、吕祖谦、魏了翁、真德秀等道学大家及其众多门人，力行以道化俗的社会指向，通过兴办学校，普及教化，影响极为广泛。南宋以来在江南遍地开花的书院，不仅是弘扬儒学理想的实践，也为以道化俗培养了大量人才。在道学价值理念的指引下，对乡贤或先贤的发掘树立乃至祭祀，不仅显示了士人精英对地方认同的意识强化，还成为士人掌控精神指导权，直接或间接显示领导地位的一种方式。表面上看来这是一种纪念活动，其实里面的意义很大。

这里面我还要提到周必大。晚年致仕家居的宰相周必大，发掘近代以来的庐陵乡贤，为纪念文豪欧阳修、抗金义士杨邦乂和抨击秦桧的胡铨而建立的三忠堂，写了《三忠堂记》，这是周必大的最后一篇文章，写完之后过了几个月就去世了。周必大的作为，既是普及教化、增强地方认同，也是自身试图掌控精神指导权的努力。

另外，朱熹晚年改革传统乡饮酒礼，重视礼遇处士贤者。朱熹的做法其实也从另一个侧面折射出南宋乡绅势力的增长。大家都知道著名的儒学"八条目"。这个"八条目"很有意思。我们来看，"格物、致知、诚意、正心、修身、齐家、治国、平天下"，它从个人、家庭到国家，全联系到一起了。互为作用的社会权威场，透过族规、乡约、社仓、乡贤祠等公约与机构建构，士人在道学理想的牵引下，对地方的关怀和指导得以实现。

从南宋开始的社会现实与以道化俗的道学理想，让士人的社会角色发生了转变，从而也推动了精英文化向平民文化的转型。社会转向平民文化，其实这是北宋以来的趋势，历来被认为是唐宋变革的指标之一。其实，北宋的平民文化只能看作是南宋的基础，南宋的平民文化在城市化发展和商品经济的推动下走得更远。江南儒学致力于向民众普及教化，既是有着与时俱进的敏锐，也是顺应时代潮流的一种必然。在朝廷的支持下，江南儒学所实施的各种道学礼仪以及乡贤祭祀，也让宗教走向泛化，不单独是一种宗教。

今天我们讲新媒体互联网，宋代也有那个时代的新媒体。是什么呢？就是印刷业。在南宋繁荣的商品经济和平民文化的刺激下，印刷术冲破了政府垄断，民间书坊蜂起。继纸张普及，印刷业的兴盛，又是一次新媒体革命。不仅儒学道学著作、释道经典、科举时文、诗词文集、笔记小说、童蒙历算，大量的印刷书籍模糊了精英与凡庶的界限，加速了文化下移。超越时空的书籍成为士人交往的媒介，繁荣的印刷业促进了社会转型。在南宋就出现刊刻贩卖书籍的"书市"。朱熹在一封信中写道："《小学》未成而为子澄刊刻，见此刊修，旦夕可就，当送书市别刊，成当奉寄。"可见当时书籍的刊刻出版，并不是一件很困难的事情。南宋兴起的书市到了明代更加繁荣，嘉靖《建阳县志》卷三载："书市在崇化里，比屋皆鬻书籍，天下客商贩者如织"，仅从"书市"的兴起到繁盛，也可以窥见社会转型的印记。

普及教化从孩子抓起，作为教材的童蒙书籍，在那一时代获得了数量空前的增长。有研究统计，两宋童蒙书有 144 种，其中南宋占了 114 种。这个数字不仅述说着印刷业的繁荣，还折射了发轫于南宋的宋元社会转型。承继了北宋的积淀，又有了新的极大飞跃，更反映了江南儒学放下身段普及民众的努力。在宋元变革的大背景下，江南儒学顺应自北宋以来的平民化趋势，礼下庶人，直至儿童。

童蒙书籍尽管是百科全书式的，内容无所不包，但核心内容是道学的普及作品，像朱熹的《童蒙须知》《小学》，还有他的门人李宗思的《尊幼仪训》等，朱熹还以诗的形式写了通俗易懂的《训蒙绝句》。在朱熹的示范之下，又有了许多这样的著作。持续不断地从儿童入手的发蒙灌输，既让道学伸展浸润到了社会末端，又为道学代有传人奠定了基础。有了人的资源，即使江山鼎革，学问的发展也依然会一如既往。

以江南儒学为主导的士人对地域社会的各种精神建构，让文化不仅存于庙堂，更深寓于民间，形成了超越王朝的延续。王朝可以变换，可以灭亡，但是文化能够一直延续下去。繁荣的印刷业为注重移风易俗，教化民众的江南儒学提供了强大的助力。

以上我讲了很多南宋，下面就要讲元代，观察宋元鼎革之后江南儒学的统合定尊。

宋元易代，中国第一次被汉族以外的民族所全面统治。过去都是部分地域，比如说十六国时期，主要在北方。在北宋主要是北方的辽、西夏，还有后来的金，后来的蒙古。到了南宋灭亡之后，中国全面被汉族以外的民族统治。蒙元统治时代，往往想当然地被认为是一个黑暗的时代，充满征服的血腥暴力以及四等人制的民族歧视。这种认识可以拿法国学者谢和耐为代表，他的名著是《蒙元入侵前夜的中国日常生活》。他在书中这样写道："在中国早已开始了近代化时期，是蒙古人的入侵阻断了这一迅速进步的过程。"后来他又引用了《马可·波罗游记》记述南宋灭亡之后杭州等各个城市的商业繁荣，直接否定了他前述想当然的推断。

南宋灭亡后的江南城市，为什么还会如此繁华？这跟蒙古征服江南的方式有关。蒙古征服江南的统帅伯颜，被比喻为北宋征服江南不事杀戮的曹彬，这个比喻有些夸大，但是也基本上符合事实。蒙古征服江南，跟征服女真治下的中原不一样，除了像常州等地少数遭遇激烈抵抗的城市才实行野蛮屠城之外，基本上是降者不杀，还用原来的官僚，维持行政运营。对此，我是有根据的。我在10年前整理了《宋季三朝政要》这部书。其中说，伯颜大兵到了复州，跟守城的人说，你要是识时务，投降承认蒙元统治，那么一切都不变，做官的依然做官，经商的依然经商，乡绅的社会地位也不变，市场交易正常进行，南宋的货币也正常流通，蒙古军队保证秋毫不犯。这部书的卷六还写道："大元兵锋所至，降者不杀。"那么，是不是事实呢？蒙古人有没有遵守诺言？我们接着来看。

还有一部书叫《平宋录》，是站在蒙古人的角度来写的，对同一事件它也有记载。守将翟贵举城降服后，蒙古军是怎么处置的？"翟安抚贵即日出降。诸将言于丞相曰：自古降礼当要降表，须知计点粮军数，差官镇守。丞相不听，传谕诸将，无令一军入城，违者斩之。于是无秋毫之扰"，真的是遵守诺言了。

蒙古征服各地，是在什么情况下屠城的呢？也需要分析。屠杀是一种恐怖战术，它征服欧洲的时候也是这样，让人闻风丧胆。美国学者贾志扬曾这样说，对抵抗者施行屠城，是蒙古征服中国和世界其他地方的标志性行为。对不进行抵抗的地域，它实行的则是怀柔政策。这种不流血征服的方式，对于维持江南千年繁华，社会结构和生产力没有遭受重创，经济发展没有中断，意义是相当重大的。

从南宋以来，士人流向多元化，注重于家族与地方的经营，也让士人对政治产生了相当程度的疏离。考不考科举？做不做官？甚至意义都不大。因此，在没有遭受社会重创的江南，江山鼎革对士人的冲击要比人们通常想象的低很多。元代几代人、几十年的科举停废，堵塞了一代人甚至几代人的士人向上流动这条原本难走的通路。士人只能谋求在地方横向发展。

"贡举法废，士无入仕之阶，或习刀笔以为吏胥，或执仆役以事官僚，或作技巧贩鬻以为工匠商贾"。元朝以吏为官，在士人众多的职业选项中，做吏的很多，在这种利用知识优势的务实之举中，其实也隐含了士人过去通过科举走向仕途之梦。

我还考察了一件个案，就是曾经画过著名的《富春山居图》的黄公望生平。他从小习神童业。过去一个家族把家里最聪明的孩子着力培养，将来这孩子要对全家族承担起责任，这也是一种家庭投资。科举停废的时代，黄公望也顺应潮流，几次做吏，而且还被解雇过，被关进过监狱。第二次为吏被捕入狱，对黄公望的打击很大，他彻底心灰意冷，"得不死，遂入道云"。他从事的职业有很多，比如说教书、算卦、传教等。在各种职业中，作画实际上是他的兼职。黄公望的生平跟元代相始终，到元末才去世。长期为吏的生涯，给黄公望身上打下了深深的烙印。

在宋代，科举是官僚再生产的主要工具。那么，元代从事行政管理的吏从哪里产生呢？主要是学校产出，宋末元初的刘辰翁就说："科举废而学校兴，学校兴而人材出，故学校又为天地心之心也。"在元代科举停废的背景之下，书院这类官督民办的教育机构如雨后春笋，大量涌现。清初有人说过这样的话，"书院之设，莫盛于元"。据统计，元代不到一百年间，恢复与兴建的各种书院达到300多所。这一数量，尽管没有两宋多，也没有后来明清多，但这是科举长时期被取消的时代生产士人的主要机构。其教授的内容与发挥的作用，都大于其他时代以习举业为目标的书院。

从南宋到元代，地方上活跃的士人，除了在各级官府为吏，从事地方教育的人也有很多。在学校教什么？学什么？除了实际技能以外，主要就是儒学，这是当时的政治课。那么儒学具体又学什么？主要学朱子学。南宋庆元党禁的打压，促使原本注重民众教化的朱子学扎根于地方，通过从事教育活动和慈善事业来宣传理念，张扬声势，成为凝聚力顽强而且影响力广泛的道学大宗。党禁解禁之后，成为朝廷所认可其官学地位的道学主流。

从地域来看，朱子学也是江南儒学的主干。继承这样的客观现实，宋元易代之后，没有遭受战争重创的江南，朱子学更为发展，成为影响统一后全国的学问集散地。特别是元朝后来恢复科举考试，以《四书》为主要内容，朱子的集注被指定为唯一标准，则更使道学的官学地位确固难移。其实，元朝的规定也体现了历史的延续，或者说承继自南宋的道学积淀。在南宋中后期理宗朝,以朱子学为中核的道学已经确立了官学的正统地位。1241年,朱熹从祀孔庙,朝廷规定以《四书章句集注》作为官学和科举的教材。

王朝鼎革只是历史演进的自然段,并不反映时代变革的逻辑关系。政策的延续性,则反映了超越王朝的帝国同一性。朱子学在元代的地位再度确认并得以维持,不仅体现了不同朝廷的政策延续,更反映出江南儒学凭借政治力向全国范围的扩展。下面我想具体分析一下朱子学为什么在元代能够成为官学,有几个因素。

我一向主张历史结果的形成,它是一种类似物理学的合力,绝不是一种单一的因素。朱子学成为元代官学的原因,一是出于朝廷的政策导向。在汉族以及汉化程度较深的其他民族士人的影响下,早在窝阔台时期,就曾以"儒通吏事"和"吏通经术"为标准,选拔官员。由此可以看出对儒学经术的重视,这是朝廷的政策导向。后来又根据耶律楚材的建议,设置了儒户。儒户很重要,儒户的出现跟南宋晚期"士籍"的出现有没有必然的关系,还需要研究。儒户尽管是跟对待佛道等教徒的政策参照,把士人与工匠屠夫等编户齐民等同相待,但也给成为儒户的士人带来免除赋役的优待。更重要的是,我们看这样的历史脉络,从南宋晚期"士籍"的出现,到元代儒户的设置,不凭血缘,不靠门第,无恒产的士终于以精神贵族的身份确立了地位。这种身份地位的确立,无疑与江南儒学发生的道学巨大的影响有关。我们现在把目光延伸一下,从元代多达十多万的儒户到清代太平天国之前的150万人之多的乡绅,其中若明若暗的联系,展示着宋元变革的轨迹。

二是朱子学的政治上更倾向整合皇权,谋求与皇权的协调与共生。这就决定了朱子学在南宋比吕祖谦、陈亮等其他主张的政治上主张强力制约皇权的学派更占有政治优势。这种政治路向与策略主导下的朱子学进入元代,既与主流政治不至于发生冲突,反倒借助于民间的影响力,为新朝廷所接受。

三是出于朱子学目光向下的通俗普及。以朱子学为主的江南儒学,一反艰深繁琐的经学注疏传统,以通俗易懂言传身教来普及教化。不仅江南的普通人，也为统一后北方的各族所易于接受。

四是朱子学整合各个学说的结果。弱势的南宋中央政权无力对强势的地方社会施以全面的思想钳制。特别是面对"庆元党禁"之后的道学逆反，朝廷基本采取了放任的态度。在这样的政治背景下，地方繁荣经济环境又滋润了学术交流的兴盛。类似于春秋战国时期的百家争鸣，也在外敌压力下的承平环境中得以产生。观察南宋这点很重要，南宋跟金议和之后，有过相当长时期的和平，它这个和平环境跟北宋"澶渊之盟"之后的和平环境不一样，它是在外地压力之下的和平环境。这是当然另外一个话题。各个学派学术之间，并不是处于泾渭分明的状态，而是通过交往论辩互相吸收，其中强势的朱子学整合了诸如湖湘性学、陆九渊心学，还有浙东事功之学等各种学说的一些因素，最终成为主流，从而在元代定为一尊。

关于朱陆异同，是一个很大的话题，已经有了很多研究。在我看来，其实朱陆异同，仅仅是在寻求真理的路径上不一样。朱熹的主张是针对资质平平的普通人而言，陆九渊面向悟性很高的聪明人，这是不一样的。在具体操作上，比如对乡饮酒礼做了简化的改革，正如钱穆先生所讲，"朱子治礼，则以社会风教实际应用为主"。

抛开学派不讲，道学是江南儒学的主要显现。作为道学的面相，朱子学仅仅是呈现出一种主流状态。从北宋理学发展而来的南宋道学，是一个集合的概念，具有广泛的包容性，涵盖了那个时代儒学名家、众多士人乃至布衣学者。因为它包容，才显得恢弘，才不断地壮大。

我们可以看几个例子，在没有科举的时代，这是陈栎的例子，自幼习举业，最后成为儒学名家。为什么要讲他？在元代江南儒学得以持续发展，在停废科举的时代，士人除了出于生计从事各种职业之外，也有很多潜心向学的人。像陈栎这个样子，科举停废对自幼习举业的陈栎来说其实是一种解脱，使他可以毫无所累地做自己想做的事情，最后成为硕果累累的大儒。还有一个人叫邱葵，也是这样的。"宋末，科举废，葵杜门励学"，写了很多著作，也取得了不亚于陈栎的成就。欧阳玄也是"至宋亡，科举废，乃更沉潜性命之学，手编诸经传注"。这其实就是江南儒学在元代得以长足发展，并让明清得以承继的普遍状况，总有这么一批人来做这个事情。

宋元易代，不仅江南社会结构与经济基础没有遭受较大的重创，战争带来的流离失所与统一后割据疆界的消失，都在物理上造成了学者的自由流动。没有了疆界，可以到处走了。所以元代的大儒吴澄就曾写诗这样形容："男子初生射矢蓬，已包六合在胸中。往年南北一江限，今日车书四海同。"过去的状态是，南宋在淮河以南，以北先后是金、蒙，元代统一之后，"今日车书四海同"。所以，朱子学为主的江南儒学开始驰骋于南北，终于覆盖全域。

我们看一下赵复的例子，他被俘之后，被押到燕京，在太极书院讲学。赵复在太极书院立了周子祠，以二程、张、杨、游、朱六君子配祀，培养了很多学者。学术传播通过学者的行动来实现，赵复就是一个例子。还有虞集的例子。虞集的曾祖跟私淑朱熹的魏了翁有过学术交往，"国朝一代文章家，莫盛于阁学蜀郡虞公"。虞集跟魏了翁的后人也有过密切的交往。可以看出，家学代有传人，人则徙地传学，元代道学完成南北统一，是在朝廷的提倡之下，通过学者的流徙而具体实现的。江南儒学就是这样由江南发散，进而张大于全国的。

在公权力主导的政治力的作用之下，儒学教化体系在全国范围内形成。除了官督民办的书院之外，从中央的国子学，到地方的路学、府学、县学，乃至基层的社学、义塾，所在皆有。我们看原始的记载，1288年，全国各地所建学就达到两万四千多所。这个数字显示出即使在士大夫政治主宰之下的宋代也没有出现过的盛况。

接下来我想更宏观地讲一下，初步归纳的中国传统文化发展的规律。根据我对中国文化纵向发展的观察，政治钳制强烈的传统社会，文化总是在乱世开出璀璨之花。因为乱世的相对无政府状态，思想钳制也相对松弛，所以文化才获得自由发展的良机，乱世给大多数民众带来了莫大的苦难，这是事实，不过也在客观上给了文化松绑的空间，这是一个悖论，也是一种无奈。从世界史的视野观察，这也是文化发展的一个普遍特征。日本一位学者写过《民主与爱国》，他叫小熊英二，他根据对日本近现代史的观察指出，思想繁荣的时代是不幸的时代，也就是乱世。

我们具体来看，较之西周统治比较稳定的时期，春秋战国的乱世，思想空前活跃，大家都知道，老子、管子、孔子、墨子、庄子、孙子、孟子、荀子等思想家辈出，成群涌现，儒、墨、道、法、名、阴阳、纵横等百家争鸣，纷纷为乱世开药方，探讨如何救世。秦汉统一，集权的政治与强大的经济为消化、吸收和整合乱世所形成的文化提供了基础和环境。这一从乱世到治世的过程，通过以黄河流域为主的内部整合，实现了中国文化的最初繁荣。这是中国文化第一次形成期。

此后的文化发展也基本遵循了乱世开花、治世结果的模式。比如说，接下来魏晋南北朝的乱世，五胡的进入，佛教的传播，外部的因素又给文化注入了新鲜血液，变得更有生机。进入隋唐统一的治世，终于形成更为宏大的文化气象。隋唐以后形成的中国文化，跟秦汉时期形成的中国文化是不一样的，它是一种较多吸收外来文化的混血型文化。

接下来，从中唐"安史之乱"开始的唐宋变革，经历了五代十国的分裂混乱，彻底改变了几百年来既有的社会结构，魏晋以来世家大族的贵族走向消亡。再加上科举等因素带来的社会流动，社会呈现平民化倾向。隋唐以来崇文的潜流，伴随着北宋科举规模的扩大，终于形成了士大夫政治文化。在士大夫成为政治主宰的背景之下，特别是"澶渊之盟"之后的百年承平，一百年没有打仗，更为中国文化带来少有的非乱世而开花的局面。当然，作为一种文化现象，乱世开花，治世结果的模式只是忽略个别例外的宏观观察。而例外则是，在特殊的历史背景之下，乱世也未必开花，治世也未必结果。

"靖康之变"的混乱，南宋王朝的草创，短时期准乱世的时代背景，庆元党禁的政治钳制失败，让融合佛道的北宋理学顺理成章地在南宋特殊地理和政治场域张大为道学。顺应社会转型，道学在南宋伴随着士人的流向根植于地域。在这样的积淀之下，中国历史发生了前所未有的政治变局，非汉族的蒙元统治了中国大陆全域。

蒙元对江南实行的基本不流血征服，王朝鼎革没有造成社会的结构性剧变，保全了作为中国大陆经济重心的生产力，让繁荣的经济生活得以持续。经济是基础，在此之上，相对隔阂于汉字文化的蒙元统治又在无意中形成了没有文字狱的政治宽松。在那个时候，坊间满怀故国之思的史书大量出版，还有元曲杂剧，含沙射影，指桑骂槐。根本没有人管。而朝廷出于统治需要，又对儒释道大力均等扶持，宗教也有着空前的自由度，这些都给文化带来了另一类难得的非乱世而承平发展的良机。经常有人讲"崖山之后无中国"，看来不是这样的，崖山之后，中国更宏大了。说"中国造极于赵宋"，其实不仅仅就是宋一代，准确说是自南宋至元的宋元变革期。因为士大夫政治主导的文化宽松和无意形成了无钳制，正是这两个接续的长时段造成了中国文化前所未有的繁荣，而以道学的形态出现的江南儒学又在朝廷提倡和民间普及的合力之下，一统文化江湖，形成了空前的宏大与辉煌。

有元一代，在宋元变革的时代背景之下，成为中国文化走向近代的极为重要的发展时期。明清以后呈现出的繁荣文化，其实就是来自宋元的积淀，而江南儒学又是在这样的基础上获得了长足的发展。此后的中国文化，同样又分别经历了明末清初和清末民初的乱世开花、承平结果。这是我对中国文化的宏观认识。

以江南儒学为中核的道学，所弘扬的道统既超越了王朝，也超越了汉字文化覆盖下的族群。为什么这样讲？因为在中国大陆以外，只要是汉字文化圈都接受了儒学的影响。道学承续北宋理学的理论积淀，在政治、经济重心合一的江南场域，经历了庆元党禁的刺激，顺应士人流向多元化的势态，在商品经济繁荣，平民文化发达，特别是印刷业兴盛等多种因素的作用之下，不再仅仅着眼于致君行道，而且是走出象牙塔，眼光向下，致力于移风易俗的通俗教化。江南儒学这种文化下移的自觉，也是促使宋元社会转型的重要推手。道学在南宋最终获得正统地位，又为它在元代确立为官学奠定了基础。

蒙元征服南宋，基本实行的是不流血征服，南宋社会结构、经济繁荣都没有受到较大重创，科举的长期停废，尽管让"士失其业"，但也在一定意义上说卸下了狭窄的习举业的负担，可以专心治学。这就使本来就没有遭受较大冲击的江南儒学得以进一步长足发展。元代后来恢复科举，规定以《四书》为考试内容，也反映了接受以朱子学为基础的江南儒学拥有普遍影响的现实。

历来，伴随着政治中心所在，儒学的中心也一直根植于中原，但是北宋的靖康之变，让政治中心南下，与经济重心合一，共同铸成了文化中心。江南的文化中心，在元代全国统一的格局下，向全国弥散，江南成为新的文化源头。其中江南儒学也乘文化弥散的大潮终于一统天下。在这一现实所奠定的基础之上，此后明清的承续建构，又给江南儒学增添了新的内容。什么新的内容？阳明学。阳明学在汉字文化圈的范围产生了相当大的影响，无论是在日本，在朝鲜半岛，在越南，都有很大的影响。在特定的时代背景之下，传统儒学也被重新审视、整理，汉学、宋学、公羊学精彩纷呈，杰出学者辈出，可以说是群星闪耀。

到近代以前，江南儒学所光大的道学一直定为一尊，影响着庙堂，深入社会。所以说，秦、汉、唐、宋、元、明、清，王朝都消失了，包括江南儒学，承载着文化的中国，一直屹立在这块古老的大陆上，所以不能讲"崖山之后无中国"。我给大家的报告就到这里，希望大家批评，谢谢大家。

邹锦良：非常感谢王老师，讲了一百多分钟，没有休息一下。我自己听下来之后，有两点很深的感受。一是王老师的讲座，有很多新观点。他提出南宋回归南朝，以道统制衡政统，包括崖山之后中国更宏大了，关于南宋士人阶层弥散地方……都让我收获很大。因为我自己的一个国家课题就是江西南宋士人与地方社会。我报告里面也用了很多王老师的新观点。二是王老师的讲座里面举了很多实例，举了很多宋代士人鲜活的个案，说服力很强，而且举的很多例子我也觉得很亲切。因为很多都是我老家先贤的例子，杨万里、周必大、罗大经、胡铨、朱熹都是江西的著名先贤。

王瑞来：谢谢锦良教授。

推荐书单：

1. 王瑞来：《近世中国——从唐宋变革到宋元变革》，山西教育出版社2015年版。

2. 王瑞来：《君臣：士大夫政治下的权力场》，四川人民出版社2019年版。

3. 王瑞来：《立心立命——宋代士大夫政治文化随笔》，中华书局2019年版。

4. 王瑞来：《天水一勺——研宋品书序跋漫谈》，上海人民出版社2021年版。

5. 王瑞来：《宋季三朝政要笺证》，中华书局2010年版。

6. （宋）朱熹著，郭齐、尹波编校：《朱熹文集编年评注》，福建人民出版社2019年版。

7. 陈来：《朱子哲学研究》，生活·读书·新知三联书店2010年版。

8. 何俊：《南宋儒学建构》，上海人民出版社2013年版。

9. ［日］近藤一成主编：《宋元史学的基本问题》，中华书局2010年版。

10. 申万里：《理想、尊严与生存挣扎——元代江南士人与社会综合研究》，中华书局2012年版。

第三十讲 人文江西的历史脉络

主讲嘉宾：朱虹

嘉宾简介：朱虹，1957年生于湖北洪湖，1978年考入华中师范大学政治系学习，获学士、硕士、博士学位。1989年赴英国莱斯特大学大众传媒研究中心任高级访问学者、荣誉研究员。1991年调中共中央办公厅调研室工作，历任处长、局长、中央宣传思想工作领导小组秘书组组长。2001年调任国家广电总局办公厅主任、法规司司长、新闻发言人，中国广播影视集团秘书长。2007年至2008年任北京奥组委副秘书长、开闭幕式工作部副部长，并担任奥运会开幕式、闭幕式，残奥会开幕式、闭幕式现场副总指挥。2010年10月调江西，先后任省政府副省长，省委常委、省委秘书长，省人大常委会党组副书记、副主任。主要著作有：《社会主义意识形态论》《奥运与广电》《风流江西》《江西风景独好旅游文化丛书》《江西旅游战略》《江西历史文化通览》《文化江西的巅峰》《江西符号》《翻开江西这本书》等。中国传媒十大思想人物。多次担任国家电影华表奖、电视剧飞天奖、文艺星光奖、"五个一工程"奖评委。全国人大代表、北京大学电视研究中心特聘研究员。兼任中国传媒大学、华中师范大学、南昌大学教授，博士生导师。

讲座时间：2021年4月1日

主持人：各位老师，同学们，大家晚上好。今天我们非常荣幸请来朱虹教授为大家做报告。朱虹教授毕业于华中师范大学，政治学博士，曾赴英国莱斯特大学，任高级访问学者，荣誉研究员，1991年调到中共中央办公厅调研室工作，2001年调任国家广电总局办公厅主任、法规司司长、新闻发言人，中国广播影视集团秘书长，尤为重要的是2010年中央委派他到江西任职，先后任江西省副省长、省委常委、省委秘书长，江西省人大常委会党组书记、副主任，现在是全国人大代表。在学术业务上他是博士生导师，北京大学电视研究中心特聘研究员，中国传媒大学、华中师范大学客座兼职教授，南昌大学驻校教授，曾被评为中国传媒十大思想人物，多次担任国家电影华表奖、电视剧飞天奖、文艺星光奖、"五个一工程"奖等主要大奖的评委。曾任2008年北京奥运会和残奥会组委会副秘书长，开幕式和闭幕式工作部副部长，以及闭幕式现场副总指挥长。作为"进口"老表，外来赣人，他用脚丈量江西大地，用笔书写江西历史，用心谋划江西旅游，用情弘扬江西文化，成为江西文化不可替代的代言人。在分管江西旅游工作期间，他策划并成功推出《江西风景独好》，这个是在全世界旅游宣传推广非常具有品牌价值的整体形象口号，当时好像评为了十大最有价值的宣传口号。他还倡议形成旅游强省和文化强省建设战略，提出填补江西旅游空白点，建设江西旅游产业集群，总结出旅游景区建设"三道一平台"的建设方法。我们去各个地市的旅游局，他们旅游局长问旅游怎么做，我们很多局长就听省省长讲"三道一平台"，这是一个非常好的模式，成为专家型领导，领导型专家。不仅如此，在繁忙的领导工作之余，他辛勤笔耕撰写并出版了《风流江西》《江西风景独好旅游文化丛书》《江西旅游战略》《江西历史文化通览》《文化江西的巅峰》《江西符号》《翻开江西这书》等研究宣传推广江西文化

与旅游的著作，用情非常深，每一本书都有"江西"两个字。他推广宣传江西的精彩言论在推特、脸书、新华社、凤凰网等世界著名媒体上面登载，引起广泛的影响和反响，成为推荐我们江西不可或缺的形象代表。我们大家用热烈的掌声欢迎朱教授为大家做《人文江西的历史脉络》的演讲。

朱虹：感谢细嘉教授对我热情洋溢的褒奖，今天非常高兴，你们叫人文学院，我今天讲人文江西，跟你们研究内容和培养学生的目标是一致的。今天网上都在讨论一篇文章，讲对中国十个文化大省有一个总评，江西省排在第三位，江西评为十大文化名省，第一是山东，第二是河南，第三是江西。也有老师同学问我，这个评得准不准，我们这个评比总体来说还是具有权威性的，为什么山东要排在第一呢？中国搞文化的老祖宗孔子和孟子都是山东人，孔孟之乡作为中国文化发源地排在第一是完全站得住的。第二个是河南，为什么河南排第二呢？中华民族对外称五千年历史，在五千年历史长河当中河南是三千年的中华文明中心，因为它属于黄河流域一带，所以它排第二。为什么江西能够排在第三呢?虽然江西在全国领先的时间不是很长,最主要从宋代到明代,大概600多年,不满700年,在这个当中江西是排全国第一,为什么这个第一让江西到第三了呢?我会跟大家说一条,中华文明的高峰就在宋代到明代,刚好在这一段时间,就是它最高峰的时期,江西站在巅峰之上,在中华文明走向极致的时候它站在山巅之上,所以这个时期它是排在第一位,所以现在江西完全可以排在第三。在这个过程当中有很多人提问,有人说陕西行不行啊,陕西也不是不行,但陕西也有问题。我讲一个例子给你们听,陕西省有一个咸阳,是古代秦国的都城。当时秦始皇统一了全国,说明秦国生产力、经济都是全国第一。我到这个地方,他们市委书记跟我们讲,有一天晚上他去开会,走路的时候汽车停下来了,他自己摸黑走路,用脚一撞,撞到一个墓碑,一看是萧何的墓,再往前面走了一会儿又碰到了一个,是张良的墓,很小,就一个墓碑摆在那里,一个小包。那个地方任何一个皇帝,包括皇帝的哥哥弟弟,各种王,还有他的儿子,还有他的女儿,包括孙子,只要是皇亲国戚,那里不管多大的文

人、多大的官，哪怕你是宰相，你是大将，你都统统往后排，官是最重要的。我最近到陕西去看了一个小公主的坟，这个小公主是被武则天处死的。因为有人议论过她，武则天喜欢派人做间谍，专门了解每一个人怎么议论她，就因为这个把小公主打死了。后来武则天的儿子当了皇上，小公主是他的女儿，所以他把她的墓全部修缮了一遍，漂亮得很，文化在那里是没有多少地位的。从这个层面来讲，江西位置排得这么高是完全能站得住的，是这个意思。

历史上对江西的评价，比较有权威的、大家公认的、最早的就是王勃写的《滕王阁序》，当时评价江西"物华天宝，人杰地灵"。江西是人文渊薮之地，文章结义之邦。这片土地上孕育了悠久的灿烂文化，涌现了一代又一代杰出人物，留下了丰富而珍贵的人文资源，在中华民族的文明史上具有重要地位和深远影响。我今天着重讲三个方面，第一个是江西历史文化发展的四个阶段，第二个是江西十大文化，第三个是江西十大文化名人。由于时间关系，我只简单作一个介绍。

江西历史文化发展的四个阶段

第一个阶段是从万年到豫章。在这个阶段江西文化载体得以形成。江西文化从哪里来？我可以明确跟大家讲，我基本上没有看到江西在两千年之前有什么文字方面的记载，记载江西的文字不多，或者说很少看到。现在我们了解这一段的情况靠什么呢，主要靠出土的文物，出土的东西主要珍藏在博物馆。现在我们基本上可以确认，在5万年以前左右的时候，我们有两个地方，一个是安义，一个是新余，这两个地方发现了人类的趾骨，我上次到博物馆去，博物馆的同志告诉我，说50万年以前就有人类的足迹了。我不讲这个东西，因为这个东西是有争议的，那个究竟是人还是猿，那还有争议，5万年前人存在的形状，是直立行走的人，这是我们大家公认的。江西距今约四五万年前的旧石器时代中期遗址，我们后来有四个重要的发现。

第一个发现就是万年的吊桶环和仙人洞遗址，这个发现被评为全球20

世纪一项重大的考古发现之一,并且被授予联合国世界农业遗址。这个地方发现了12000年前甚至可能是14000年前的水稻结晶体,就是我们现在吃的水稻,谷种已经结晶了,这个结晶体当中可以分析出什么东西呢?这个水稻它不是野生水稻,而是家养水稻,是通过人工种植以后的水稻。这说明江西人在12000年到14000年以前已经开始种植水稻。这个是很了不起的成就,因为人活下来就必须要有粮食的供养,一直到现在,粮食问题一直是国际国内重大的问题。我们国家为什么规定耕地的红线呢?这条红线不能随便动,一个重要原因是要保证粮食产量。因为这是一个战略考虑,要真正打起仗来,其他国家不卖给你了,你靠什么东西活下来?旧社会说国民党不好,最大的原因是什么呢?就是人民群众吃不饱饭,中国解决吃饭问题是江西人首先提出解决的,这个很不容易。在这之前我们原来的发现是7000年以前才出现人工种植水稻,我们这里发现是12000年到14000年,把种植水稻时间向前推进了5000年到7000年。现在全世界公认江西人是最早把野生水稻变成家养种植水稻的,这是江西人在解决吃饭问题上的一个重要贡献。这个地方还发现了两万年前的陶片,当时不叫瓷,叫陶,这个陶也是用来吃饭的,这个也是目前发现的最早的陶片,万年吊桶环和仙人洞遗址地层堆积就像一部史书,记录了江西先民在农业文明上的两个世界第一。现在学习强国还经常讲水稻哪个地方最早人工种植,这个作为重要题目。我们得出这个结论不仅是中国人得出的结论,当时发现这个地方是中国和美国共同的考察组,一个考察队考察的,这个考察发现的结论被联合国粮食组织认可,这是第一个发现。

　　第二个发现就是在樟树市吴城乡的吴城文化遗址。这个地方为什么说重要呢?这个地方发现了中国南方最早的城池,原来这个地方是搞农耕的,农耕就是农业文明。大家都在农村里面,这个地方跟原来不一样,距今3000年以前,面积61万平方米,城内有居住区、祭祀区、制造区、铸铜区,城外有墓葬区,至今还存有3到15米高、2800多米长的土做城墙。这是目前我们国家南方地区发现规模最大、出土文物最丰富的商周文化遗址，反映中国人已经开始知道怎么做城墙，自己搬到城里面来住。

第三个发现是1989年发现新干县商代大墓，出土文物有1478件，其中国宝级文物有5件。其中最有名的两件文物大家可以看一下，一件是伏鸟双尾虎青铜器。其他地方的老虎都是一个尾巴，只有我们这个是两个尾巴，背上面坐了一只鸟，这个其他地方也没有，猛虎跟小鸟和平相处。另外一个是玉羽人，这是一个玉雕，我们江西一般不出玉，这个玉很少。羽是羽毛的羽。玉羽人是一个女人。她后面有发髻，发髻后面有三个环，这个环不是穿进去的，是由一个整块石头雕出来的。这里是商代遗址，这个技术是在3000年以前就有了。下一次发现再看到这个东西是属于明代，也就是说从3000年前到600年前当中2000多年这个技术是失传的。这是后面发现的，这个人很有意思，她身上到处都雕着羽毛，脑壳上和嘴巴都是鸟的形状，它实际想说明什么呢？人其实是自由的，身上到处都是毛，它想起飞，但它背后专门有发髻，有一个环，女人生而自由，但束缚了锁链。你想跃起的话，必须打开锁链，这个东西实际上是江西的一个象征。我们江西全国经济排名15位，我们要继续往前走，往前走难度也很大。我们这个地方是三年不飞，一飞冲天，三年不鸣，一鸣惊人。玉羽人可以说是江西人的象征，我本来想把这个东西当作江西的标志。这个是我在省博物馆看到的，我第一次去省博物馆的时候没有看到，后面他们告诉我国宝级的文物是放在地库里面的，后来我说要去看一下，他们打开了，我一看里面有6件文物，其中就有这一件，唯一的一件，一般不让到国外去展示，只有在国内才能看，放在底下的。我本来想把它作为江西旅游的标志，但是没有通过，江西人说羽人是骂人的话，我原来还不知道这一条，我们征求各方面的意见，所以这个东西没有用成。江西青铜器数量之多、造型之奇、纹饰之美、做工之精，为全国所罕见，一举改写了商周时期被称为蛮夷之地的江南历史，充分证明远在3000年以前，赣江—鄱阳湖流域就有了高度发达的青铜文明。因为没有发现这个东西以前，大家不承认，青铜文明一出现表明你这个时代大大往前推进了。

第四个发现是九江瑞昌市铜铃矿业遗址。这个遗址规模庞大，采用了当时最先进的开采技术、选矿技术和冶炼技术，是我们中国发现时代最早的矿业遗址，开采年代从商代中期一直延续到战国时期，其保存之完整、内涵之丰富极为罕见。这个发现不仅将我们国家冶铜历史向前推进了300年，而且还揭示了我们国家青铜文化的独立起源，为中国的青铜文化圈和商周时期的铜料来源提供了新的佐证。而且我们研究人员认为之所以在新安县能够找到这么多青铜器，肯定是有丰富的铜原料，有可能用的就是瑞昌这里的铜。我们江西德兴也发现了这个铜矿石，在这个地方也发现了冶炼技术，非常高超的水平。

这四个发现表明了江西文明已经达到了相当高的境界。江西在历史当中还有很多故事，具体列举这四个，是我们江西早期发现当中最有名的四个发现，这四个发现表明江西文化已经积累到了一定的数量。

在江西文明发展史上最重要，具有标志性的文化事件就是建立豫章郡。豫章郡设立之前江西有没有行政建制呢？当然有，秦始皇年代，秦始皇执政的时候曾经出现过一个重要的设置，在九江设立了九江郡，九江郡管的范围一部分在江西，同时占了安徽和湖北的一部分，叫九江郡，面积很大，但是跟我们现在江西的版图不是一回事。为什么我说豫章郡的设立对我们来说非常重要呢？因为豫章郡有18个县，其中包括南昌县、庐陵县（就是现在的吉安）、彭泽县（就是现在的九江），同时还有新干县，当时豫章郡确定的范围大致就是现在江西省的范围，以后又有小的变动，但是没有什么大的变动。有些同志不理解，别的地方怎么都在变就江西不变呢？原因在哪里呢？江西当时18个县，现在变成了100个设区市县，大家看一下这个图（图略）。当时只有18个县，面积跟我们这里差不多大，当时平均一个县相当于我们现在七八个县的范围面积，有些地方还是荒野之地，没有建设。出现这种情况主要原因是江西因循山水划界，已经确定的范围不能随便变。比如说我们赣州跟广东省划界，一个是靠大运河，一个靠九连山。这两块把赣州和广东隔开了，你把另外一个县从外面拉进来，或者从这里拉出去都不可能。跟湖南是以武功山和罗霄山脉划开的。我们靠东部这一块跟浙江和福建划界，主要是以武夷山为界，包括玉山这一块跟它全部划开了，也是很难调动的。我们唯一一个最低的地方在哪里呢？九江，朝北，靠长江。把江西四周的边界全部划了，不能随便动，你要动的话是很困难的，那么大一个片区你光走过去要多少时间啊。

我为什么要专门讲一讲江西地域呢？这个是我们非常重要的文化现象，当时刘邦和项羽的楚汉之争，打完了之后，刘邦取得胜利，他要把中国的疆土迅速扩大，我们这一块原来都不是在这个管辖范围之内。他手下有一个非常有名的大将灌婴，跟他是老乡，也是江苏人。灌婴带了些人到江西，为了把南昌定为江西的首府，他花了大功夫。当初四面八方他都看了，专门请了工程师看这个地方会不会被大水淹掉，会不会有大地震，这些情况他都进行了研究。这2000多年以来南昌是没有爆发过地震。江西非常安稳，平均每200年出现一个六级以上的地震，上一次发生较大地震是一八几几年，在赣州安远，离我们这里很远。最近这些年我们没有六级以上的地震，最高的地震也就是五级左右。在瑞昌跟湖北交界的地方，这些地方发生过地震，地震等级不高，为什么以六级划线呢？一般六级以上才会死人，六级以下一般不会死人，就是房屋有些地方会破损，这种情况都存在，但是不会死人。江西这个地方确实是一个神奇的地方，也是很好的地方，在战国时期被公认为"吴头楚尾，粤户闽庭"，"吴头"是什么意思呢？当时江苏人挺厉害，它的首都是设在江苏，它占地包括吴国，整个浙江、江西、上海，以及安徽的一部分，它叫"吴国"。吴国的边界线就在江西，江西这一块叫"吴头"。"楚尾"，楚国是湖南、湖北，也占了安徽的一部分，它的尾巴在江西两个之间交界的地方，所以叫"吴头楚尾"。"粤户闽庭"，"粤"指的是广东，"闽庭"是指福建的庭院，就是这么一个地域概念。

其中说明了一个什么东西呢？我们国家有一个非常有名的历史地理学家，这个学者叫胡焕庸。他活了很长的年纪，他是一九〇几年出生的，死的时候将近90年代了。这个人他画了一条线，这条线就是从我们国家黑龙江的黑河一直画到云南腾冲，45度角，直接贯通。这个画完了之后是一个什么概念呢？这一条线的西北部分占了国家国土面积的64%，但只养活了中国人口的4%。另外这一面，东南面，占地面积是36%，但养活了96%的中国人。我们这个地方就在这条线的东南面，是最适合人生长的地方之一。中国相对来说经济最发达的地方都在这一面，包括长三角，包括珠三角，江西在这一面的正中心。在中国目前经济当中广东省是第一，我们南面靠着广东；浙江省第4名，我们东面靠着浙江；福建省大概排第9位；湖南省全国排第8位，靠我们西面；湖北省全国排第7位，在我们北面，沿着我们周边都是最厉害的地方。我们是中心。好多人说江西有差距，我们在全国有统计数据可查的31个省、自治区（港澳台地区除外）当中现在是第15位，是过了中线的。这个地方为什么好呢？第一不会爆发大地震，起码对人身没有威胁。有的地方经常遇到大的水灾，江西没有大水灾，江西最大的一次就是20世纪90年代九江那次，这几年没有出过大水。

我到江西来了以后，鄱阳县是我的扶贫点。鄱阳县有些地方倒了一点，我们把长江、赣江、鄱阳湖都围得挺好的，一般不会出现大的问题。南昌我可以明确地说高枕无忧，不存在水患的问题，也不存在地震的问题，这两个问题不存在的话，还有什么问题呢？原来每到过节的时候，出问题最多的就是放鞭炮，一放鞭炮就容易烧伤起火。我原来当省委常委、秘书长的时候，我发现每一次打电话说起火最多的两个地方，一个是南昌，一个是宜春。现在我们节假日不许放鞭炮，一个是不利于生态文明建设，另外一个就是要消除起火隐患，所以这个问题也没有了。不管怎么着，这里岁月静好，特别安宁，没有生命危险，条件还是不错的，现在虽然说不是特别富裕，但是江西人的幸福指数还是很高的。我们江西最穷的县是哪一个县呢？我明确跟大家讲，鄱阳县最穷。我们当时公布贫困人口数量，鄱阳一个县占了十分之一，因为它人口最多，有160万。我专门请了国务院领导去看，他一看鄱阳县以后，他说全世界他走了197个国家，像你们鄱阳这么富裕的地方几乎没有看到，基本上每一个老百姓都有一栋三层楼的房子，你还说这是最贫困的地方。我们对外公布最贫困的县是三个县，乐安、寻乌、石城，这三个县是江西省最穷的，经济总量最低。鄱阳县以前是贫困人口数量最多的，我们现在全部都已经脱贫了。我们江西农民的日子还是非常好过的，哪怕家里再穷的也搞了一栋楼房。你说湖北比我们富裕，我老家就是湖北的，我到湖北去看了以后，农村盖的楼房没有江西多。山东全国排名第三，你们到山东去看，山东农村也没有像江西一样，一户盖一栋房子。江西人民比较好面子，把房子盖起来也是非常艰辛的。我到一户人家里去观察了，三年都去了同一户人家，这户人家为了盖这栋房子，家里人到外面打工赚了钱以后盖一层，没有钱了，停下来，第二年赚钱回来再来盖第二层，作为一个长远工程在干。所以家家户户的房子盖得都不错。我觉得我们江西地理位置非常好，江西今后崛起是必然的。

前不久我去江苏考察，江苏一个领导跟我讲，江苏省人均收入全国第一，总量是广东第一，人均收入是江苏第一，而且制造业产业链最完整的也是江苏省。但是他们说他们现在碰到了好大的困难，比如说化工厂他们是最多的，化工厂有污染，按照中央规定是要炸掉的，炸掉的话首先要赔钱啊，好多人就业的问题要解决啊，他们一商量要花500个亿，才把500个工厂的问题解决。他说我们江苏省一个金山银山买不起你江西一个绿水青山，当然人家也是谦虚，也为了鼓舞我们江西人民的斗志，江西崛起还是完全可以看得到的。我们条件还是很好的，改革开放之前浙江比我们穷多了，浙江做一个新安江电站，好多人移民到江西来，我现在去看，他们说我们现在没有浙江好，他们有的想回去，浙江不肯，当时是集体过来的，为什么集体过来呢？因为江西比浙江富裕，所以三十年河东三十年河西，总是在一个变化的过程当中。我想跟大家说，这是江西文化形成的一段时间。

第一个阶段，为什么豫章要设在南昌？灌婴对南昌进行全面考察以后，在这个地方定了四个字"昌大南疆"，这个地方原来是江口，"昌大南疆"简称南昌，所以南昌成了江西的首府，一直到现在江西省南昌县仍然在100个县当中经济总量第一，全国百强县排序也是最靠前的。

第二个阶段，从边缘到中心，江西文化高峰出现。实事求是地说，在宋代以前江西人才并不突出，大家称赞陶渊明是文化孤峰，除了陶渊明文化独峰以外几乎举不出有分量的文化名人，但是到了北宋以后，江西文化迅速崛起。杨子超明确讲，我国四川和江西，向来是产生大文学家的地方。大家知道唐宋八大家，唐朝只有两个人，一个是韩愈，一个是柳宗元；宋代是六个人，江西占了三个人，四川三个人，四川三个就是苏家人，苏轼、苏辙、苏洵，他一家三个人，我们这边占了三个人，宋代就六个人，这就是写散文的八大家。所以从宋至明江西文学如日中天，进入光辉灿烂的鼎盛时期，600多年来处于全国领先地位，英才荟萃，名家辈出，如群星璀璨光耀中华，其壮观景象至今令人景仰和惊叹不已。纵观宋明文坛名人在数量上江西籍最多，从作家队伍素质上看江西作家既不乏众体皆备、声名显赫的大家巨擘，也不乏独擅一体、技压群芳的名家高手；从宋明文学历程看，从首开风气到蔚为大观，皆有江西作家卓著勋绩；从宋明文学诗歌、词章、散文、戏曲四个主要领域看，江西作家大有可书之笔。江西在宋明时代对中国文化发展的贡献是巨大的，江西文化名流优秀的成果，是中国古代文化重要的组成部分。

江西在中国古代文化当中起了什么作用？它在这段时间有六个方面是领先的。

第一，文章节义之乡，宋朝灭亡的时候江万里率领自己一家人在鄱阳县自杀，文天祥奋起抗元。

第二，理学的心脏地带，理学家最有名的是朱熹。

第三，诗人与词客的沃土。

第四，禅宗的腹地。

第五，道教的重镇。

第六，经济与治术之地。

江西为什么在宋明时期能够创造最高成就，最重要的一条就是经济重心的南移和政治重心的东移。什么叫经济重心南移呢？从南北朝开始江西地区经济有了较快发展，到了隋唐以后江西在整个南方地区，经济开始增长起来了，全国经济开始朝南面走，这个时候有三个重大事件。

第一个事件是五胡乱华，周边少数民族闹事，五胡乱华对北方人的生存造成了很大的危害。

第二个事件是安史之乱。安禄山与史思明在唐玄宗期间，是唐朝镇守边关的将军，他们发起叛乱想夺取唐朝都城，把长安都占领了。当时唐玄宗仓皇逃窜，逃窜到马嵬坡的时候把杨贵妃杀死了。安史之乱对北方民族的生活造成了很大的困难，之后北方都被胡人占领了，北方人没有办法生存，所以往南方这边跑。

第三个事件是宋金战争。宋朝开始跟金朝发生矛盾和斗争，战争时期，两个皇上宋徽宗和宋钦宗，两个人被金朝抓住了，最后死在狱中。在这种背景下，北方的生活非常困难，他们举足南迁，到江西来得最多。一个是陕西人，一个是山东人，还有一小部分是山西人到江西。我们现在所谓的江西人，实际上相当一部分是这几个地方的人，真正江西土生土长的、自己出生繁衍的后代，在江西不是特别多，北方人到江西来，占的数字很大。那么这些人来了以后给江西带来了众多的劳动力和先进的中原文化。因为我们国家的文化发展最早是从北方开始发展的，我刚才讲了，是从山东、河南开始的，原因是他们比我们更发达，农耕文明也比我们做得好。因而经济重心南移，同时政治中心也开始朝南边的方向移动，比如说两宋时期，中国首都先后从河南开封转移到浙江杭州等地，唐朝首都基本是在长安，武则天的时候搞了一个副都，主都是长安，副都是洛阳。两宋的时候到了汴京，大家可能看过一幅名画《清明上河图》，它画的就是汴京。当时的汴京就是现在的开封，包公在那个地方办公，这就到了河南，离我们这个地方很近了。后面由于北宋被金朝占领了，最后逃跑，逃跑了以后居然把首府设在了杭州。大家知道杭州离我们这里更近了，杭州到上饶高铁一个小时，这种南迁对于江西经济发展起了非常重要的作用，政治中心靠得近的话对经济发展是非常有帮助的。宋朝好多有名的人为什么总愿住在江西，我专门考证了一下。辛弃疾他老家是山东济南，他死的时候就在江西铅山县，为什么？其中有风景吸引力大的原因，因为他觉得自己没有当官，要找一个风景比较好的地方住下来，另外一个原因就是这个地方离杭州很近，皇帝随时可以把他招过去当官，他的内心还是想当官的，这个地方就成了他选择的地方。

到了明朝的时候，都城是建在南京，后面朱棣开始把都城建在北京，南京仍然是他的副中心，六个部两边都有，北京也是都，南京也是都，南京主要做善后，北京做最后的总决策，是这么一个概念。所以当时经济领先于其他地区，江西人口数量在全国也名列前茅，我查了一下明代，江西对国家财政贡献占了全国总国库的十分之一。现在实事求是我们交不了这么多钱，江西一年财政收入用得都不够，靠国家转移支付支撑我们，我们赚的这个钱，大家吃饭是够了，但搞发展不够，国家平均每年要给我们转移支付30000亿，目的是把江西建设搞起来。

江西当时的文化繁荣跟交通发展息息相关。在古代社会没有飞机，没有火车、汽车，运输主要靠船，船主要走什么地方呢？主要四条河，运河、长江、赣江、珠江，赣江在四个当中比较特殊，起点江西落点也在江西，起点在江西石城，为什么叫"赣"呢？是把章江和贡江两个江加起来。贡江和章江的源头根据现在分析，实际上在赣州和吉安这一带，不在我们这边。它从南向北，最后进入鄱阳湖，从鄱阳湖出来以后再到湖口，在湖口进入长江，最后进入入海口，这是江西的水系，最头和最尾都在江西。赣江又是全国的主航道，特别是广东那边要走赣江，从大余县那个地方下赣江。苏轼、汤显祖犯了错误以后受处罚，都是通过赣江出来的。交通是一个地方发不发展最重要的因素。所以赣江对江西地气、人气、文气的推动起了非常重要的作用。中国大半的文化名流频繁出入江西，江西学者纷纷走出江西，对促进江西发展起到了重要的作用。

第三个阶段，从全盛到低谷，江西文化开始衰退。进入清代以后江西文化在全国地位急剧衰退。整个清代江西只考中3个状元，不仅大大低于江苏和浙江，而且甚至不如广西，一直到20世纪80年代江西还是全国少有的"三无省"，无学部委员、无重点大学、无博士学位授予点。江西还是比较惨的，是什么原因使江西从文化巅峰坠落到低谷，原因有六个方面，这几个因素相互关联互为因果。

一是交通原因。到了晚清，外国人通过尖船利炮，把广东这个地方打开了，打开之后所有内陆水运的作用削弱了，人家愿意走海上，不愿意走内陆，因为海的面积大，它水深，船越大吃水越深，装的东西越多，价格越便宜。自从打开了海以后，赣江的作用就没有那么大了。到了清朝后期搞铁路，当时慈禧太后明确讲铁路必须从北京开始，因为北京是中国的政治中心。北京开始了以后第二点选哪里呢？选武汉。为什么呢？因为武汉当时有个张之洞，他专门搞近代化的，实际上学洋人搞变法，人家一打进来，船也比我们强，枪炮也比我们强，我们怎么办呢？武汉这一块在全国走在最前列，张之洞最早建立武汉钢厂，他搞了一个最有名的公司叫汉冶萍公司。汉是指的汉口，冶是大冶，萍是指江西萍乡。汉口炼钢，大冶有铁矿石，萍乡有煤炭，钢厂搞得很大。同时它也专门造枪。抗日战争用的叫79式步枪，口径是7.9毫米，79式步枪在整个抗日战争当中起了重要作用。我们讲小米加步枪，指的就是这种步枪，也是武汉生产的。北京到武汉，铁路怎么走呢？先到石家庄然后到郑州，一个是河北一个是河南，再到武汉，到了武汉以后下一步到哪里呢？要到广州，因为广州有东山口岸是对外开放的出口。

下一步到了长沙,长沙完了以后到了广州。这样一趟走过去以后,江西就被甩开了,当时没有公路,所以江西就落后了。江西有好多东西,江西最主要的物产瓷器、纸张、茶叶,都运不出去,价格运费都比人家贵,一直到今天我们还比人家贵,原因在哪里呢?现在我们高速公路不错,全国第8名,但是我们水上运输还是没有做出来,江西都跑到湖南去下水。包括飞机,好多地方没有通航。我们现在的高铁是丁字形的[①],从南昌这边发出去,一直到今天我们到景德镇,都还没有通火车。我们上井冈山,只能坐高铁到赣州,井冈山只做了一半的铁路。如果这里再不加强,不把这个东西做好,江西想发展实际上是不可能的。我们也准备改变发展方式,以后在高速公路上投钱的数量少一些。我们县县通高速,高速公路又贵,平均搞一公里要花一个亿,我们以后高速公路要加快发展,是要把路基做得更好更稳当,不是再扩充了。县以下不再修高速,全部是国道省道。因为底下没有汽车往下了,要根据事实把钱转过来,搞火车,搞通航,搞水运,把这一块做起来。

还有一个主要的原因,战争的破坏。中国近代化工业发展起来的前夕发生了太平天国战争。太平天国的一把手洪秀全是广东花县人,跟他起义的是广西人,跟他作对的人叫曾国藩。曾国藩是湖南人,本来跟江西没有关系,但仗是在江西打,从江西直接打上来打到南京去,当时南京实际上是一个非常重要的中心城市,洪秀全也想到南京去建都,曾国藩在这个地方阻击他,不许他到南京去,所以在这个地方发生了一场大战争。当时有两句话"战功未必在疆场,实实受害惟南昌"。当时江西人不仅把自己的子弟派出去当兵,而且把门板都拿出来当浮桥,把自己缸里最后的米都送给他们,一直到搞近代工业的时候,我们江西基本上发展不了,由于战争的伤害太大了,茶叶、纸张、木材运不出去,景德镇炉火窑全部熄火了。这个时候江西的衰退是必然的,这是最主要的原因。

[①] 当年作者讲课时的确如此。

其中还有一个原因是江西自身的原因。江西人从宋代到明代的时候比较发达，书院比较多，考试水平特别高，比别人水平要高得多。在明代的时候有两次考试，一次考试前七名全是江西人，而且都在吉安，第二次考试又隔了四年，在朱棣那个时候考，前四名还是江西人，这种情况下好多人开始怀疑了，说这个不对，说江西人肯定在里面作弊了，你怎么考得这么好，全国考不过你们一个省吗？不符合，最后查有没有泄密，结论是没有任何泄密的可能性，因为泄密是杀头的。一个也没有查到，八个考官里面居然有五个是江西人。前几天湖北一个学子跑到江西替人考，抓起来以后，顶多判半年一年就放了，但那个时候全家都要杀头的，不是小事情。说明什么呢？江西人就是会考，而且考试的学生当中吉安人最多，最多最集中的在白鹿洞书院，这个书院研究考试的水平最高，比如一篇文章分八个不同的部分，第一步怎么破题，要说明题目怎么看，最后一步怎么结尾，中间怎么写高潮，他们对这一套非常有研究。古时候考试要求特别高，文字都是要求一次写成，一个字也不能有错，你要是有涂抹了，卷子根本不需要看的，他们这一套训练得非常成熟，一提考试没有人能考得过他们。江西人最大的目标就是考试，考完之后当进士，进士完了之后当官，当官就光宗耀祖，回家盖大房子，江西人搞这个特别厉害；对经商看不上，有一些经商的人哪怕家里赚了好多钱，他也跟自己的孩子说不要走我这条路，我赚钱的目标就是让你去考试，所以人人都想当官。

江西人好讼。前不久我看了一本书，是南昌大学原来的一个教授写的，其中写了一段讲，当时吉安人比较穷没有课本，但是有很多人写状纸，就把诉讼状订在一块作为教书内容，告诉你怎么写文章，所以他们告状书越写水平越高。会考试会当官可能在农业社会是一种美德，到近现代的时候我们要搞企业搞商品经济，搞市场经济，你还每天搞这一套，那就对经济发展不利了。美德就变成了一种排斥近代市场商业文化的弊端，一直到今天这个影响还是蛮大。现在江西高等教育在全国排19位到21位，高中、初中、小学这一块基础教育是排 12 位，职业教育全国第 17 位，唯一排在最前面的就是民办大学，现在全国第 3 名。有一个人叫于果，他办的江西科技学院，在香港上市了，叫中国教育集团，招了 25 万名大学生，他办的江科附中在最近三年考试当中产生了两个文科第一名。

第四个阶段，从蛰伏到潮头，江西红色文化的兴起。我实事求是地说，江西省实际上出了很多文化名人，这些文化名人有一个共同的特点，他们从小是在这里出生长大，通常到了 18 岁或者 20 岁以后，跑出去了，跑出去以后不回来了。当中有的人回来过，这个人是王安石。我看了很多文献讲，他当中回来过五六次，其中有一次回来到他外婆家，他外婆是金溪县人，他在金溪县那里写了《伤仲永》，仲永是一个小孩，从小就非常聪明，他没有受过教育，他摸了一支笔，他家里人可能觉得他喜欢读书，要仲永开始写字，他四五岁字就写得很好，而且会写诗，还能卖钱，最后他母亲天天带他去表演。王安石很早就听过这个事情，后来回来的时候他已经十四五岁了，跟他一见面，发现他已经跟一般人差不多了，不学习就退步，哪有什么天才的人，这不可能。这些人出去以后，包括王安石，包括欧阳修、曾巩，他们的墓地实际上都不在江西，都在外地，王安石最后死的地方是南京。外来人才的引进对江西发展发挥了重要的作用，到 20 世纪 20 年代，包括毛泽东、周恩来、朱德、刘少奇、邓小平都到过江西。江西作为红色文化的源头，开始兴起了，再一次崛起，外来人才发挥了重要作用。最近我估计大家都看了《觉醒年代》，觉醒是干什么呢？当时为中国找一条道路，什么道路呢？是搞马克思主义，是搞无政府主义，还是搞社会民主主义，这个东西大家有争议，最后通过争议以后决定走马克思主义道路，走俄国十月革命道路。到了江西我为什么不说是觉醒时期呢？虽然你决定了要学习马克思主义，马克思主义道路究竟怎么走，马克思主义主张武装暴动，马克思和列宁都搞了城市暴动，马克思搞了法兰西内战，列宁搞了彼得堡革命，都是在城市当中，而中国道路究竟怎么走？当时我们党发动了三大起义，第一个在南昌，然后在广东,然后就是萍乡和湖南的秋收起义,三大起义说明了什么?这条路行不通,萍乡搞秋收暴动是为了打长沙,国民党的中心城市打不下来,最后宣告失败。在这个背景条件下我们究竟该怎么办?毛泽东带领大家到江西,最后选中了井冈山,毛泽东在山上写了两篇非常著名的文章,一篇是《星星之火,可以燎原》,另一篇是《中国的红色政权为什么能够存在》,第一篇文章当中讲出选择井冈山作为红色根据地能够存在的主要原因,其中讲到国民党中心城市离井冈山相对都很远,我们几个省的边缘地区,离中心地区比较远,所以国民党统治到达不了这个地方,而且我们这个地方农业自给自足完全可以养活大家,所以我们就能够存在。

我最近到《江西日报》,我给他们讲了一个观点,江西红色旅游资源跟其他省比较有哪些优势,我讲了五个字"名、优、特、多、美"。名,是名气大,伟大人物都在我们这个地方。寻找中国革命之路成功的井冈山,在我们这个地方,其他地方不好比的。特,就是特殊的道路,20年代到30年代也没有其他人跟你比,一直到发动南昌起义、秋收起义一直到长征离开江西,我们是具有特殊性的。优,我们红色文化优势很多,我们三道一平台,红色景区都建了索道栈道,搞得四通八达,非常好。多,我们革命遗址和旧址2900多个,其他地方没得比,有名有姓的烈士,我们有26万人,我们占了全国的六分之一,最多的,万里长征每一里路上都有1个江西籍的红军战士倒下,将军全国评了1600人,江西省320人,在全国将军数量最多。我们江西的特点其他地方都不好比。

红色文化,特别是在这种时候搞旅游,我们红色旅游优势发挥出来了。井冈山卖门票,只有1991年超过2个亿,后面几年都没有超过,2001年超过2个亿,今年是2021年又过了10年,当中9年都没有超过2个亿,我觉得我们今年应该再超过2个亿的。我们的优势还是非常明显的,这是江西文化的四个阶段。

江西十大文化

第二个部分,江西十大文化。红色文化是我们现在搞的重点,重点是哪些呢?一是四大摇篮,二是四个胜地,最后一营,一人。中国革命的摇篮井冈山,毛泽东在这里找到了一条农村包围城市,武装夺取政权的人民道路,为中国革命奠定基础。我上次上课专门讲到,江西人还是非常聪明的,在每一个历史文化节点上都对中国和世界做出过突出的贡献,比如一万年以前它解决了人类吃饭的问题,把野生水稻变成了家养水稻。一千年以前搞了一个景德镇,景德镇搞了手工业工厂,全世界最大的工厂在这里,解决了工业问题。一百年以前出了一个井冈山,中国共产党在井冈山找到了农村包围城市的道路,解决了中国怎么夺取政权的问题。最近几十年农村搞改革开放又出了一个小平小道,离我们这里10分钟路程,万千百十都有江西人的贡献和创造。江西红色景区排第一位的是井冈山,中国共产党在这里找出了一条新道路。人民军队的摇篮南昌,中国共产党在这里打响了武装反抗国民党第一枪。我们现在讲"四个地",上海、南湖,中共第一次代表大会在这里召开,叫"开天辟地";南昌起义打响武装反抗国民党第一枪,叫"惊天动地";在瑞金中国共产党建立了自己的政府,这个叫作"翻天覆地";在北京天安门宣布中华人民共和国的成立,这是"改天换地"。这四个"地"实际有两个"地"在江西,江西"地"是最多的。第三个摇篮是共和国摇篮瑞金。这个地方我们搞苏维埃代表大会,实际上人民代表是从这里走来的,而且毛泽东在井冈山的时候叫毛委员,到了这个地方才叫毛主席,"吃水不忘挖井人",时刻想念毛主席。第四个是中国工人运动的摇篮安源。当时有一个人叫刘春华,才二十来岁,画了一幅毛主席去安源的像,毛主席身着长衫,手拿着一把伞,到这个地方来,这幅画印了多少张呢?印了11亿张,当时中国只有6亿人口,你说这个画传播有多广。毛泽东本人看到这幅画,他说颇有青年时代的神韵,这幅画按照历史的真实性来说是不够的。毛主席当时从长沙过来，过来之后夹了一把伞走过来，他要走到萍乡要走半天，怎么走得到呢？实际上毛主席是坐火车过来的，当时为什么出现火车呢？因为当时为了运煤，萍乡跟长沙之间有一列旧火车。我问刘春华，你知不知道毛主席是坐火车过来的？他说知道。我说你怎么画把伞呢？他说只有画伞才能全面显露他，画火车的话一半脸都挡住了，那怎么能画呢？这个像要造成一个错觉，好像安源不在江西，因为毛主席是湖南人，他在湖南搞革命，他夹一把伞就走过来了，他怎么走到另外一个城市去呢？我们讲四大摇篮，当时中央开党的代表大会，我看发的通知是北京、上海、安源，然后才是武汉这些地方，原因是什么呢？安源党员数量超过一个省，党支部的数量很多，这个地方发行了股票，这是我们讲的四大摇篮。

四大胜地，伟人脱险地铜鼓。毛主席为了发动秋收起义，他从湖南浏阳到了江西，他怎么到达江西的呢？他刚刚走到浏阳就被国民党的民团抓住了，民团不知道这个是毛泽东。毛泽东说他自己是经商的，但他穿的是长衫，而且手上没有茧，也不是黑颜色，白面书生。他一看肯定知道毛主席说的是假的。但他们又不知道这个人是干什么的，把他抓住，然后押着走。毛泽东当时手上带着一点钱，他走之前找人家借了30多块钱，就想把这两个人收买了，让他们放了他，但是这两个人还有点责任感，担心若是被人发现把毛泽东放了，会将他们开除公职，他们就没有饭吃了，他们不要他的钱，押着他继续往前走，走到与江西交界的地方，他们手一指，让毛泽东往那个方向跑，然后毛泽东给了他们6块钱。现在湖南浏阳县的县志，里面写到"毛主席一脚跨两省，六元定乾坤"，就是花了6块钱把这两个人收买了。这两个人为什么敢这个时候收钱呢？因为他已经跑到江西去了，我湖南省管不了江西省的事，所以他就没有责任了，是这么一个情况。铜鼓现在做了很大纪念旧址，叫"伟人脱险地"，原来他们叫"伟人伏地"，后来中办的同志专门提出来，"伏"是封建迷信，把这个东西拿掉，叫"伟人脱险地"，这个是比较规范的提法。为什么把这个地方摆在这么重要的位置呢？因为没有毛主席中国人很难，要在黑暗当中摸索更长的时间，这句话不是我说的，是邓小平说的，他说没有毛泽东我们可能还在黑暗中摸索，毛主席决定了我们党的走向。

万里长征中央红军集结地于都。万里长征当时有一部分人在瑞金，有一部分人在兴国，有一部分人在福建汀州，到处都有，中央红军是在于都集结，万里长征是从1934年10月10号晚上6点出发，原因在哪里呢？在晚上6点钟，毛泽东、周恩来、朱德、博古、李德都在这个船上。为什么晚上6点才出发呢？因为白天国民党的飞机在轰炸，晚上飞机看不清楚，6点天就黑了，所以是这个时候走的，我说你们都不要争了，那就是于都。江西四大文化的第一个文化是红色文化，因为它是最突出的代表。

改革开放的策源地是小平小道。因为小平同志在这个地方观察基层群众的生活，其中有一个例子很有意思。一个工人要过年了，家里没有什么好菜吃，那个时候这个工人要买一块豆腐，过年的时候做一个大菜。他有一个儿子是独儿子，所以特别喜欢，让小儿子去买豆腐，买回来的时候小孩子蹦蹦跳跳，因为特别高兴今天可以吃一个好菜了，但是豆腐在蹦的过程当中直接掉在地上了，他父亲很气愤，打了他一巴掌。当时小平就站在旁边，小平同志说看来贫穷不是社会主义，社会主义吃一块豆腐都吃不上。这个工人最喜欢这个儿子，他平常都舍不得打，现在打了，那说明什么呢？你这个社会主义没有得到群众的拥护。他为什么搞改革？也是从这里来的。那时候国家决定让小平调走了，但是，他说我能不能在江西再调查一段时间，然后国家说可以。小平同志到了井冈山，到了樟树，也到了景德镇。当时景德镇正在做瓷器，他问这是干什么，做瓷的说是周恩来指示做这个东西卖到外国去，换外汇，国家缺钱。他说对，就是要搞对外贸易。后来小平同志多次给他们这里写信。他在江西这三年当中，深深认识到中国的国情，坚定了走中国特色社会主义道路，改革开放，他的思想也是从这里起步的。三中全会以后开始全面推进改革开放，他说这跟他的经历分不开，"文化大革命"的时候我们被打倒了两次，不完全是坏事，让我更好地思考，为什么要建设社会主义？怎样建设社会主义？

耀邦陵园位于共青城富华山。耀邦同志对革命贡献很大，他14岁就参加革命，当过少先队的一把手。我们党三个一把手只有他把少先队一把手、共青团一把手和党中央一把手都当了。过去有很大的功劳，特别是在粉碎"四人帮"以后，在粉碎"四人帮"之前，他也做出了两件非常重大的事情。最早他在中央党校当常务副校长，在中央党校发表的一篇文章，然后《光明日报》转发了，是关于实践是人民真理的讨论，成为中国思想解放运动的开端。第二个平反冤假错案，特别是右派，包括"文化大革命"中的这些人，他们的问题很大。耀邦同志葬在什么地方，当时这个事情也是有争议的。家里还专门开过家庭会，最后决定葬在这个地方，因为共青城是他当党中央书记的时候搞出来的，他三次给共青城题字，两次到共青城视察，这个地方留下过他的身影。

山水文化大家知道，江西六山一水二分田，一分道路和庄园。江西70%的地是山和水，真正平原地带只占了30%。六山一水二分田干什么用呢？70%的山水，不能办农场也不能种水稻，只能搞文化和旅游，文旅就成了江西的特色。原来我们对外宣传口号就是"一湖清水，四大名山"，这是江西最早宣传的口号，后来我来以后提出了用"江西风景独好"，因为中央要求一句话八个字之内，我们六个字"江西风景独好"，同时我们底下搞了"3461"密码，"3461"是为了衬托江西风景独好，说明它的独特性。当时这个口号拿到中央电视台去播的时候，专家不同意，说这个广告有排他性，"你都好，别人就不好吗？"我们就解释，所谓"江西风景独好"，不是说江西一家好，每个地方都有自己的好，我们江西风景独好是指江西风景有它独特的美。

还有一营，上饶集中营。新四军搞完之后，国民党把排以上的干部抓了700多人，关在这个地方，最后爆发了三次暴动，大部分都牺牲了。最后一个是方志敏,方志敏是江西弋阳人,他领导革命起了很大的作用。方志敏同志最后临死前,他写了几篇非常重要的文章,其中有两篇,一篇叫《可爱的中国》,现在很多人读,胡锦涛总书记曾评价它是"爱国主义的千古绝唱";另外一篇文章叫《清贫》,习近平总书记说他多次读这篇文章,每一次读的时候他都掉眼泪。他说这篇文章告诉我们什么是真正的共产党,《清贫》是共产党人的本色。

红色有四大摇篮,绿色有四大文化,古色有四个千年。四个4年,指千年瓷都景德镇、千年名楼滕王阁、千年书院白鹿洞、千年古刹东林寺。另外还有六个一:一湖,中国最大的淡水湖鄱阳湖;一村,中国最美的乡村婺源;一道,小平小道;一城,共青城;一海,庐山西海。"3461"这是江西旅游的密码,同时它也说明我们江西独好,独在哪里?我们当时解释说,江西风景独好是有独特性,跟别的地方不一样,毛主席走遍了中国大江南北,他曾说过,"踏遍青山人未老,风景这边独好"。"风景这边独好"是在哪里呢,就是江西会昌县。他在其他省都没有说过风景独好,只在江西说过,江西有优先使用权。我说你们可以试用一个月,到时候可以改,实际上我们当时没有想到更好的话。我们坚持要用这个。江西山水文化应该是很突出,比如说庐山,光庐山文化就有很多诗词,比如李白写的"飞流直下三千尺,疑是银河落九天"。"银河"这个词到现在,有个上天的飞船还叫"银河"号呢。这不是我们科学家发明的,是李白写出来的,这也是写得最好的。比如苏轼写道:"横看成岭侧成峰,远近高低各不同。不识庐山真面目,只缘身在此山中。"白居易还有一首诗:"人间四月芳菲尽,山寺桃花始盛开。"这是什么意思啊?山底下的春天已经过去了,但是庐山上面花才开,我们到处找春天找不到,在这里找到了。毛主席专门写了"一山飞峙大江边,跃上葱茏四百旋",当时要绕399个弯,我离开省政府的时候,我做的最后一件事是批了庐山市的索道,现在上去只要7分钟。我们不是要破坏生态文明,而是要保护生态文明。他们建一座房子,光汽车拖上去,砖头水泥污染的就特别严重，现在用索道设备运上去，清洁多了。

书院文化。江西书院文化在全国是第一。中国古代书院7300所，江西有990所，位居全国各省之首。江西人会考试跟书院相关，为什么书院能够存在？原因很简单，就是因为我们给它经济支持。现在最有名的书院有三个。白鹿洞书院，朱熹定了白鹿洞书院的学规，讲《大学》的核心价值观，一直到后面其他书院都用到了这个学规。鹅湖书院（鹅湖寺），朱熹和陆九渊在这里进行了一场辩论。通过辩论《大学》里面的内容找到真理，一直到今天我们还继承了这个传统。白鹭洲书院，办了800年，出的人才最多。第一个校长叫江万里，是一个宰相，出的第一批学生当中有一个文天祥，也当过宰相。

陶瓷文化。原来在江西到处都有陶瓷，刚才讲万年县不是有陶片吗？鹰潭也出了陶，吉安也搞了吉州窑，到处都有。最有名的还是景德镇，虽然从唐代才开始搞，到了元代的时候我们就做出了元青花，青花一出全国所有瓷器都黯然失色。青花被称为中国瓷的象征，原来还有越窑、汝窑，非常有名，自从景德镇青花瓷出来以后它是第一位，到了明清时期达到了高峰，尤其是在清朝的康雍乾三代，它在全世界领先，全世界卖得最贵的瓷器就是景德镇一家出，其他地方都没有达到。在此期间出了一个陶官唐英，这个人对瓷器的贡献特别大，他在景德镇当督陶官当了30年，从一个外行变成内行，后来他把制造瓷器的工艺通过图画告诉了乾隆皇帝。我们所有瓷器盖了唐英鉴字，立马身价百倍。贵州一个瓷器叫瓷母，这个瓷器张开有12边，每一片代表一个月，是一种花，每个月各有一种颜色的花，12种花每一种花烧的温度都不一样，烧过之后集中在一块还要烧，这个现在放在我们故宫里面。

茶叶文化。茶跟水相连，江西水质比较好，中国最有名的研究茶的专家叫陆羽。陆羽分析了全国20个最有名的泉水，其中第一泉定在九江星子县，就是桃花源，在陶渊明写的桃花源里面，叫天下第一泉。第四泉在上饶，有一个井口。另外第八泉在南昌洪崖丹井，前20个泉当中江西占了三个。此外，江西茶叶很好，在浮梁的时候，白居易写过一篇著名的《琵琶行》就反映了这个盛况，当时浮梁茶交的税收占了全国茶税的三分之一，相当不简单。尤其是江西还解决了饮茶一个非常重要的问题。我们现在喝的茶，只要把茶叶一放进去，水一泡就能喝。以往不是这样的，宋代以前喝茶，必须要把茶叶做成茶坛，喝茶的人一般是商人，要喝前必须放在锅里煮，煮了以后再来喝。朱元璋上台以后明确提出要重新改良，就是要创新，不能这么喝，不然老百姓就喝不到了，你这个茶就卖不出去，不能大规模发展。那么谁完成改良的呢？就是他的儿子朱权。这个人很厉害，他是宁王，他本来跟朱棣一块造反夺天下，最后他没有得到胜利的果实，被搞到江西来，他政治野心没有了，所以他研究茶和棋谱。经过研究之后，他提倡散茶用水泡着喝，然后在全国推广。

药业文化。着重表现在江西哪个地方呢？我们现在叫樟树，药不到樟树不齐，药不过樟树不灵。樟树原来是一个镇，属于清江县，当时清江县最有名的镇叫樟树镇，现在因为樟树搞药很有名，所以樟树变成了县的名字，清江变成了镇名。另外一个地方就是南城，这个地方做药的特点就是把白芍切成薄片，用嘴一吹就会飞起来，制药工艺当时还是非常厉害的。在全国，最有名的中药药帮京帮、川帮、樟帮是并列的。

稻作文化。种稻谷是江西人发明的。宋代的时候江西出了一个人，叫曾安止，他写了《禾谱》，这是我们古代一部重要的农书。另外清代的时候，九江成为中国四大米市之一。

造纸文化。江西竹子比较多，所以造纸很厉害。最早做出纸而且比较有影响的是吉安。一直到现在很多人练字，买的毛边纸还是产自吉安。江西有一种纸是比较有名的，铅山连四纸。连四纸目前在全国排名第二，第一名是宣纸，第二名就是连四纸，连四纸要72道工艺，长达一年的生产期。纸质洁白有味，永不变色。明清时期的贵重书籍和碑帖都用它，比如《四库全书》的其中一套就是用连四纸抄写的，保存得非常完好。另外，江西的书铺比较多，最有名的一个是婺源，还有一个就是金溪县。金溪浒湾书铺印了很多书，当时它的书在全国畅行，因而有"临川才子金溪书"之说，汤显祖的《临川四梦》都是在这里印的。

宗教文化。江西有两个宗教文化比较出名，一个就是禅宗文化，到了后期叫五家七宗，其中有三家五宗是江西的：曹洞宗、临济宗、沩仰宗。曹洞宗和临济宗是在宜丰县，沩仰宗属于明月山管，另外还有两个分支，一个叫杨岐，一个叫黄龙。黄龙在修水，杨岐在萍乡。台湾最有名的大师，他们都认为只有宜春才能被称为禅都，就是这个原因。另一个就是道教文化，道教我们江西非常厉害，张道陵张天师，他是开创者。还有一个葛玄，最近葛仙山搞旅游很火。这个地方现在做旅游做得特别好。我们实时公布15个地方的在线人数，就是花钱买票的人数，它超过了庐山和三清山，可见已经达到了这个水平，这便是葛玄所带来的影响力。第三个人叫许逊，他老家在河南，出生在麻丘，麻丘就在江西师范大学新校区的前面。这个人帮南昌治水有很大的功劳。他最大的传奇就是百姓经常说的"一人得道，鸡犬升天"，这个词是因他来的。他因为每天修道，沉得下心，上天最后奖赏他，在他升天的时候，不仅旁边有他的夫人和孩子，后面鸡啊狗啊都一块上天了。"一人得道，鸡犬升天"，原来这个话是一个正面的话，意思是说只要你刻苦，不仅你自己会得好处，你全家都会得好处，现在意思变了，不能你一个人当官了，你全家都可以享受，不然要作为批判的对象了。

商帮文化。江右商帮在历史上很有名，它从北宋开始一直搞了900年，特别是在湖南、云南、贵州这些地方特别多。一直到东南亚，到处都有万寿宫。万寿宫就是这些江右商人的集结地，一共经历了900多年，人数之众，操业之广，渗透力之强，为世人瞩目。它跟晋商、徽商并列前三位，很有影响的。光万寿宫就做了15000多家。

江西十大文化名人

第三部分说一说江西的十位文化名人。

前几天我写了一篇文章,叫江西的十位名人。为什么我只说十位名人呢,没有说十大呢?就是有争议,哪十个人摆在前面,是个问题有人说你这个名字欧阳修不服气,有人说陶渊明也是九江人。我跟大家讲一讲我为什么只讲十位名人,没敢说十大名人呢?当时说十位就是怕大家都有争议,十个人里面第一个应该是陶渊明,我实事求是说,江西名人真正排第一位的是陶渊明。虽然吴芮率领群众起义,帮刘邦打败了项羽,最后封了长沙王。当时长沙王是既管湖南又管江西湖北的,面积很大。但是真正有名的是陶渊明,他开创了田园诗,他原来也当过官,他曾祖父叫陶侃,是朝廷里面的大将军,他是官四代。这个人很有水平,他原来在九江当过各个部门的负责人,就是我们现在的局长,后面到了彭泽县当县令。由于不愿意参与公务,太繁杂了,不为五斗米折腰,自己到农村去种地,种地当中他写了很多诗歌,也写了一些散文,比如最有名的《桃花源记》。李白当时对他的评价,古往今来写诗歌第一人,没有人能跟他比,包括苏轼和白居易,对他评价到了什么程度呢?说陶渊明就是我的前身。苏轼到江西来的时候,每天只看一首陶渊明的诗,他不看第二首,因为陶渊明的诗太少了。苏轼对自己是非常自信的,他问旁边的人自己的诗有没有达到陶渊明的水平,他敢与古人相比,说明他有这个自信。陶渊明开创了田园诗体,为古典诗歌开辟了一个新的境界,他在自然与哲理之间打开了一条通道,在生活的困苦与自然的旨趣之间找到了一种和解。在他的笔下,连最平凡的农村生活景象都显示出了一种意味深长的美。他这个人特别喜欢喝酒,当农民之后最大的困难就是没有酒喝,后来经常帮别人写对联,人家每次请他去喝酒,他都要喝醉,其实他们喝的是什么酒呢?不是我们现在这种酒,他那个酒还是米酒,但这个酒喝多了也会醉。这个人写的《桃花源记》应该是千千万万中国人的梦想之地。现在全国叫"桃花源"的地方特别多，我们江西桃花源还没有打造出来。

晏殊，北宋初年的宰相。他老家在进贤县，当时进贤不归我们这边管，中华文明最高的两个高峰一个是唐诗，一个是宋词。宋词最大的特点是流畅，音韵、平仄非常讲究，那么这些特点是怎么确立的呢？靠词牌名，晏殊一个人定了20个词牌，其余有很多词牌也都是经过他的审定来定的。因为他当时是宰相，他的贡献是很大的。他自己的词写得非常好："无可奈何花落去，似曾相识燕归来"，这两句写得相当好，这两句话在他一生当中也是影响最大的。"可奈何""花落去"什么意思呢？实际上他讲的是一种规律，花开花落是人控制不了的，这是规律性的东西，"无可奈何花落去""似曾相识燕归来"表达一种积极奋斗向上的精神。他既讲自然规律又讲主观性的东西，不是反对儒家那种积极奋进的思想。

宋代文坛领袖欧阳修。欧阳修的水平很高，各个方面都懂，被称为百科全书。他写文章、写诗特别多，这个人有一个最大的特点，他当时的职务是副宰相，他发现了很多优秀人才，苏轼、苏辙、曾巩、王安石都是他发现的。还传过一个非常有名的小故事，苏轼参加考试，苏轼成绩很好，水平也很高，他考卷写完之后欧阳修判卷，他一看怎么有文章写得这么好的，怀疑是不是自己的学生写的，他怀疑是曾巩写的，所以他没有把苏轼判为第一名，苏轼没有当状元，只给他排名第二。后来，一看是苏轼，欧阳修把苏轼找来跟他承认错误，本来你应该得第一，但是因为怕跟我自己有嫌疑，所以把你排到了第二。苏轼说没关系，第二第一我无所谓。后来他举荐苏轼到朝廷当官。他看了苏轼的文章之后，他说：今后可能再过30年以后，不会有人再记得我，只会记得这个人。他说老夫要让他出来，"出人头地"这个词语是这样来的。欧阳修领导了北宋诗文革新运动，特别是针对守旧和堆砌艳丽辞藻的，给予了严肃的批判，要求文章必须解释现实，理解现实。

中国十一世纪改革家王安石。王安石最大的特点就是改革，他有一个"三不足"大无畏斗争精神。"三不足"就是天变不足畏，祖宗不足法，人言不足恤。"三不足"不是他说的，是守旧派批判他胆子太大了，居然这个不在乎，那个不在乎。天上打雷或者下暴雪，人家会认为是一种警示，他说这是自然现象，跟我们没有关系。你要想改革，你怎么会反对别人的意见呢？他说正确的我就听，不正确的我就不听，好的要继续用，时代变化了就要有新的变化。这个人还搞过教育改革，直接从学校里面选取官吏。同时他自己的诗歌写得非常好，我最近发现总书记三次引用他同一句话"不畏浮云遮望眼，自缘身在最高层"，反复引用，在中央党校中青年干部班上讲了，到江西视察的时候讲了，在全国政协元宵晚会上又讲了。

"江西诗派"鼻祖黄庭坚。他是江西诗派的创始人，宋代最有名的两句诗就是他写的，"桃李春风一杯酒，江湖夜雨十年灯"，对仗非常工整，而且讲的是完全不同的心态，宋词相对都是很讲究的，"桃李春风一杯酒"讲春风得意，"江湖夜雨十年灯"是讲过得非常落魄辛苦，也体现了跟他朋友之间的关系。而且这个人的字写得特别好，他是苏轼的学生，跟着苏轼练，练苏轼的字已经到了登峰造极的程度。后来苏轼跟他说，你这么学的话永远也超不过我，他五十多岁开始改变新的写法。他的书法作品《砥柱铭》创造了目前全世界最高的书法作品拍卖价格纪录，《砥柱铭》的原文是唐代宰相魏征写的。魏征在下面当官的时候，发现一个大湖里面居然有一块石头特别高，他说这是砥柱石，就是中流砥柱。黄庭坚跟他的思想观点一致，所以黄庭坚把他的《砥柱铭》抄了一遍。《砥柱铭》现在卖了 4.368 亿，目前拍卖价格之高在全世界第一。这个拍卖是 2010 年左右拍的，之前没有这么高，之后也没有，一幅字卖这么高的价格，那是很不容易的。后来中央领导同志来了，我跟他们报告这个事，他们不相信，说他怎么可能卖第一呢，第一个应该是王羲之。我说王羲之的字基本上找不到了，另外他的字写出来没有那个品相，黄庭坚的字不仅大，而且装裱得非常好，保存得特别完整，他卖出去的字，在专家评价当中不是第一，是第二，第一藏在台北故宫博物院，那是不能随便卖的，这个是流落民间了，所以才能够卖出去。

一代诗宗杨万里。他是朝廷一个重要的官员，相当于正部级的重要官员，这个人诗歌写得特别好，数量多，高产，他写了两万首诗，其中留下来的有400多首，他诗歌数量在全国排前三位。他的诗有一个非常重要的特点，追求清新自然，浅显易懂。他在民间写了很多东西，比如"月儿弯弯照九州，几家欢乐几家愁"，这是他从民间学来的。他写诗写得最好的是莲花，"小荷才露尖尖角，早有蜻蜓立上头"，这是荷花刚刚出来的时候。等到荷花长大的时候，"接天莲叶无穷碧，映日荷花别样红"，也讲得很好。这个人写莲花是第一。他死之后，没有为后代留下什么财产，可谓文章足以盖一世，清节足以励万世。

理学集大成者朱熹。这个人写的书很多，最有名的一本书叫《四书章句集注》，这个书为什么有名呢？他把古代儒家学说当中最主要的句子注解起来，把当中最好的句子抽出来进行了解释，南宋以后历届政府都规定，所有的公学或者私学必须以这本书作为教材，考试题目从这里找一句话作为考试试题，标准答案以朱熹的解释为主，所以所有人必须都读这本书。他是中国封建社会统治思想的代表人物，儒家两个一千年，前一千年靠孔子支撑，后一千年是朱熹在主导。朱熹这个人脾气很大，他当的最高的官也就是一个副省级的官员，当时皇宫里面要举荐一个人给皇帝当老师，大家共同举荐朱熹，然后请朱熹给皇上当老师。他每次跟皇上讲课，理论联系实际，先讲讲理论，然后讲现实当中有哪些问题，要把这些问题解决好，皇上越听越恼火，因为这都是他自己没有管好才出现这些问题，所以皇上跟他学习了两三个月之后就把他赶走了。但是他还是说只要你让我当老师，我就这么讲，你可以不要我当老师，只要你请我当老师，我就要坚持讲这个话，因为这是我的责任，我们现在这种老师很难找到了。朱熹这个人大家要注意，我们原来有两句话，东周是孔丘，南宋有朱熹，儒家两座高峰，一座在泰山脚下，一座在武夷山脚下。

千古忠臣文天祥。我们不讲他年轻的时候是怎么学习从而考取状元，状元当宰相在中国历史上我估计不超过5个人，我读了这么多书，发现状元宰相不多，一个是文天祥，一个是费宏。文天祥这个宰相来得非常特殊，什么原因呢？他原来考取状元以后也没有当宰相，在外面干了好长时间，最后金人打进来，生死存亡关头，宰相吓得逃跑了，没有人干，这个时候他才出来当宰相。元军一进来就把他俘虏了，他坚决不下跪，他说我下什么跪啊，你是北朝的宰相我是南朝宰相，我们平起平坐。南朝宰相说你已经被我们打败了，你现在是阶下囚，文天祥说这是因为我们皇帝决策失误，要早一点听我的话估计就不是这种情况。他最有名的是一问一答，一问，"人生自古谁无死"，回答是"留取丹心照汗青"。这个人有很多传奇故事，他被抓了以后，忽必烈自己明确放话，不要你承认错误，也不要你写悔过书，你只要到我这里干活，你马上就是宰相了。文天祥说我不做，忽必烈问文天祥有什么要求，文天祥说我只有一个要求就是尽快死，当时忽必烈并没有杀文天祥，还是想做文天祥的思想工作，而且从零丁洋一直转过来，又到了江西，江西那里一百多个学子跪在地上给他送了一份请愿书，请愿书上写着请您老人家看一看，建议您速死，为什么呢？当朝的精神靠你支撑着，你要一投降，还靠什么东西支撑呢，原来讲这个例子都是告诉大家，他的政治地位在人民群众心目中有多高。最近易中天写了一套《易中天中华史》，居然在当中点名批评了那些人，他说这一百多个学子，你碰到这么大的难题，你们都不死，你们要别人去死，你要死自己先死。他意思是说这个思想文化不对，他是这种观点。

大明第一才子解缙。我自己分析，我研究江西这么长的时间了，我在江西十多年了，江西人当中第一有才的就是解缙，是才干最高的。他在老百姓当中知名度很高，上次来了一个中央领导，老家是安徽的，离九江比较近，他说他从小就听解缙的故事，老百姓在民间印了好多小册子，原来没有出过几本书。解缙最大的特点是什么呢？老百姓说他伟大，说他智慧敏锐。我到吉水县去做调研，吉水拿出一本非常古老的本子，写着他的故事，他5

岁的时候偷偷跑去游泳，那时候游泳家长不允许，因为随时有死亡的危险。他在赣江里面游泳，游泳的时候他怕自己的衣服打湿了，他把自己的裤子脱下来挂在枯树上面，跑去游泳。他父亲来了，找到他，把裤子拿下来要他对对联，对不到就不让你起来，要打板子，他父亲说"千年古树做衣架"，他回答"万里长江当浴盆"，气势比他父亲大得多。到了10岁的时候家里过年写对联，他写了一副：门对千棵竹，家藏万卷书。好多老百姓都跑来参观，但是地主很气愤，他就叫长工把竹子砍掉了，门对千棵竹，没有竹就不成立了，解缙在对联后面加了一个字，门对千棵竹短，家藏万卷书长。后来地主一看你说短，后来干脆派长工连根都挖了，他又在后面加了一个字，门对千棵竹短无，家藏万卷书长有，特别厉害。而且皇上出题多次验证过他的水平。朱棣当皇上，他当宰相，他跑去请示工作，朱棣说现在不请示工作，我们对对联，朱棣说我家里昨天生了一位皇子，解缙说"昨夜吾皇降金龙"，皇上说不是男孩是女孩，解缙说"化作嫦娥下九重"。皇上说孩子已经死了，解缙说"料是世间留不住"，皇上说现在已经把孩子丢到水里面去了，解缙说"翻身跳进水晶宫"。你说这句话奇不奇，它最大的特点在哪里呢？四句话对完之后，最后结尾的字是押韵的，这个很不简单，因为后面的东西不可预测，他的智慧敏锐，特别厉害。他当时主要的对手，是锦衣卫的负责人，叫纪纲。纪纲是秀才出身，可以说两句诗文，但水平不高。解缙为了讽刺他，就写"墙上芦苇，头重脚轻根底浅；山间竹笋，嘴尖皮厚腹中空"，就为了讽刺纪纲，说明他对事物观察得非常细腻。因为解缙在吉安住的时候，家里的房子是用泥巴糊起来的，芦苇从泥巴里长出来了，芦苇根底不稳，解缙讽刺人家，结果纪纲最后把监狱关押犯名单给了皇上看，皇上问监狱里面关了哪些人，他把解缙的名字写在第一排，皇上一看，就说解缙还活着干吗？纪纲回去揣度，最后把他杀了。皇帝的意思是要杀他，解缙死的时候才49岁，在雪地里面被冻死的。解缙死得很惨，后面朱见深给他平反了，解缙这个人还是非常聪明的。毛泽东在延安整风的时候，专门引用了这一副对联讽刺王明、博古，意思说根底浅，不知道怎么解决中国实际的问题。

戏曲巅峰汤显祖。汤显祖也有很多事迹，但对他的宣传普及不多。解缙最大的贡献就是《永乐大典》。《永乐大典》是一部百科全书，《永乐大典》现在卖出去价格很贵，一本书通常几百万美元，因为当时的数量很大，37000多册。汤显祖最大的贡献是搞了四部戏剧剧本，《牡丹亭》《邯郸记》《南柯记》《紫钗记》，合称"临川四梦"。临川四梦是他最大的贡献，其中最有名的是《牡丹亭》。《牡丹亭》中的曲目《游园惊梦》被用在奥运会开幕式上，当时宣传中国文化就用了这一段。这一段是中国文化的代表，当时全世界47亿人看转播，我们现场只有10万人。现在大家只知道《牡丹亭》的故事，后面三个不是很明白，这三个写得非常漂亮，大家可以好好读一读。现在只说这十个人，但是大家还有各种各样的意见，包括有人说曾巩文章写得最好，八大山人画画最好，宋应星搞科技，杂交水稻实际上最早是他搞出来的。袁隆平说就是看了《天工开物》以后才开始研究杂交水稻的，这些人在江西都应该有一席之地。江西出的名人很多，最近我们专门在研究，把江西名人挖掘出来，搞100个人进行宣传。

最后我用朱熹的话对江西文化做一个总结，他说江西人、江西文化可以归纳为这么几点。第一是"志大"，即志向高远，有建立体系之气魄；第二是"耻与人同"，江西文化不喜欢依附他人，勇于建立有独特意义的新论；第三是"坚执"，敢于坚持自己的学说，不轻易随时风而变，也不因为有人批评而动摇；第四是"秀而能文"，就是文才飞扬，富于雄辩，文章出色。朱子所言对于今天江西的文化建设，对于江西文化的追求仍然具有强大的激励作用。有着独特精神标识的江西儿女，更应当坚定文化自信，弘扬人文精神，赋予江西文化新的时代内涵，使之绽放出更加绚丽的光彩。谢谢大家。

提问1：我问一个比较浅显的问题，刚才讲到我们江西比较适合人居住，没有水灾地震，但是来到江西的时候，大家普遍一个反映是夏天热、冬天冷，从这个点来讲，其实并不是很适合人居住，还非常潮湿，提这样一个问题。

朱虹：你说的这个问题确实是夏天热，冬天冷，不光是南昌。宜春原来有一句旅游口号，一个叫春的城市，后来我评价了两句话。第一，提高了知名度，第二，降低了美誉度。为什么是提高了知名度呢？因为宜春当时搞完之后，人家本来买飞机票是到黑龙江伊春去的，结果买到宜春了，因为宜春名气大，有5A级景区明月山。他说这是什么地方，别人说叫春的城市，于是大家都知道了，说明它的知名度提升了，当时提高了0.3%，后面要它改口号，宜春就改成了一座四季如春的城市。首先是温度，现在能叫四季如春的只有昆明、贵阳，江西热度和冷度不能够说一年四季都如春天。相对于水灾和地震，热一热冷一冷不是最大的问题，何况热的时候我们可以上庐山、三清山，冷的时候我们有温泉，你说的问题不是最大的问题，谢谢。

提问2：老师您说旅游这一块，旅游有两个重要因素，一个是资源，一个是市场，对于资源来说我们江西这一块比较多的是文化资源，它的侧重面比较窄一点，不像自然资源丰富的新疆、云南、西藏这一块，它们更吸引人，它们面向的是年轻人，年轻人的消费能力会大一点。我们这边是文化资源比较多一点，它受众面要窄一点，我觉得庐山这一块现在有一个瓶颈，它的资源没有打响一个品牌。对于同质化的市场来说，像湖州、安吉那一块，它旅游资源与庐山差不多，我也看过，但它比较邻近长三角，它那边吸引到了比较多的游客，庐山就比较远离市场，所以它的游客就少了。我想说庐山这一块它以后的出路在哪里？庐山在吃住行旅游购这一块，都有点配套不上，我们那边有庐山站，实际上的庐山站根本不在庐山，它在柴桑区。

朱虹：我们这一次规划了高铁，高铁专门给庐山规划了一站就在这个地方停，原来没有。你说的意思我也明白，你提出的问题很有意义，但你的观点我不完全赞同。中国旅游资源分成了155类，江西有多少类呢？有153类，只有两个没有，一个是海洋性的旅游资源，因为我们不靠海，二是冰雪性旅游资源，我们这个地方的雪不能长期存在，比如搞冬季滑雪运动，搞冬奥会，简单说我们不够格，除了这两类资源没有，其余153种都有。原来我们国家旅游局，有一个当局长当的时间最长的局长叫邵琪伟。我当分管旅游副省长的时候，我专门去拜访他，我说你评价一下全国旅游资源，他说我可以明确跟你说，你来了以后，也看到了国家旅游局的情况，我去了以后，每一个市局的门上全部挂了江西的景点的照片，他说光讲资源的话，江西是第一。我们能够搞出四大名山，其他地方做出来是很难的，我到江西来的时候，江西只有2个5A级景区，一个是庐山，一个是井冈山，现在是13个，在全国为第五名，当时是全国28名。旅游人才和旅游收入，我来的时候江西省是23位和25位，现在一个第9名，一个第10名，简单说我们进入了全国第一方阵。刚才你们讲资源，讲新疆、云南这些地方，有些地方跟我们不完全一样，如果要讲地理位置，讲交通条件跟江西比他们还是有差距的，包括贵州，我到贵州去了一次，去水上游，他自己的码头还没有建好，搞一个石头，一摔人都掉水里面去了。我们现在没有这种情况。我们基础设施建设，光最近五年时间建的厕所有4490多个，一方面我们看到有差距，另外一方面我们也要承认这些年是有进步的。最近国家专门搞了一个舆情测试中心，专门测试旅游宣传排序程度，我们在三个省当中，湖南、湖北、江西，我们舆情活跃度是超过湖南和湖北的，我们应该说也有比较大的进步。我刚过来的时候江西省有2个5A，当时北京是6个，现在北京是7个，我们是13个。我一来就感觉江西的东西还是不少的。比如我们搞科技搞不过北京、上海，你搞工业你跟北京、上海也没有办法比，这些地方他科技领先，他工业就当然领先了。我说搞旅游，景区不上5A就没有道理，三清山要长出巨蟒出山这种景观通常要1亿年，没有1亿年的地壳运动是达不到的，北京哪里找这种东西呢？北京7个5A景区，其中有5个是江西人做的。

我说当时要我管旅游的话，最起码的一条就是要超过北京、上海，我们5A确实也超过了上海，现在江苏是第一名，20多家；第二名是浙江，大概是17家；我们现在排在第五名，我们连续每一年都在申报，今年准备申报安源。我们每一年要求是3条，现场有1个参加评的，后面储备1个，还要为后面申报再增加1个。一方面我们确实承认还存在差距和困难，但是我们也要充满信心，江西现在旅游的发言权还是不错的。我有一个学生叫王力分（音），昨天到了一个景点，晚上7点打电话给我，说找不到房子住，人来得太多了，葛仙山人数超过了三清山。你刚才讲的庐山问题确实存在，但是其他山跟庐山不能比，你们知不知道，为什么你说安吉的山跟庐山一样，庐山上光诗词就有16000多首，名人到庐山写的诗，李白、白居易、苏轼等名人写的诗歌有16000多首。浙江省一座山哪怕超过一千首的诗歌都找不到，它不能跟江西比，历史文化底蕴厚重它不能比。

另外还有一个山也是其他地方不好比的，泰山。原来皇帝一般要去泰山封禅，从秦始皇到汉文帝都搞过这个东西，帝王文化比较多，跟李白、白居易这一类还是有差距的。我讲一个例子，上次党中央主要领导来了以后专门跟我讲，说50年代的时候庐山离北京这么远，为什么会议要到庐山来开，庐山开了三次中央会议，毛主席亲自主持的，你要把这个问题说清楚。上庐山的时候他专门讲了为什么要上庐山。第一：舒服，庐山山上跟山下的温度相差十度，最适合人生存的地方；第二：保密，当时把山上的路一封其他人都上不去了；第三：庐山这个地方有文化，他说我在这个地方可以好好地读书学习。你看毛主席1959年上庐山，他上庐山哪里都没有去，第一个去的点就是美庐，蒋介石住的地方，蒋介石临走的时候写了一句话，我退休以后最想住的地方就是美庐。所以毛主席来了之后就到这个地方，上上下下走一圈，然后他说了一句话："委员长，久违了，我来了。"什么意思呢？翻天覆地的变化通过旅游来展现。你讲庐山有问题这个也确实存在。庐山领导对庐山本身定位的准确性和宣传这方面做得不够。好些年前江西省组织集体到外面做宣传，庐山一般不愿意参展，它很自大，它觉得我是第一，比谁的都强，中央发过三次文件，文件只有一个内容，就是不能到名山大川，最好的地方办会,就是怕有些人借会议搞旅游,第一次文件当中写了关于庐山,不许到庐山办会。第二次已经到底下了,排在第18位了,第三次排到四五十位了,说明庐山的地位在下降,下降的原因是什么呢?是我们自己没有做好,不是这个山本身不行。我们要深刻反思我们自己哪些东西没有做好,我们怎么改进,不是说我们资源比别人差,应该说我们资源还是有优势的,谢谢。

提问3:各位老师好,我是旅游学院的一名学生,接刚刚那个学生的问题,她之前在浙江考察过,我前段时间也去那边看了,再结合刚刚教授所说的,我们拿江西和浙江进行对比,之前在民国时期或者上个世纪,江西发展其实在浙江之前,浙江之后反超江西可能受制于它的改革开放。反过来说,如果江西要更好地发展是不是也要改革开放,要改革开放的话必须要有产业支持,需要营造良好的营商环境。我想说,你们会更清楚一些政策导向,能不能跟大家分享一下?

朱虹:你刚才说的营商环境一直是省委省政府的重要课题,我们现在不是搞了"放管服"吗?实际上也是做这些事情。江西现在出了很多政策,我们上市公司比较少,现在只要公司上市了,我们有一个"映山红"行动,奖励资金数量还是很大的。实事求是地说江西原来解放思想对外开放这方面,有一个时期是做得不好的、不到位的。比如我们到国外跟很多领导都见了面,说你们能不能到江西来旅游,人家说江西太麻烦了,我们要到上海或者北京转机,因为你们这里没有直接到国外首都的飞机,这是一个客观事实。但是我们为什么没有做这个事呢,这跟江西整个经济状况相关,如果你没有足够数量的人来支撑的话,那这个飞机要补贴钱的数量是很大的,必须要有一定的调查研究才能去做,所以在一定的历史发展阶段,经济发展跟我们文化旅游发展是相辅相成的。我们对进一步做好营商环境,实际上是解决人家愿不愿意到我们这里经商的问题,比如我们的电费比人家贵,每一个到我们这里来打工的人,保险费跟广东浙江相比也贵了,后来我说你们能不能改变一下，他说不行，因为我们这个钱是国家转移支付的，你不能自己随便加钱，当中有很多问题都在逐步解决。

我是 2010 年来的，我来的时候江西在全国排序第 20 位，"十三五"期间，江西从第 18 位进到第 15 位，进了 3 位，江西目前这个状况如果能在"十七五"期间进 3 位，我们在全国就已经很不错了，原因在什么地方呢？江西人口和面积在全国是第 17 位，如果我们 GDP 能超过这个的话，江西对整个中华人民共和国的贡献应该说就不少了，因为你不能简单地说排名第一第二。你不知道广东现在有多少人，都超过 1 亿人口了，我们公布的是 4600 万人，我们跟 1 亿人去干，你一个人平均要赚两三个人的钱，那你怎么可能做得到了，你不能简单地拿这个东西对比。四川人口也接近 1 个亿，河南省也超过 1 个亿了，江西 4600 万人，有 800 多万人在外面打工，不能说我们一采取什么措施以后，我们马上就可以进入前几位，这个做不到。我联系经济方面的工作，也联系了一段时间，我跟他们提的要求，我说你们再进 3 位，我不会再说你们，我们完全有潜力有能力继续往前推一下，我们往前再进多少位难度很大，有很多因素都在告诉我们，比如人才问题，做什么呢？11 个设区市我都走了一遍，每个地方都在做芯片研究，我前不久去了安徽，安徽有一个创新博物馆，我们去了以后前面十个展台全部是做芯片的，原来有一个海口市委书记到江西来，他说你们"物华天宝，人杰地灵"，提得挺好，但是"物华天宝"是什么，"人杰地灵"是什么？物华天宝就是两把宝剑，他说这两个不能支撑了，我说你不能这么说，当时主要形态是战斗，战斗当中最重要的武器就是宝剑，当时宝剑造得最好，宝剑相当于今天的芯片，当时说物华天宝是站得住的，你现在的物华天宝跟人家比的话，确实比不过。我们一方面要建立文化自信，另外我们必须要符合中国国情和江西省情，使江西人民能够看得见，够得着，找到自己前进的方向。我对江西提的要求，一是经济强；二是百姓福，收入不低于其他省；三是文旅兴，因为它是江西最大的特色；四是山川美。把这四个目标达到了，我们江西就完成任务了，而且我们有能力有信心,有责任有义务实现这个目标,谢谢大家。

主持人:时间关系我们提问到这里,非常感谢朱教授精彩的演讲,感谢同学们的提问和朱教授的回答,我作为主持人后面也谈点感想。

今天晚上我们度过了一个非常有价值、有意义、有收获的夜晚,朱虹教授在讲座中从网络上对我国各个省的文化地位排名,江西列为第三,首先让大家建立起对江西文化的自信。接着从江西历史文化四个具有代表性的阶段,生动形象地讲解了从万年到豫章,从边缘到中心,从全盛到低谷,从蛰伏到潮头的历史变迁,描绘了充满特色和魅力的历史阶段性特征,多视角全范围展现了从江西文化载体的形成,经历江西文化的高峰,以及走向江西文化衰退的痛苦,到今天红色文化的兴起,进而结合详细的文字和图片,阐述了书院文化、陶瓷文化、茶叶文化、药业文化、稻作文化、造纸文化、矿业文化、宗教文化、商帮文化等江西具有标志性、典型性和代表性的十大文化形象。最后又通过引用大量的诗词,经典文章和事例故事,讲述了田园诗祖陶渊明,宋词奠基人晏殊,还有宋代文坛领袖欧阳修,中国11世纪改革家王安石,江西诗派开山鼻祖、我的本家黄庭坚,一代诗宗杨万里,理学集大成者朱熹,千古忠臣、民族英雄文天祥,大明第一才子、《永乐大典》的主编解缙,戏剧大师,也被称为东方莎士比亚的汤显祖等十位江西历史名人的精彩故事和不朽的成就,这一连串都是江西文化的精华。

应该说一闻一讲尽览江西两万年的文明成果,四个历史阶段略述赣鄱数千载文化遗产,朱虹教授的报告纵横捭阖,纵论古今,内容丰富,内涵深刻,让我们沉浸其中,还有意犹未尽的感觉。他以渊博的知识,宽广的视野,严密的逻辑,深厚的底蕴,幽默的谈吐,以及高超的语言艺术和厚实的文化功底,从万年仙人洞两万年的陶罐和一万年前的稻作文化说起,剖析江西文化的高峰、衰退、兴起,概念清晰,脉络清楚,论述清正,评论清白,带领我们同行走过江西优美的人文山水,一起感受到了江西文化的兴衰起伏,共同领略了江西文化的独特魅力，也为我们描绘了一幅江西源远流长的历史精彩纷呈的文化前景图。通过对十大文化现象和十大名人的简介，使人文江西的形象更加丰满起来，内容更加丰厚，特别是江西人"志大""耻于人同""坚执""秀而能文"的文化性格概括，我觉得非常精确，对我们正确认识自己，判断自己，谋划自己，规划自己非常有价值。我们听了以后每个人都会产生爱祖国、爱家乡、爱江西、爱自己的感想，也让江西人油然而生了一种自豪感，更加坚定了我们作为江西人那种与生俱来的文化自信，也坚定我们江西人自觉传承优秀文化和传统文化遗产，努力建设好我们自己的家乡的信念。

朱虹教授已经成了我们驻校教授，在他当副省长和省委常委、秘书长，以及人大常委会副主任期间，他对教育事业非常关心，对高等教育事业付出了很多心血，特别是对南昌大学的发展，他经常给予真切指导，而且费了很多心血，做了很多谋划，尤其在南大发展的许多关键时刻他都来帮助我们，让我们感觉到了实实在在的帮助，让我们触摸到他的亲切。直到今天他还为了帮助我们南大发展，关心我们旅游学院成长，谢绝了北京高校和国内著名公司的邀请，他一心一意来到南昌大学教书育人，当然也著书立说。南大的发展凝聚了朱教授的心血，我们每一位南大人都应该铭记，有些事情我可以跟大家讲一下，2014年的时候朱省长推动省委做出决策，对南昌大学进行综合改革，开启了南昌大学内涵建设的征程，每年从省政府多获得1亿的资助，另外他还推动南昌大学科技学院共青城新校区的建设，这也是在他手上决策的。支持并决策南大跟上饶铁路医院、萍乡铁路医院等几个铁路医院脱钩，让我们南昌大学能够轻装上阵，快速前行，这几年的发展大家也可以看到，尤其是他对南昌大学文科建设高瞻远瞩地予以谋划，成立新闻学院，成立旅游学院，以及对人文学院和新闻传播学院博士点建设给予实实在在的具体指导，我们博士点实现了零的突破，也是朱省长谋划的。这一系列对南昌大学所做的工作，应该说功在当代，利在千秋，我们南大人应该永远记得，这位"进口"老表。他对我也产生了很多的影响。我希望经过今天的讲座,你们能够跟朱教授谋面,他大量的文章都是宣传江西文化,谋划江西旅游,树立江西的形象,讲好江西故事;你通过他的笔墨可以知道江西历史脉络,感受到我们文化的繁荣昌盛;你跟着他就是读江西、走江西、认知江西、了解江西、建设江西。

他有一篇文章说江西是一幅画。我说江西是一幅画,就要有会欣赏他的人;江西是一部书,要有会阅读他的人;江西是一首诗,要有会吟诵他的人;江西是一首歌,要有会咏唱他的人。他走遍了江西 100 个县,走遍江西 100 个县,才能读懂赣鄱五车书。朱虹的足迹和文章就是我们江西的山水和文化,我们要向朱虹教授学习,他这么热爱江西,这么宣传推广江西,我们大家也有责任跟着他一起好好学习,天天向上。最后再以热烈的掌声感谢朱教授,霁光讲坛今天讲座到此结束,谢谢大家。

推荐书单:

1.(宋)朱熹:《四书章句集注》,中华书局 2016 年版。

2.陈来:《宋明理学》,生活·读书·新知三联书店 2011 年版。

3.(明)解缙等纂修:《永乐大典》,中华书局 1986 年版。

4.冯友兰:《中国哲学史》,生活·读书·新知三联书店 2009 年版。

5.李长之:《陶渊明传论》,天津人民出版社 2007 年版。

6.王水照、崔铭:《欧阳修传》,天津人民出版社 2013 年版。

7.梁启超:《王安石传》,中国旅游出版社 2009 年版。

8.修晓波:《文天祥评传》,南京大学出版社 2011 年版。

9.(明)汤显祖著,(清)陈同、谈则、钱宜合评,李保民点校:《牡丹亭》,上海古籍出版社 2016 年版。

10.陈来:《有无之境:王阳明哲学的精神》,生活·读书·新知三联书店 2009 年版。